鏡リュウジの占い入門
2

鏡リュウジの
12星座占い

Birth Signs

RYUJI KAGAMI
鏡リュウジ

鏡リュウジの
占い入門
2

鏡リュウジの 12星座占い

目次

プロローグ

1 12星座占いを楽しむために

なぜ人は〝星〟に運命をみるのか？

星占い……なんというロマンチックな言葉でしょう。

はるか彼方に瞬く星たちが、地上の出来事を映し出している。星を見つめることで私たちの心や運命を読み解くことができる。そんな壮大なことを、いつから人は考えついたのでしょう。ある瞬間の星の配置が、地球上の出来事、そして、そこに生きる自分と何らかの関わりを持っているのではないか……。人々が抱いた素朴な直感こそが、星占いの起源です。ですから、それは文字が生まれるよりもずっと以前、人間という生物に〝意識〟が生まれた瞬間まで遡るでしょう。

ちなみに「Desire（欲望）」という言葉がありますが、これは古典語では「De-Sidus」「DE（～から）」「SIDUS（星）」の合成であり、つまりわれわれ人間の何かを強く求める気持ち、欲望は星からきているものだ、と人々が考えたということを表しています。

これが今のような「ホロスコープ占星術」、つまりその時々の星の配置を、図に表して分析する手法として発祥したのは、今から二千数百年前、紀元前３５０～４００年頃のことです。その後、さまざまな歴史の荒波にもまれながらも（まったく途絶えかけてしまったこともあるのです）こうしてみなさんの目の前に「星占い」という形で姿を現しているわけです。

ですが、そもそも星に運命が映し出される、などということが本当にありうるのでしょうか？　残念ながら、それは深いミステリーで未だに答えはありません。ただ、これについては伝統的に二つの考え方があります。

一つは、因果論的な思考。星から何らかのスピリットやビームのようなものが発されていて、地球、ひいてはそこに生きる人間に影響を与えるのだというもの。一方で、天界の運行と地上の動きは因果関係ではなく、互いに鏡のように映し出されているという「照応」という見方もあります。いずれにしても星と人との間にある何らかの〝神秘的なつながり〟を占星術では前提にしています。

本書では、そうした星占いのベーシックな部分をお伝えしていきます。それがあなたのことを知る何かしらのヒントや手がかりを与えてくれることとは思いますが、ある錬金術の本にこんな言葉があります。「中心がどこにでもあって円周がないような円、それが自分である」と。

つまり、たくさんの自分の断片を拾い集めて、そこから「こうなりたい」という自分を模索していく。その中でふっと「もしかしたら、自分とはこうなのではないか」という感覚を得ることができる、ということです。

ちなみに英語に「Consider（熟考する、思いを巡らせる）」という単語があります。じつはこれは「CON（ともに）」「SIDER＝SIDUS（星）」という古典語が合成されてできた言葉です。つまり、私たちが自分自身とじっくり向き合う時、その傍らには必ず星がある、ということなのでしょう。

〝12星座占い〟は、あなたが、あなたであることを実感させてくれる魔法の〝チャンネル〟

12星座占いを当たらないという人の意見に〝人間を12のパターンにわけることなんてできるはずがない〟というものがあります。

しかし、いくつもの要素を出して、より複雑に分析すれば正確な答えが出るのかというと、そうとは限らないと思うのです。数字が正確になれば当たるというのは科学的思考。占星術はむしろアートです。〝誕生星座という断片から、何を、どういうふうに語るのか〟が重要なのです。

そして、誕生星座とは「太陽」星座のことです。日本の天照大神、太陽の化身であるエジプトのファラオをはじめ、太陽は世界中で神聖視されてきました。占星術に影響を与えた神智学の分野では、太陽は〝神の目〟であり〝セントラル・ファイアー〟（宇宙の中心にある火）とされたのです。ではそんな太陽は、あなた自身の何を表しているのでしょう。

それは自分自身を創り上げていくエネルギーの源泉だと思います。たとえば、仕事をしたり恋をしたり、社会の中で何かをやっていこうとする時に立ち表れる、あなたのスタイル。

〝なりたい自分〟というのともまた違って、もっとその背後にある衝動……。「何かをする時に〇〇座的に行動する」という言い方もできるかもしれません。

　つまりあなたが社会と関わり、人生を切り開いていこうとする時の行動の原型が、太陽星座に表れているのです。

　こうも考えてみるといいでしょう。私は〇〇座である、つまり〝I am 〇〇座〟ではなく〝I becoming 〇〇座〟、私は〇〇座になる、という意識をもって12星座の占いを読んでみる。するとが太陽星座は、自分が自分である感覚を与えてくれる〝チャンネル〟のように感じられるのではないでしょうか。

　13ページからの占いも、ぜひそれを頭において読んでみてください。そうすれば太陽星座という一つの断片から、素晴らしい物語と気づきを受け取るはずです。

2 始めよう！　12星座占い（太陽星座占い）の基本

星占いはいつ生まれたの？

　現在の占星術が生まれたのは紀元前４００年頃のことと言われています。このころ、占星術はギリシア世界に入り、ヘレニズムの時代に花を咲かせたのです。

西ヨーロッパ文化が衰退した中世の〝暗黒時代〟にはアラブで命をつなぎ、ルネサンス時代には、占星術は再度、文化の中心に入り込みました。

たとえば、有名なボッティチェリの絵画『ヴィーナスの誕生』や『プリマヴェラ』には明らかに占星術の影響がみてとれます。

つまり当時の絵画や言葉などあらゆる芸術の下地に占星学があったのです。そして17世紀には「大衆文化」としておおいに人気を博します。

その後、19世紀末から20世紀には単なる予言の術ではなく、自己分析のツールとして再評価され、「心理占星術」という、人間の心をより深く探る「自分探しの占星術」として新たな展開を始めたのです。

そして21世紀の今、占星術はもう一度学問の世界へとはいりこむようになっています。

ふだん「〇〇座」と言っているのは？

ふだん、あなたが「私、〇〇座なんだよね」と言っているのは、「太陽」のある星座を意味しています。

もし牡羊座なら、あなたが生まれたときに、地球から見て「牡羊座の方向に太陽があった」ということ。つまりたくさんの星がある中で「太陽」だけを取り出したのが、一般的な「星座占い」なのです。

同じ牡羊座のAさん、Bさんがいた場合、共通するのは「太陽が牡羊座にある」ということだけでそれ以外の星の位置は、まるっきり違っている場合が多いのです。（詳しくは、たくさんの星を描きこんだ「ホロスコープ」を見ることが必要です）だから、よく、「人間を12パターンに当てはまることなどできない」という人がいますが、「星座占いはいい加減な占い」というわけではありません。

しかし、それでも太陽は「自分自身」を象徴する、最重要な星なのです。

本格的な西洋占星術は十数個の惑星をすべて使い、その人の細密な占いをすることになりますが、それはまた、「ホロスコープ占い」というかたちで、皆さんにまた別の機会にご紹介することにしましょう。

まずは、自分を理解するうえで、もっとも重要な星「太陽」で占う12星座占いを理解しておくことが重要で、この占いは〝当たる〟感覚を得る人がたくさんいて、これだけ広まったのでしょう。

12星座占いがメジャーになったもう一つの理由

「12星座占い」が登場したのは１９３０年代、実はつい最近のことです。マスメディアでは、イギリスの新聞がマーガレット王女の誕生を祝し、彼女のホロスコープを掲載した際に、「その月生まれの人の運勢」を書き始めたのが始まりといわれています。

これが雑誌や新聞に広まった背景には「誕生日がわかれば出生時の太陽の位置がわかる」ということがあります。

現行のカレンダーは、太陽の動きを基に作られているので、月日がわかれば地球から見たおおよその太陽の位置を知ることができるのです。

たとえば春分の日が3月21日であれば、これは太陽が春分点に位置する日ということ。つまり毎年、同じ日付なら、ほぼ同じ位置に太陽がめぐってくるのです。ですが、他の星はそうはいきません。同じ月日でも年によって違ってきます。しかし太陽は、ほぼ正確に同じ月日に廻って来るのです。

つまり、太陽は他の星のようにこまかな表をつけなくてもすむことから、メディアにとって12星座占いは大変ありがたい占いだったわけで、太陽を中心とする12星座占いは爆発的に普及していったわけです。


星座の境目は年によって少し違ってきますので、境目に生まれた人は注意が必要

星占いにおける星座は、その人が生まれた時に「太陽がどの位置にあったのか」で決まります。そのため、星座の境目に生まれた人は雑誌によって自分の誕生日が「牡羊座だったり牡牛座だったりする」ことがあります。２３２ページからの表が、正確な各星座の期間になりますので、一度きちんと調べてください。

part
1

12星座でわかるあなたの真実

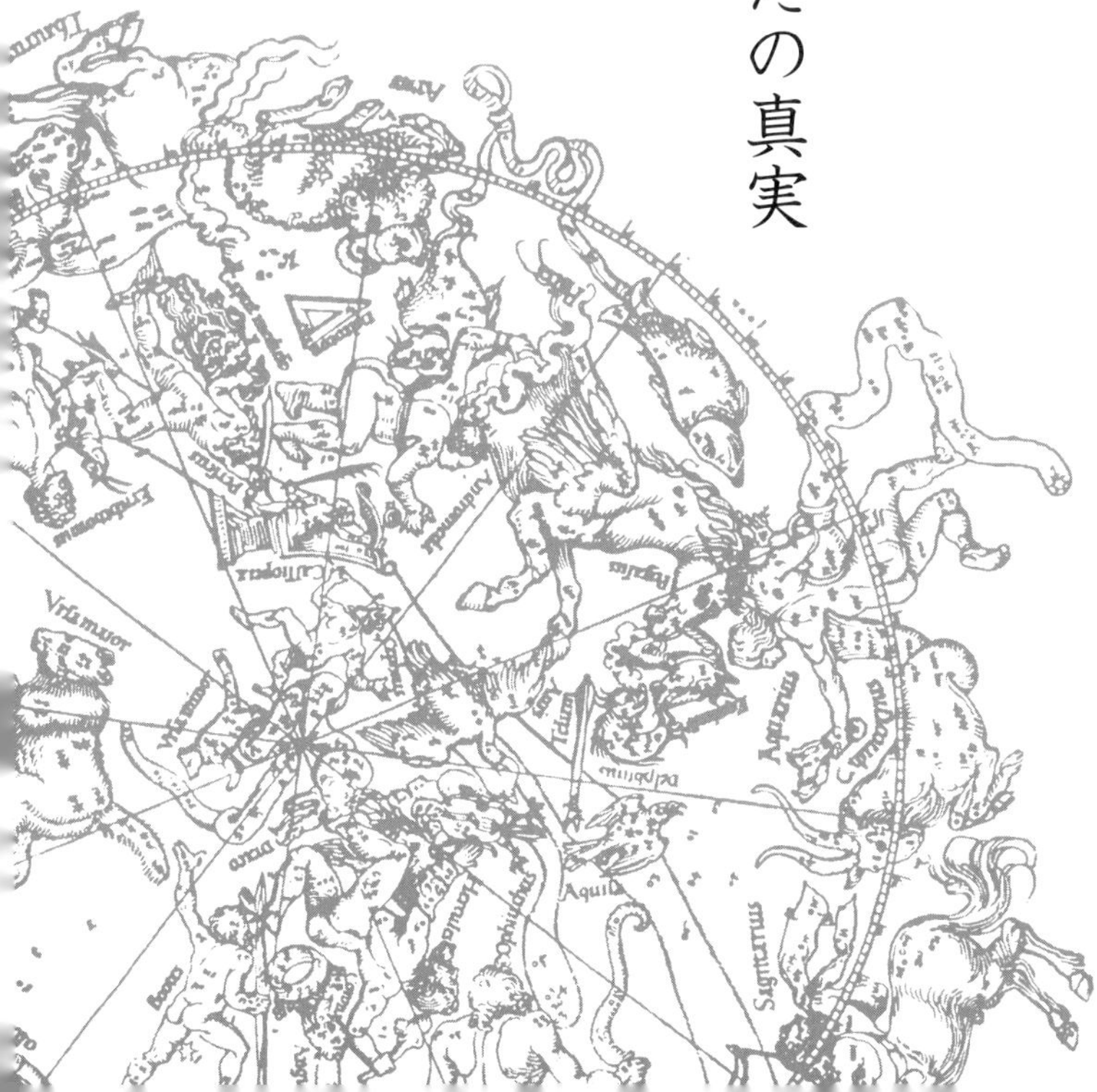

牡羊座

3/21～4/19
生まれ

I am　私は存在する

未知のものや敵を前にした時、英雄のように立ち向かう

あなたの中にある太陽、それは他の何物でもない「自分」を作ろうとする姿勢となって表れます。

牡羊座の守護星は、軍神アレス。古い秩序の象徴である王に挑戦し、ドラゴンとの死闘の末に宝を得る勇者です。あなたにもそんな英雄の魂が眠っています。未知のものを開拓すること、倒すべきライバルに打ち勝つこと、結果を顧みずにその目標に向かっていくこと……。これらはすべて、牡羊座の太陽をもつあなたの本能とも言うべきものでしょう。

人生とは、自分というかけがえのないものを探求する旅である。そう考えることで、あなたは英雄のように、人生という名の冒険を繰り広げていけるのです。

【牡羊座の基礎知識】

区分	二区分　男性星座 三区分　活動宮 四区分　火
守護星	火星（アレス）
守護神	アテナ
かぎ言葉	I am（我あり）　闘争、エネルギー

神話物語

黄金の羊の皮が夜空で星座になった！

神話では、英雄イアソンが、苦難と冒険の果てに手に入れた、得がたい宝である黄金の羊の皮が天に引き上げられて牡羊座になったといわれています。黄金の羊の皮とは、その昔、継母に命を狙われた王子と王女を背に乗せて、東の国に向かった空飛ぶ金色の羊のこと。

この宝は、昼も夜も眠らない火を吐くドラゴンによって守られていました。宝を守ろうとする王が工夫した結果です。イアソンは古いしがらみの象徴である王に挑戦し、ドラゴンと死闘の末に王位継承権の証である宝・黄金の羊の皮を得ます。神話学でいう「英雄」の原型がここにそろっていますが、牡羊座の持つ積極性、大胆な行動力、向上心、チャレンジ精神が、この神話に集約されているのです。

　春分点から始まる占星術上の牡羊座は、秋の星座である天文学上のこ*おひつじ座からその名前を取られています。おひつじ座は、バビロニアの時代にすでに成立していた、黄道の星座でも最も古い星座の一つ。ハマル、シェラタン、メサルティムの明るい三つの星が鈍角の三角形に結ばれてできあがっている星座です。

＊天文学上の表記は、ひらがな表記になっています

♈

牡羊座

あなたの

性格

何事にも果敢に立ち向かう力強さ

古い自分を打ち壊し、新しい自分を作る

強大な敵と戦い、その結果得がたい宝を得て帰還する、このプロセスは、牡羊座の神話の中だけで起こるものではありません。英雄のイメージは、それまでの古い自分を打ち壊し、新しい自分を作り上げる心理学的な心の動きを象徴しています。

たとえば、子どもの頃、牡羊座のあなたはいち早く自我に目覚め、反抗期に入ったことでしょう。親の言いつけに背き出かけて迷子になったり、理由もなく親に口答えしたことはなかったでしょうか。それほど行動的でなかったあなたは、おそらく「私はこんな平凡な親から生まれたのではなく、本当は裕福な子どもなのだ」などと想像していたのでは?

幼い頃からあなたは、ほかの何者でもない自分をつくるために、親から自立したり「特別の自分」をイメージしていたのです。自分というかけがえのない存在を探求する旅。その子どもの頃の冒険は、今でもあなたの内側で起こっています。

「直観」と「情熱」が牡羊座を突き動かす原動力

牡羊座は、活動宮の火の星座に分類され、心理占星術では「外交的直観タイプ」に属します。今、目の前にあるものを超え、未来の可能性にすべてをかけようとするのが、牡羊座の気質です。燃えている時は、文字通り、寝食を忘れて没頭します。その対象は、理屈を超えて自分が直観的に選び出します。

牡羊座を突き動かすものは、そう、いつだって己の心に宿る「直観」と「情熱」なのです。その条

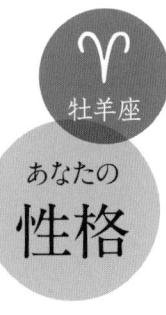

件さえそろえば、どんな困難が待ち受けようと、自分の目指すところへまっすぐに進みます。その姿は、まるで冒険物語の主人公のよう。こんな時の牡羊座は、行動の結果や、損得のことなど何ひとつ考えていません。新たな世界を切り開いていくことにわくわくしているからです。その時まさに「生きがい」を感じているのです。ですから、自分の情熱をかける対象がないと、牡羊座は精彩を欠いてしまいます。

仮想敵を作りやすい

また牡羊座は戦いの惑星、火星を守護星に持つことから、攻撃衝動が強いのも特徴です。健全な攻撃衝動なら、障害に打ち勝ち自分自身を社会に打ち出していけますが、否定的に表れると敵を作ったり防衛心が強く出ることに。自分の中の弱さを受け入れることができないあまり「悪いのはあの人」と仮想敵を作るようになってしまうことがあります。当然その投影は相手に響き、敵意という形であなたに跳ね返ってくることに。本当の敵はあなたの内側、自分の弱さを認めることへの恐怖である、ということに気がつくことができれば、あなたの中では大きな変化が生まれてくるはずです。

自分の弱さを認め、共感してくれる存在を持つ

さらにあなたの中には、ひそかな孤独感も見え隠れします。つねにトップでいたい、先頭に立ちたいという強気の裏側には、自分は誰にも理解されないという恐れもあるのでは。

何より、自分の中の攻撃衝動やライバル意識、野心をきちんと意識すること。そして、その発露の道を探ることが必要です。

また、牡羊座は、ナルシシズムとも深い関係があります。ナルシシズムは、健全なかたちであれば人生を前向きに歩ませていく大きな力になりますが、あまりに度が過ぎると負けたり傷つくことを恐れるあまり、自分の世界から一歩も出られなくなってしまいます。傷ついたり、負けたりすることも含めて、自分を愛することができるようになりたいものです。

自分の弱点を受け入れ、仲間を得ることが豊かさにつながります。

牡羊座

あなたの

愛

追われるより追う恋に情熱をかける

アマゾネスとアテナの影響

牡羊座の炎は、愛を勝ち取るためにも燃え上がります。恋する牡羊座は、神話でいえば、女権民族、アマゾネスに相当します。自分の部族に男性を入れず、必要な時にのみ、男を求めて狩りをするかのように近隣の村を襲撃したというアマゾネス。誇り高く、男性に従属しない彼女たちの愛は、凛として美しい。牡羊座のあなたが、追われるよりも追う恋に燃え立ち、男性の支配下に置かれるのを嫌うのは、おそらく内なるアマゾネスがあなたを突き動かしているからです。

しかし、牡羊座の愛は、ただワイルドなだけではありません。牡羊座の守護神が知性の女神アテナとしているところから、理屈ばかりが先行するのではなく、現実的な女性らしい知性が現われてきます。たとえば、牡羊座が恋をつかみ取る時には、相手の好みの色の洋服を身につけたり、かけひきが上手なのは、アテナの働きだといえます。ただし、その短く激しい恋が、時に男性を傷つけることもあるのは確かです。

牡羊座の恋は「香水の混じった火薬」

「牡羊座は香水と火薬の化合物」アメリカの著名な占星術家ルイス・ロデンの言葉です。

この表現に出会ったとき、「その通り！」と思わず膝をたたきました。人を惹きつける不思議な魅力、時として発揮される激烈なパワー。香水と火薬というたとえは、牡羊座のキャラクターをあますところなく語っているように思います。

牡羊座の恋は、「香水の混じった火薬」。それが、まさしく牡羊座の恋のカギ言葉です。牡羊座が抱えている恋という名の華麗な爆弾についている導火線は、相当短いのです。パチパチと火花が飛んだら、もう爆発しているという感じ。ストレートに牡羊座を生きている人であれば、ほとんど無意識のうちにその恋に身を殉じるのではないでしょうか。

立ち塞がる壁が厚いほど燃える

牡羊座の恋のスタイルとしては、どういうパターンが考えられるでしょうか。大胆で行動的、闘争本能に燃える牡羊座にとっては、ライバルがいるほど、また恋に立ち塞がる壁が厚いほど燃えるという側面があり、頑張ってしまいます。牡羊座の恋は激しく燃えてこそです。恋を獲得するのはさほど難しいことではなく、むしろ問題は恋を持続させ、どう深めていくかでしょう。

牡羊座は火の星座であり、また男性星座の一番目を占める星座です。英雄の星座でもあります。占星術や深層心理学では、男性性や英雄性というのは、生身の人間としての性別とは関係のない、象徴的な次元の話であるというふうに理解しています。

男性が男性性を生きなければならないという必要もなく、女性が大いなる英雄性を生きることもできるはずです。牡羊座の女性が牡羊座の男性性を堂々と生きるには難しい状況であるのも事実でしょうが、これからはそれも不可能ではないのではないでしょうか。

追われるよりも追う恋

牡羊座の女性は、本質的には恋に対しては、パッショネイトで大胆で、周囲を驚かせるのも辞さないほどの恋愛エネルギーに満ち満ちています。牡羊座の場合、あくまでも追われるよりも追うほうの恋に熱中するということです。相手から懇願されても、自分の心が動かなければ、顧みることはないでしょう。その誇り高さも牡羊座の大きな特徴だといえます。

そして、多くの牡羊座女性は、男性の浮気を絶対に許しません。両天秤にかけられたなどとわかると、頭にきてしまって、さっさとその相手を切るということになるでしょう。

牡羊座

あなたの
人生
仕事

信念を貫き、目標に一直線

トップランナーの使命

牡羊座は、十二星座の中でも、特別な使命を帯びた星座です。それは、占星術で用いる星座図を見れば一目瞭然です。牡羊座は第一番目の星座、つまり、ホロスコープを構成する十二星座のトップを走る星座なのです。

ホロスコープ自体は円環であり、図の上では始めも終わりもないように見えます。牡羊座が最初の星座だというのはどういうことでしょうか。占星術の新年は、一月一日ではなく春分の日から始まります。占星術が生まれた北半球では、太陽は春分の日を境にその力を再び強め始めます。太陽は春分において「復活」するというわけです。そして占星術の上での牡羊座は、春分の瞬間から始まるとされているわけです。

「私」という視点から「私たち」の姿勢へ

また、強さにあふれた牡羊座ですが、深層には深い、実存的な孤独感が潜んでいます。自分が自分となるためには、家族や友人、ほかの人とは違う、ということをどこかで意識しなければならないからです。人生は一人で生まれてきて一人で終わるもの、という真理を魂の深い部分で知っているのでしょう。

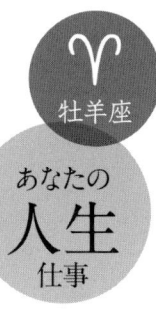

仕事に対しての考え方や視野が大きく変容していくこと、あるいは変わらなければならないことを意識しはじめます。短期目標を立てがちだったあなたは、野心的になり、仕事や人生の目標へのとらえ方が大きく変わっていくのです。本当の生きがいとは何か、を考え直していくことでしょう。

あなたの中に「社会」とか「共同体」といった意識が生まれてきて、これまで関心のなかったスピリチュアル、あるいはエコロジカルなことに意識のチャンネルが開かれていきます。「私が」という視点から「私たちが」の姿勢へと気持ちが成長していく。その変化によって、さらにあなたの人生が意味深いものへと膨らむはずです。

激しい競争の中で活躍できる

牡羊座の強さと魅力は、その瞬発力、大胆さ、そして自分がこの世界にありたいという強烈な願望を持っていることと結びついています。

それは、人生の一大事である仕事の面においてもっとも強く発揮されてくるでしょう。

牡羊座の人は、起業家やスポーツ選手、あるいは激しい競争の中で生きることを強いられる仕事が向いていると伝統的に言われています。「生き馬の目を抜く」世界で活躍できるのが牡羊座であり、戦国時代のようなところでこそ、そのパワーを発揮できるのが牡羊座であるというわけです。

小さくてもトップに立って

実際、牡羊座は、決まりきったことをこなしていったり、安定性の中で安住したり、まして企業の歯車のひとつになってしまうと考えるのは本当に苦痛でしょう。たとえば、作家の下積み生活を経てから自分の居場所や価値を作り出していくという道をたどるところを、牡羊座の開拓精神は、道なき道を切り開いていくことができるというわけでもあるのです。

自分のポリシーにそって行動していくことが何よりも大事な人でもあるので、小さくてもトップに立って仕事をするほうがずっと向いています。チームを組むとしたら、チーム全体をぐいぐい引っ張ってゆくほうがよいでしょう。

牡羊座が生きがいや充実感を深く感じ取れる仕事といえば、その場で結果がすぐわかるものでしょう。フリーランスや小さな会社にいてあなた自身の働きがそのまま報酬にはねかえってくるようなかたちが望ましいといえます。

どうせなら人生をひとつの冒険と考えて、あえてリスクのある、しかしリターンも大きな道を選ぶというのも、牡羊座のあなたにすすめたくなってしまいます。退屈こそあなたにとっては最大の苦痛なのですから。

対人関係と愛のチャンス

あなたを取り巻く人々はどんな傾向を持つ人なのか、あらかじめ知っていればトラブルを避け、よい関係を築くことができます。

あなたと
星座別
相性

♈ 牡羊座

牡羊座×相手が牡羊座

ぶつかり合いも互いのスパイスに

【基本相性】 平穏無事にすむとは考えられません。でも、互いにぶつかっているくらいのほうが、いきいきした関係をキープしているといえます。激しい気性同士の組み合わせでどこかで衝突が出てきますが、よい意味でのライバル関係になり、恋でもビジネス上でも、あなたの人生に大きな刺激と充実感を与えてくれることになるでしょう。

【恋愛と仕事】 初めからテンションの高い関係になりそう。気が合うときはこれ以上ないほど気が合うけれど、いったんぶつかると歯に衣着せないけんかに発展。適度なぶつかり合いはスパイスと考えて。仕事面では一緒にいるとチャレンジ精神が発揮され、相乗効果が表われ新しいフィールドの開拓などで成功。一歩間違えると、二人の盲点がミスに。

牡羊座×相手が牡牛座

ペースの違う二人。じっくりつき合って

【基本相性】 心の内に熱いものを持つあなたと、大地の大らかさを宿している牡牛座。どちらも自分にない資質に惹かれ合います。あなたが牡牛座の着実さや手堅さを評価できれば、補い合う間柄になれるでしょう。面白みがない、と切り捨てれば何も得ることはできません。じっくり時間をかけてつき合うようにすると無理なくやっていけるでしょう。

【恋愛と仕事】 ペースの違いがネックになりそうです。ストレートに愛を表現するあなたに対して反応が遅く何を考えているかつかめません。長期戦の覚悟を持って、相手の動きを待ちましょう。仕事面では、きちんと仕事をやりますが、周りにあまり心を配りません。手助けが必要なら「仲間」を強調すれば力を貸してくれるはずです。

牡羊座×相手が双子座

あおり、あおられ盛り上がる二人

【基本相性】 燃え上がる火の星座のあなたとそれをあおる風の星座の双子座は、一緒にいるだけで楽しい関係です。さり気ない言葉や行動があなたに力を与えてくれます。調子に乗ると一緒にけがをする関係でもあります。二人の関係を良好にしてくれるのは「会話」。最新の情報を押えておきましょう。ちょっとした質問を用意しておくのもよいでしょう。

【恋愛と仕事】 移り気で変わり身の早い双子座の特徴を肝に銘じておかないと、ある日突然、裏切られたように感じる状況になりかねません。相手を自由にし、あなたが懐の広さを持てれば長続きするでしょう。仕事仲間としては、本来は協力的ですが、協力が得られない時は、相手が動き出すまでそっとしておきましょう。

牡羊座×相手が蟹座

相手のやる気を高めるのが得策

【基本相性】 正反対の性格の二人。何をしても「違い」が顕著に現れるでしょう。否定的な側面や欠点が強く目についた場合、そのままぶつけたら、修復不可能な事態になってしまう可能性があります。「違い」を肯定的に捉える努力を惜しまず、相手のやる気を高める言葉かけができれば、よい協力関係が築けるでしょう。

【恋愛と仕事】 恋の相手が蟹座なら、将来への不安や仕事の愚痴など、一時期、恋愛ムードに欠ける傾向がありますが、しばらく見守るようにしましょう。仕事面では、シビアな一面を目の当たりにする場面があるかもしれません。効率や利益優先で動きがちな面があるので、相手にやさしさを求めるより、自分自身の「結果」を出して、評価を得るようにしましょう。

牡羊座×相手が獅子座

高め合える情熱の相性

【基本相性】 同じ火の性質を持つ者同士、創造のエネルギーでつながれる関係。話題も合い、お互いの気持ちも分かり合えるでしょう。ただし、どちらも一番になりたい性質がぶつかります。一歩引いて、獅子座に座を譲りましょう。あえて後ろをついていくことで、牡羊座に幸運な出来事をもたらしてくれるでしょう。

【恋愛と仕事】 恋の相手が獅子座なら、灼熱の恋の舞台が繰り広げられます。賢明でテキパキとした牡羊座のあなたに相手は心が動いているはず。愛を持続する努力を怠らないこと。仕事面では、これまでの弾けるような創造性に陰りが見られるかもしれません。ライバルなら、差をつけるチャンス。チームの一員なら、密に連絡し合い、連携プレーで乗り切りましょう。

牡羊座×相手が乙女座

二人の共通点を探して

【基本相性】 火の星座のあなたと、地の星座の乙女座。自分にはない資質を持ち、相手の長所を素直に認められる関係です。でも、相手によく思われたい、というあなたの気持ちが強いと、あなたが空回りしてしまいがちに。虚勢を張るよりも、二人の共通点を探していくことが仲良くなれるコツです。

【恋愛と仕事】 知的で清潔感あふれるところに強く惹かれるでしょう。順調な交際が続きますが、結婚すると乙女座はほこりを気にする神経質な面が出て、口うるさくなることも。仕事面では、何かを習得する場合も基礎から学ぶので、ポイントを押さえ、即実践タイプのあなたからすればイライラするかも。でも、確実、丁寧でミスのない仕事ぶりは、見習うべき点。

あなたと
星座別相性
♈ 牡羊座

牡羊座×相手が天秤座

本心を知るには粘りが必要

【基本相性】 駆けあがるようなパワーを持つ牡羊座、研ぎ澄まされるような落着きをもつ天秤座、真逆の力を感じるからこそ、反発する関係。気になる相手であることは否定できないでしょう。本音を出さず、クールに構えているかもしれません。無理に相手の心を開こうとしないで、本心を打ち明けるまで辛抱強く待ったほうが賢明でしょう。

【恋愛と仕事】 物静かで紳士の天秤座に恋するあなたは、相手の本心が見えず、やきもきする時間が多くなるでしょう。追いつめるのは逆効果。本心を打ち明けるまで辛抱強く待ちましょう。仕事面でもなかなか本心を見せません。言葉数が少なく、言外に別の意味をこめていたりする傾向があるので、大事なことは、聞き直すなど、しっかり確認をしましょう。

牡羊座×相手が蠍座

攻めと守り。違いがよい効果を生む

【基本相性】 情熱タイプの牡羊座とクールな蠍座。正反対の性質に見えますが、本当はどちらも熱い心の持ち主。分かり合えるまで時間はかかりますが、共感できるポイントは多い関係。あなたが一方的に話すのではなく、蠍座の好きなこと、話したいことを気長に聞き出すことで、打ち解けた関係に発展するでしょう。

【恋愛と仕事】 蠍座に恋をしている場合、沈黙の人で何を考えているか分からずもどかしいかもしれません。あきらめず心の扉をたたき、誠実な思いをぶつければ、一歩前進できるでしょう。仕事面では、攻めの牡羊座、守りの蠍座、気質の違いがよい形で働きます。二人は高い集中力で仕事に臨めるはず。タッグを組めば、新しいプロジェクトも成功するでしょう。

牡羊座×相手が射手座

仕事や生活面で大いに感化し合える仲

【基本相性】 同じ火のグループの牡羊座と射手座。一緒にいるだけで魂が弾けるような、刺激的な喜びを感じられる関係です。話しているだけでたくさんの気づきが得られ、感化し合えることが多いでしょう。大ざっぱで自由な射手座ですが、義務や責任を強く意識するので、いい加減なことをしていると、厳しく指摘してきます。

【恋愛と仕事】 恋愛面では、射手座のプライドを損わない接し方を心がけましょう。きつい冗談や会える回数が少なくなっても責めないこと。相手にいたわりを持って接することができれば生涯のパートナーとして意識し始めるかも。仕事面では、射手座は根気が加われば、向かうところ敵なし状態に。相手をほめて味方につけたほうが得策です。

牡羊座×相手が山羊座

異なる視点で貴重な意見

【基本相性】　牡羊座が春の喜びを伝える星座なら、山羊座は冬の現実をしっかり見据える星。そのため多くの面で違いが目につくでしょう。ですが、自分と違う考え方は異なる視点で物事が見られるということ。相談相手としては最高の関係なのです。大切な人と高いレベルで関わりを持つなら、表面的な接し方では受け入れてもらえないことを肝に銘じて。

【恋愛と仕事】　山羊座が恋の相手の場合、ふだんは見せない寂しがりやの一面が表れた時、邪険に扱わず、安心感を与えてあげられたら、二人の関係は発展するでしょう。仕事面では、新しいことを始めようとするあなたと、現状にこだわる山羊座との間で食い違いが生まれそう。一度納得できれば、力強い味方になってくれます。

牡羊座×相手が水瓶座

向上心をアピールして

【基本相性】　未知の世界を求める牡羊座にとって、水瓶座は、刺激的な相手。型にはまらない柔軟な発想は、あなたに新しい世界を示してくれるでしょう。相手にとっても、あなたの勢いと飾り気のなさは好ましく映ります。人との関わりを求めていると感じたら積極的に話しかけてみてください。

【恋愛と仕事】　知的で話好き、さっぱりしてこだわりがない、そんな水瓶座に強い魅力を感じているでしょう。水瓶座には「向上心」をアピールすることがポイント。仕事面では、厳しい一面も。あなたの仕事ぶりを見て駄目だしをしてくるでしょう。耳が痛い指摘を受け、反発を感じるかもしれませんが、的確な助言であることが後々分かってきます。

牡羊座×相手が魚座

やさしさに
あなたも救われている

【基本相性】　ちょっと苦手な相手かもしれません。ふだんならはっきりものをいうあなたが、言えなかったり、気が進まないことも引き受けてしまう。ペースを乱される相手。弱そうな相手に強気になれないし、挑んではいけないという不思議な関係図ができてしまいそうです。いざというときは必ず助けてくれる存在。

【恋愛と仕事】　恋愛では、相手の言うことを何でも聞いてしまい、損をしているような気分に。とはいえ、心やさしい魚座はピンチのとき頼りになります。多少のことは大目に見て。仕事面では、他人の仕事まで引き受けて奔走している魚座。あなたもそのやさしさに救われているかも。一人でため息をついていたら声をかけて。その一言が壁を突破する原動力になります。

牡羊座ワールド

♈ 牡羊座

【牡羊座のアイテム】

色：真紅
数字：９と５
人体：支配区域は頭
花：チューリップ、ハニーサックル
宝石：情熱的な恋を招き敵に勝利する力を与えるルビー、勇気と力のシンボル、潔白を表すダイヤモンド
食べ物：唐辛子、カレーライス、レッドチリなどスパイシーなもの
方位：東
お守り：ナイフ
音楽：マーチ、ハードロック
曜日：火曜日
アロマ：ペパーミント、ジンジャー
ファッション：レザー、男物の服
金属：鉄
国：イギリス、フランス、ドイツ

【特徴】

長所 開拓者精神、冒険心、リーダーシップ、情熱的、独立心がある

注意点 衝動的、利己主義、わがまま、熱しやすく冷めやすい、気が強い

【マークの意味】

♈

シンボルマークは牡羊の角を象徴。また、土を破って出てくる双葉や、自由にはばたく鳥の姿を思わせます。始まりと自由のシンボルです。

【牡羊座に贈る言葉】

「あなたが心から自分の英雄的な冒険に対してイエスと言えるかどうか、それが大問題だ」
ジョセフ・キャンベル　1904・3・26　神話学者

「結婚生活の最上の面は、喧嘩だ。それ以外はまあまあってところ」
ソーントン・ワイルダー　1897・4・17　小説家

ARIES

【牡羊座の男・牡羊座の女】

♂ 男も憧れ、男も惚れるたくましい男

自分本位でそばに寄ると振り回される……というのが、一般的なイメージ。でも、その振る舞いの本当のところは、理想に燃える、熱いやつ。いつでもオンリーワンを目指してストレート。誰かと競ったり、比べたりすることなく、自分の信じた道を進むはず。（アンデルセン　1805・4・2／ゴッホ　1853・3・30／アイルトン・セナ　1960・3・21）

♀ どんな時でもストレート。不器用だがさわやかな女性

主観的でちょっぴり強引、でもそれは単なるわがままにあらず。損得勘定ぬきに、とにかくシンプル。多くの人がこれまでの経験値に振り回されて見失ってしまった素直さを持ち合わせています。つねに真っ当に生きようとする美しさが彼女にはあります。（林真理子　1954・4・1／宮沢りえ　1973・4・6／後藤久美子　1972・3・26）

【幸せをよぶキーワード】

「人の力を借りる」

何でも自力で解決しようとする有能な牡羊座は、他人を必要としないように思われ、思いがけない敵を作る恐れがあります。自分で対応できる事柄でも、あえて身近な信頼できる人に相談するか、報告を。周囲も状況を知ることで力を貸しやすくなるはず。

「表現力をつける」

激しい自己主張には耳を傾けてくれなくても、強い思いや情熱から創造されたものは人の胸を打ち、関心を持ってもらえます。音楽や絵画、文章や詩など表現手段に磨きをかけるのはそのためです。美しい旋律や映像、選び抜いた言葉に心を打たれるのです。

牡牛座

4/20 〜 5/20
生まれ

I have　私は所有する

ひとつひとつ、五感をフル稼働させて自分のものにしていく

牡牛座の太陽は、何かを「所有する」という形で表れます。

牡牛座は大地の星座です。穏やかに花が咲き乱れる大地も、その下でマグマが渦巻き、活気に満ちたエネルギーがあふれているように、牡牛座のあなたもまた、おっとりしているようでいて、自分の価値観を守るためなら、人と争うこともいとわない強さをみせるでしょう。

その牡牛座が大切にする価値観は〝五感〟に深く根ざしています。味覚、嗅覚に代表される、もっともプリミティブで、けれど鋭敏な感覚の力です。

何が大事で何がそうでないか。迷った時も自分の感覚から生まれる価値観を信じて進めば、牡牛座の本当の魂の輝きがあるはずです。

【牡牛座の基礎知識】

区分	二区分　女性星座 三区分　不動宮 四区分　地
守護星	金星
守護神	アフロディーテ
かぎ言葉	I have（私は所有する） 味わう

神話物語

ゼウスが略奪した王女との恋

牡牛座にまつわる神話は複数あります。全能の神ゼウスは、ある日、地中海の東岸の岩で海を見つめている美少女に気がつきました。少女はフェニキア王の一人娘エウロパ（ヨーロッパはこの王女の名が語源）。一目で好きになったゼウスは、妃ヘラの目を盗んで美しい牝牛に変身しエウロパに近づくと、背に

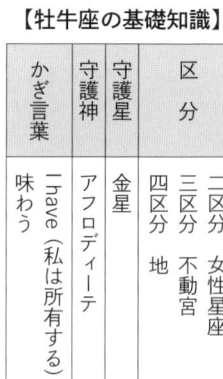

乗せクレタ島へ。そこで元の姿に戻り愛を交します。

もう一つの神話。ゼウスが見そめたのは、妃ヘラの神殿に仕える巫女イオでした。嫉妬に狂ったヘラは、イオを牝牛に変身させますが、ゼウスが救い出し、元の姿に戻し、天のおうし座になりました。

夜空のおうし座は、ヒアデスという散開星団が横向きのV字形に並んでいるさまを牛の顔に見立て、名づけられました。占星術が誕生した頃、春分点は牡牛座にあったため、特に重要な星座とされていました。この天の牛は、牛頭の魔神ミノタウルスだとも、牛の姿をとった海の神ポセイドンに関係があるともいわれ、複数ある神話は、牡牛座の性格をさまざまな角度から照らし出しています。

♉
牡牛座

あなたの
性格

母なる大地の化身

男性原理と女性原理を合わせ持つ

牡牛座のシンボルである牛には、二つの一見相反するような面があります。一つは穏やかでたおやかな自然や母性の象徴のような牝牛。命を育む乳を生み出し、平和に静かに暮らす牝牛は、大いなる母性原理の表現です。エジプトでは牝牛の角は月を表すとされ、大女神イシスの冠にも見られます。愛の女神アフロディーテは、牝牛の目を持つ、とも言われます。

その反面、牡牛座は女性を略奪する男性神ゼウスや魔神ミノタウルスとも深い関係を持っています。これは荒々しい男性原理を表します。この場合、牡牛の角は男性の男根の象徴ともなるでしょう。

では、いったいどちらが牡牛座の本質なのでしょう。たぶん両方が答えなのだと思います。

牡牛座は大地の星座。穏やかで花が咲き乱れ、その上に穀物が実る大地も豊穣の力を持つためには、その下でマグマが渦巻き、活気に満ちたエネルギーがあふれていなければなりません。牡牛座生まれの人は確かに一見穏やかでおっとりしているように見えます。しかし、その中ではふつふつとエネルギーが湧いていて、負けず嫌いなところも頑固なところも持っていて、必要ならば、どんな相手にも向かっていくだけのパワーにあふれているのです。

自分の中に楽園のイメージを

大地の豊穣性を示す牡牛座には、エデンの園、楽園のイメージがついてまわります。エデンの園、ギリシアの黄金時代、またアトランティス伝説など太古には人々が豊かに、無垢で平和に過ごしていたという伝説があります。はじめ人類は幸福に過ごしていました。けれど、罪や何らかの失敗により楽園から追放されてしまった、というのです。心理学的には、それは、無垢だった子ども時代への回帰願望といえるかもしれません。

第一の星座である牡羊座が、前へ前へと進んでいくとするなら、牡牛座は後ずさりしながら、天に昇る星座の姿さながら、過去の葛藤のない状況、かつての楽園を好みます。それがどのように表れるかは、あなた次第といえるでしょう。楽園への憧憬をもし悪いかたちで引きずっていると、貪欲さや独占欲につながり、一方、自分の中に楽園をイメージできれば、揺るぎない安心感や安定感を得られます。

秘められた本当の自分

牡牛座のそうした傾向は、精神分析学的にいえば口唇的性格とたとえられそうです。幼児は母親の乳房に吸いつき、口から乳を飲むことによって快感を得ます。この時点での心理が大人になっても大きく影響するのが口唇的性格です。よく現れれば楽観的で他の人を信頼する傾向。悪く現れれば、何でも貪欲に求め、他者に過剰に依存するといったかたちになります。

過食症や拒食症といった摂食障害も口唇期と結びつけられることも。逆にグルメやエピキュリアン（快楽主義者）を作ることもあります。そう考えるとユングの言う感覚機能（五感の力）は地の星座すべてと関わるとされますが、とりわけ牡牛座との関連は明確です。

味覚や嗅覚に代表される最もプリミティブで、けれど鋭敏な感覚の力とそれに基づく価値観が重要な意味を持ちます。

浪費家と溜め込むタイプ

牡牛座の中には、お金に対して非常に浪費家になっていくタイプと、逆に何でも溜め込むタイプの二つがあるようですが、これは実は表裏一体。自分の中での価値基準が揺らぐと、それを外側の基準、すなわちお金やブランドといったものに基礎を置くしかなくなるというわけです。あなたにとっては、しっかりと自分の中で何が大切で何がそうでないのかを、一度きちんと考えてみることが重要なことです。

♉ 牡牛座

あなたの愛

相手を愛しぬく永続的な恋

一見穏やかに、内側で情熱と衝動

牡牛座の守護星は「牝牛の目を持つ」と形容されるアフロディーテ、金星です。牡牛座は、だから愛には恵まれた星座だといえるでしょう。ただしアフロディーテには二つの姿があるとされています。それは天上のアフロディーテと地上のアフロディーテ。前者が形而上学的な美や神への愛を表すのに対し、後者は肉体的な官能や美を表すとされます。

牡牛座の金星は、地上のアフロディーテと結びついています。大地の星座である牡牛座は、自然の力の現れである肉体の美しさや魅力を熟知しています。相手の肌の質感や筋肉の動き、あるいはかすかな体臭など無意識のうちに鋭敏に感じ取り、それに惹かれます。別に面食いというわけではありません。表面的な美醜を超えた、もっと自然で原始的ともいえるフェロモンを感じ取るのです。

大地のごとく堅実で安定した愛

もちろん、あなたにもそうした魅力が備わっています。あなたの恋は、だから一見穏やかに、しかし内側では春に動物たちが発情するような情熱と衝動的な力を持って進行していきます。恋をしたあなたが突然、強引さを発揮することがあるのはそのためでしょう。

また、牡牛座の神話でつねに重要な役割を果たす嫉妬深いヘラも見逃せません。恋人を自分のもとに止めたいという独占欲や嫉妬も、牡牛座の愛の持つ特徴でしょう。ただ、それは大地のごとく堅実で安定した愛、リアルで確かな愛を求めたいという気持ちの表現でもあるのですけれど。

本気になるまで動かない

牡牛座は、獅子座、蠍座、水瓶座とともに「不動」の星座に属しています。不動の星座は、それぞれのシーズンの盛りのときに対応している星座であって、今、ここにあるものをしっかりとキープしようとするわけです。心理学的には、自分の中の価値観を大切にし、それをもとにさまざまなことを判断する「内向タイプ」に相当すると考えられるわけです。不動の星座、牡牛座は、たやすく自分から動くことはありません。

牡牛座は恋に限らず、新しいこと、未知のことには簡単に足をつっこまない星座なのです。

ことに恋においては。というのも牡牛座は、自分がいったん本気になってしまえば、なかなかあとに引けなくなってしまうことを心のどこかで知っているからでしょう。

牡牛座の恋は、真摯で、永続的なものです。次々にイージーな遊びを繰り返すということでは決して満足できませんし、それは自分を傷つけるだけなのです。

真摯で永続性を求める心

牡牛座のとくに女性が、魂の底からつき合える男性は、きっと一生のうちでも数多くはないでしょう。本当に自分が好きになっても大丈夫かどうかを、慎重に選んでいるのでしょう。

しかし、いったん牡牛座のあなたが心を惹かれたら、あっさりと諦めることはありません。相手から拒絶されようとも、ずっとひそかにその人のことを大切に思い続けます。

牡牛座は、決して器用なアプローチができる星座ではないのですが、その粘り強さという点にかけては、12星座の中でも屈指のものがあります。粘りに粘って、ついにその人を落とす、というパターンも大いにあり得ます。

また、その独占欲の強さ、ヤキモチ焼きはよく知られています。しかし真摯で永続性を求める心、それゆえ牡牛座がつかんだ愛は、ほかの何物にも代えられない充足感をもたらすことになる、というわけなのです。

牡牛座

あなたの人生
仕事

自分の内側に流れるリズムに従って

周囲に惑わされないで

穏やかで、でも内なる強さに満ちた牡牛座のあなた。しかし、その強さや穏やかさは、自然に時間をかけてあふれてくるもので、すべてが秒刻みで動いている現代社会の中では、あなたの長所が生かされにくいかもしれません。

要領のいい周囲の人たちを尻目に、自分はなんてダメなんだろう、と考えることもあるかも。でも、それに惑わされることはないのです。自分の内側に流れているリズムに従い、自分の価値を大事にすること。

古代のスフィンクスは牡牛座のシンボルでもあります。悠久の時を超えて残るものは時間をかけて作るしかありません。また自分の時間を大事にするということは自分の価値観を大事にするということでもあります。

あなたに与えられた自分の感覚を信じ、自分にとって心地よい空間や時間を作っていけば、それは他の人にも過ごしやすい環境になるはず。逆説的ですが、自分を大事にすることが人を集め、深い絆を作ることにもなるはずです。

仕事を変えるか留まるかの選択

牡牛座の支配する経済と環境問題。大量消費による「成長」を目標にするのではなく、持続可能な社会を作っていくことが、ただのお題目ではなく切実なこととなっていきます。

牡牛座の人は、自分にとって、あるいは生命にとって何が重要で何が必要でないのか、その生まれながらの鋭い感性によって判断していく義務があるともいえるでしょう。個人の生活ベースでは、今の環境や仕事を変えるかあるいは留まるかという選択に頭を痛める

かもしれません。じっくりと自分の心と魂に聞いて、自分なりの道を見つけていってください。

安定した収入を望む牡牛座

牡牛座にとって仕事は恋と同じようにとても重要なものです。

「人はパンのみにて生きるにあらず」。確かに。でもここで牡牛座なら、次のようにこの句を補うことになるでしょう。「しかしパンがなければ、決して人は生きることはできない」

そして、パンという糧を得るための仕事は、牡牛座には人生において決定的に重要な意味を持つのです。牡牛座の楽園にとっては、現実の生活の糧、具体的にいえば収入、それも安定した収入はとても大きな意味を持つからです。

牡牛座は、よくがめついと言われるかもしれませんが、それはこの肉体を持ってこの世界に生きる限り、お金は決定的に重要であることを知っているからです。

大きなところでの損得勘定は決して誤りません。リスクの大きな世界に飛びこんで一発儲けることよりも、地道に自分の収入を得ることを考えます。

すぐれた五感とセンスを生かして

また牡牛座は五感にすぐれていて、自分のセンスを活かすことで人生を豊かにしていけますから、職人タイプの人も多いでしょう。

「大地の星座」「楽園の星座」そのままに、園芸関係や農業などもあなたには向いています。

腕のいいコックさんや大工などの職人さん、宝飾関係のデザイナーなどにも牡牛座は向いています。

また肉体のセンスにもすぐれた人が多いですから、演劇関係者やスポーツ関連にもすぐれた才能のある人がいるでしょう。

さらに牡牛座は、人体との対応でいえばのどを支配しています。牡牛座の人に美声の持ち主が多いというのは、占星術関係者の間では古くから知られていることで、ひょっとしたらシンガーとしてあるいはラジオＤＪとして活躍するという可能性もあります。自分の手で触れて、一つ一つの仕事を片づけてゆくことができるような仕事があなたには向いています。

対人関係と愛のチャンス

あなたを取り巻く人々はどんな傾向を持つ人なのか、あらかじめ知っていればトラブルを避け、よい関係を築くことができます。

あなたと
星座別
相性

♉
牡牛座

牡牛座×相手が牡羊座

少し距離を置いたほうが得策

【基本相性】 あなたは正直で心の中の「好き」を大切にしたい人。牡羊座は「勝ちたい」気持ちが強い人です。あなたが「もっと素直になればいいのに」と思う時、相手は「なぜもっと頑張らないの」と聞きたくなってしまうのです。あなたの気楽さにイライラしてしまいそうなので、少し距離をおいたほうがよいでしょう。

【恋愛と仕事】 牡羊座の恋人は、用心深く、あなたの誘いになかなか乗れないですし、あなた自身もパワーに欠けていて、恐れやためらいを感じそうです。進展を焦らず時期を待ちましょう。仕事での牡羊座は、自分中心の考えを改め、組織や会社のためにという気持ちが芽生えて連携プレーがうまくいきそうです。

牡牛座×相手が牡牛座

誤解が生まれやすい

【基本相性】 「言わなくてもわかる」という安心感でつながっている牡牛座同士。一緒にいるととても楽。ただし、コミュニケーションをおろそかにした場合、「わかっているはずなのに」とトラブルになることも。ちょっとした気持ちの行き違いから、相手を誤解する事態が起こりがちなので、伝えるべきことはきちんと言葉にするかメールなど文字に残すことが大切。

【恋愛と仕事】 牡牛座への恋は、勇気がなくて言えなかったことが、運気を捉え、勢いを借りて伝えられるはず。仕事面では、真面目に取り組む時と、手抜きしたくなるタイミングが同じなので、補い合うことができない二人です。チームを組んでいる時は、ごほうびを用意するなど工夫して、お互いに励まし合いましょう。

牡牛座×相手が双子座

気が変わりやすい相手

【基本相性】 あなたが新緑の枝を伸ばす樹木なら、双子座は自由な小鳥。相手にとっては、あなたの大らかさは、羽を休める絶好の場所。でも、気が変わりやすく、すぐに飛んで行ってしまう双子座。それがあなたには不満でもあり、羨ましい点でもあるでしょう。自分に関心を持ってほしい時は、相手が得たいと思っている話題や情報を用意するとよいでしょう。

【恋愛と仕事】 双子座への恋は、相手が会話を大切にするので、趣味に関することから、派生する情報は事こまかにリサーチをしてください。ビジネス面での双子座は、人に迷惑をかけたくないという気持ちが強く、行動範囲が狭まりがち。そんな心をほぐす励ましの言葉をこまめにかけてあげましょう。

牡牛座×相手が蟹座

対話する時間が増えそう

【基本相性】 性格や価値観が違うのに、なぜかこの人の言葉には共鳴してしまい、相手もあなたが気になって仕方がない様子。一緒の時より離れているとなぜか寂しくなる、そんな二人です。審美眼を持つあなたに意外なところで共通の趣味が見つかり、会話の時間が増えそうです。

【恋愛と仕事】 恋愛面では二人でのんびり出かけたり、食べ歩きをしたりといった日常を楽しむプランがよさそうです。仕事面での蟹座は、自分が出した成績や結果に強い関心を示し、さらにスキルアップを目指し始めることも。ただ、二人とも慎重さに欠けるため、立て込んできたら、サポートを申し出るなど互いに助け合える距離感をキープしましょう。

牡牛座×相手が獅子座

相手に振り回されそう

【基本相性】 プライドが高い獅子座と本音で生きる牡牛座のあなた。ぶつかると面倒なことに。それは異なる「強さ」を持つためなのです。歯車がうまくかみ合った場合は、かけがえのない存在になるでしょう。獅子座の自信にあふれた様子や人と接する態度など、あなたが学ぶべき点が大いにあるので関係性を深めてください。

【恋愛と仕事】 恋愛面では、獅子座の勝手なペースに振り回されそうですが、あなたは自分磨きに励むのが賢明です。仕事面では、要求のレベルが高いため、あなたとのテンションの違いに獅子座がイラ立ちそうですので、注意が必要です。

牡牛座×相手が乙女座

ひたむきさでつながっている

【基本相性】 大らかで細かいことを気にしないあなたと、敏感で正確さにこだわる乙女座。性格は違ってもなぜか安らげる間柄です。「ひたむきさ」でつながっているからです。輝きを放ち始める相手に、遠ざかってしまう感覚を覚えるかもしれませんが、あなたのことは信頼しているので心配は無用です。二人で旅をすると充実感が得られそう。

【恋愛と仕事】 恋愛の場合、ゆっくりと相手の心の扉が開く傾向があるので、一定の距離を保ってアプローチを。仕事面では、乙女座が人間関係に不満を募らせた時、あなたは加担しないこと。仕事のクオリティアップを図って。

牡牛座×相手が天秤座

美を愛する二人

【基本相性】 どちらも美しいものを愛する星座ですが、あなたは自然の美を好み、天秤座は研ぎ澄まされた美を愛します。あなたは態度で示そうとし、相手は言葉で伝えることを選びます。違いを気にしながらも許容し合う間柄。あなたとの関係は順調ですが、ちょっとしたタイミングで秘密を持つこともありそうなので、何でも打ち明けられる関係を早めに築いて。

【恋愛と仕事】 天秤座との恋は、相手を見る目が厳しく、思いが空回りする傾向がありそう。よく観察して恋の魔法をかけてみて。仕事いのちの天秤座は、頼もしい存在。外の世界に飛び出して協力者を増やし、一緒に新しいチャンスをつかむことも。

牡牛座×相手が蠍座

一途に見つめ続けて

【基本相性】 まるで禁断の実を味わうような、危険と魅力にあふれた深い関係になりそうな相性です。好きなもののために一生懸命になれる二人。もしも、同じものを欲しがったらお互いに譲りません。ですが、ベクトルが違えば問題はなく、気持ちを理解し合える親友候補に。

【恋愛と仕事】 蠍座の恋は、周りにたくさんの異性が登場しますが、あなたが特別な存在であることに変わりません。一途に見つめて続けていれば、必ずあなたの視線に気づき、元にもどるでしょう。仕事面では、持ち前の粘り強さに加え、よい意味でのシビアさも出てきます。あなたなら、いつも通り誠実な仕事をしていれば、問題は起こりません。

牡牛座×相手が射手座

会うとほっとする

【基本相性】 あなたも射手座も細かいことを気にしない大らかな性格。いやなことがあっても射手座に会うと、なぜかほっとし、気が楽になるでしょう。相手も同じ印象を持っています。ただ、軽い気持ちで言ったことが、ひどく傷つく可能性も高いので、言葉は慎重に。

【恋愛と仕事】 射手座に恋している場合は、揺らがず、支えてあげられるのは自分しかいないと自信を持って接すれば、特別な絆が築けるでしょう。仕事面では、苦しい思いをしている射手座を見て心配になることも。悩みを聞いてあげる機会をつくって、調子がもどるまで支えてあげましょう。

牡牛座×相手が山羊座

飾らないでいられる

【基本相性】　現実を見つめて生きる山羊座と一緒にいると、飾らない自分でいられる心地よさを感じられるでしょう。それは相手が、地に足のついた生き方をするあなたを「自分と同じ」と好意的に見ているから。親しくしていた山羊座とはいっそう親密な関係になれるでしょう。

【恋愛と仕事】　山羊座に恋している場合、すでにつき合っている、またはある程度親しい関係の人は次のステージに進めるでしょう。片思い中ならやや足踏み状態でも、扉は少しずつ開くので諦めないで。仕事面でも山羊座は実直な姿勢をくずしません。報告や確認はまめに。分からないことはあなたから質問を。

牡牛座×相手が水瓶座

癒しの役割を

【基本相性】　あなたは根をおろす大地のような心を持つ人、水瓶座は風を起こして空気を変えていこうと願う人です。一見、二人は異なる性格に見えますが、お互いに正直に生きている相手に共感を持っています。変わり者として人に受け入れられず悩むことが多い水瓶座は、あなたと会話することが癒しになるのです。あなたの言葉にヒントをもらうこともありそうです。

【恋愛と仕事】　恋愛面では、あなたに惹かれていても、理性が邪魔をしたり、意地を張ったりで、気持ちにブレーキがかかる可能性が。時間が解決してくれそうです。仕事面では、コミュニケーション不足から、ミスが頻発しそうです。あなたから念押しや確認を。メールにはＣＣをつけてもらいしっかり見守ることが大切。

牡牛座×相手が魚座

やさしさと温かさ

【基本相性】　牡牛座と魚座の二人をつないでいるもの、それは、やさしさ。あなたのやさしさは包み込む温かさ、魚座の場合は悲しみや寂しさを慰めるやさしさです。その違いがあるからこそ、お互いに憧れずにいられません。魚座は人の気持ちを考え場をなごませようとし、あなたはその気遣いに癒されるでしょう。無理をしていないかいつも気にかけてあげて。

【恋愛と仕事】　恋愛面では、二人は初めはおずおずと、徐々にはっきりした歩みで近づきます。仕事面では、重圧に弱いタイプですが、仕事の面白さを実感し、意欲的に取り組みます。あなたが積極的にサポートしてあげると感謝されるでしょう。

牡牛座ワールド

♉ 牡牛座

【特徴】

長所 しっかり者、現実的、意志が強い、持続力がある

注意点 頑固、鈍感、行動が遅い、所有力が強い

【マークの意味】

♉

シンボルマークは牛の顔を表します。同時に円は太陽、男性原理、半円は月、女性原理を表すとも解釈できます。豊穣と自然の力の象徴。

【牡牛座のアイテム】

色：緑、ローズ

数字：６と７。愛の惑星、金星のナンバーであり、男性を表す３と女性を表す２を掛け合わせた数でもある。またカバラでは７が金星の数

人体：支配区域は喉と首

国：アイルランド、スイス、キュプロス

都市：ダブリン、ライプチヒ

食べ物：ブドウ、アスパラガス、アーティチョーク、チーズ

花：スミレ、フォックスグローブ

宝石：エメラルド。一説には悪魔の王ルシファーが堕落以前に身につけていたとか。楽園を追放される前の無垢で純粋な状態を示す宝石

曜日：金曜日

アロマ：クローブ、スペアミント

ファッション：自然素材の服

金属：銅

【牡牛座に贈る言葉】

「絵画と詩はお互いの美しさの点で引きつけ合う男女の関係になる。二つが一つに重なるとき、この上なく完璧なものとなる」

ダンテ・ゲイブリエル・ロセッティ　1828・5・12　画家

「王様だって、人間にすぎん。スミレは俺と同じように匂うだろう」

ウィリアム・シェイクスピア　1564・4・23頃　作家

TAURUS

【牡牛座の男・牡牛座の女】

♂ オス的フェロモンにあふれた美少年！

一見したイメージは安心感があって落ち着けて……いわゆるいい人。しかし、その安らぎの本質は、“女性を味わうことに長けている”というところにあり。そもそも牡牛座は何事にもグルメ。女性に対しても同様。本当はとても貪欲でエロチック。（サルバドール・ダリ　1904・5・11／森山直太郎　1976・4・23／奥田民生　1965・5・12）

♀ 名より実を取る人生のグルメ

食いしん坊でけち、かなりスローという印象の牡牛座女。しかしこれは、むやみやたらと強欲とか面倒くさがりやというわけではなくて、人生すべてをおいしく、味わおうとしているから。時間はかかっても、名より実を取ることができる賢い女性。（エリザベス２世　1926・4・21／オードリー・ヘプバーン　1929・5・4／シャーリー・マクレーン　1934・4・24）

【幸せをよぶキーワード】

「情報は循環させる」

おもしろい情報やお得な情報が入ってきた時「私には関係がない」と自分のところで止めてしまわないで「これは誰に伝えたら喜ばれるかな」と考え、その人に流すようにしましょう。その情報が幸せを生み、また別の有益な情報として、あなたの元へ絶え間なく入ってくるようになるはず。誰に、何を、どのタイミングで、伝えるかを考えながら過ごして。

「絆を深める」

広がった人間関係の中から、本当に信頼し合える人が見つかり、約束を守る人、誠実な人たちを大切に過ごしていけば、助け合える仲間に恵まれるはずです。もともと広く浅い交友関係よりも、数は少なくてもとことん信用できる人との関わりを求める牡牛座。そうした仲間と強い絆を築いておけば、公私にわたって心強い支えになってくれるでしょう。

Ⅱ

双子座

5/21～6/21
生まれ

I think　私は考える

何かを二つに〝分ける〟そこから
思考を巡らせ必要なものを選んでいく

あなたの中にある太陽は「考える」という形を伴って表れます。

双子座は二面性を持つ星座。双子座のモデルとなった双子は、一方が不死で一方が死すべき運命にありました。不滅の自分と滅びていく自分という、内なる矛盾。ほかにも光と闇、善と悪など、双子はさまざまな神話の中で対称性を持って表れます。これは人間の知性が〝何かと何かを分けて考える〟ことから始まることを示しています。

たとえばあなたも、初めて物に名前があることを知り〝これは何？〟と聞くのがうれしくてたまらない子供のような好奇心があることに気づいたことはないでしょうか。それは物事を二つに分ける、つまり〝思考する〟という人類の知性の原型が眠っているからにほかなりません。未知のものに遭遇した時もこの〝区分する機能〟という双子座の太陽があなたを導くに違いありません。

【双子座の基礎知識】

区分	二区分　男性星座 三区分　柔軟宮 四区分　風
守護星	水星
守護神	アポロ
かぎ言葉	I think（私は考える）

神話物語

美しい兄弟愛

ギリシア神話では、仲のよい双子カストルとポルックスが登場します。カストルとポルックスはともに、人間のスパルタの女王レダを母としていますが、父親は違っていました。カストルは神々の王ゼウスの血をひいて不死。ポルックスはレダの夫を父としていたので、死すべき運命にありました。

ポルックスが戦で命を落としたとき、カストルは神々に自分の不死性を放棄したいと申し出ます。この美しい兄弟愛に感動した神々は双子を天に上げたのでした。

　占星学上の双子座は、北半球では冬の星座となる天のふたご座にちなんでその名前を取られています。北の高い空に明るく輝く青白い星と淡い黄色の星がその目印、有名なカストルとポルックスです。

　冬の北天の二つの明るい星をペアで考える伝統は、古くさかのぼります。エジプト人は草の若芽、フェニキア人は二匹の子ヤギとして見たといいます。メソポタミア人は現在の双子座の原型となる二人の裸の子どもを投影していました。そして、ギリシアでは仲のよい双子カストルとポルックスの姿を見たのです。

Ⅱ 双子座

あなたの性格

軽やかに世を飛び回り知性あふれる二元性を持つ人

何かを二分して考えることから始まる

カストルとポルックスに代表される双子の神話伝説は、世界中に無数に散らばっています。ローマ建国の父であり狼に育てられたというロムルスとレムス。聖書のカインとアベル。アポロとアルテミス、一対の神々というところまで広げれば、オシリスとイシス、日本のイザナギとイザナミまでそのカテゴリーに収めることができるでしょう。双子は普遍的で元型的なテーマなのです。

では、それらの神話が伝えていることは何なのでしょうか。双子座のモデルとなったカストルとポルックスは、一方が不死で一方が死すべき運命にありました。これは不滅の天上的な自分と、肉体とともに滅びていく自分という、人間なら誰しも感じている内なる矛盾を表しています。

双子座の中の「二項対立」

もしあなたが、永遠の若さを心のどこかで願っているとすれば、それは魂の「不死の部分」を意識しているからこそ。ほかに光と闇、善と悪、男と女など、双子は神話によってそれぞれ別の対称性を示しています。これは人間の知性は、何かと何かを分けて考えることから始まるということを示します。

ちょっと難しくなりますが、言語学や構造主義では、人間の知性を支えているのは「二項対立」だとされています。あれかこれか。私かあなたか。白か黒か。人間の思考はまず、何かと何かを区別することから始まります。双子座は、この人間の知性の基盤となる区別する機能と深い関係があります。神話のペアが示しているのは素朴であっても、現代の科学や哲学を生み出した偉大な人間の知性や言語のプロトタイプ（原型）なのです。

そして、それが双子座の中には生きているのです。双子座が研究、調査、リサーチ、翻訳などに力を発揮するのはそのため。ただ、一説にはカストルとポルックスは、天に上げられた後、一日ずつ不死を交換するようになったとも。それは一貫性がなく、飽きっぽくクルクルと変わるあなたの態度を表しているともいえるのです。

一つを選び、一つを捨てる

双子座は柔軟宮の風の星座に分類されています。自由に吹く風のように、この世に縛りつけられることのない永遠の若さを持った存在。ユング派の心理学でいう「永遠の少年少女」の元型と深くかかわっているといわれています。これは、大人になることを拒み続け、いつまでも少年少女のようなキラメキを持っている存在。たとえば、ピーターパンとか、俳優ではジェームス・ディーンなどのイメージだといえばわかりやすいでしょうか。

双子座はその名前の通り、内なる二つの可能性をいつも持っています。でも、人生を生きるということとは、その内の一つを選び、一つを捨てる、という選択の連続なのです。双子座は器用なだけに、選択を最後まで保留して軽やかに飛び回ります。しかし、戦で倒れるポルックスのように、やがては一つを捨てなければなりません。

物事の本質を見極める目を鍛える

それは、「永遠の少年少女」であり続けることの終焉を表しています。何かを捨てるということは、大人としての決断や責任を引き受けることだからです。

また、双子座は、言語機能や思考機能も司っており、知的なものを味わう能力も十分です。ただ、表面的な知識だけではなく、その下にある本物の英知にまで触れてほしいものです。流行の服をまとうように知識や情報を次々に試着していくのではなく、あなたの身につくまで何かと関わってみることがとても重要なのではないでしょうか。物事の本質を見極める目を鍛えることは、あなたにとって大きな課題といえます。

しかし、柔軟にいろいろな考え方ができるのは双子座の特質です。

Ⅱ
双子座

あなたの
愛

ネガティブな迷いに気がつけば恋は育つ

本当に彼でいいのかという迷い

19世紀末におけるイギリスの魔術結社「黄金の夜明け団」の体系によれば、双子座に相当するタロットカードは「恋人」です。でも恋人＝愛のカードだと思い、手放しで喜ぶわけにもいきません。伝統的にこのタロットには、分かれ道が描かれていたり、二人の女性を前に戸惑う男性が描かれているからです。

「恋人」のカードが示すようにあなたの好奇心は、キューピッドの矢と相まってすぐに恋の感情と混じり合うでしょう。言葉を交わしている間に、あなたの心は彼に引きつけられます。しかし、いつもあなたの前には、このタロットが示すような分かれ道が見えているのでは。本当に彼でいいのかという迷いが尽きず、そして、そんなあなたの前に別の男性が現れたりするのです。

知性のキラメキを持つ男性

ローマの詩人マルクス・マニリウスによれば双子座の守護神はアポロです。アポロは、輝かしい理性や永遠の青春、芸術などを表します。双子座は、アポロのような理想的な男性のイメージを、どこかで探しているように思います。

それは、双子座の愛は、ただかわいがられるばかりでは満足しないことと関わっています。双子座の知性は、男性を本当の意味でコミュニケートできることを望んでいます。親子関係を恋人との間で演じているようでは（男性を甘やかす母親、ないしあなたが彼に父親的な甘えを見せるというような）双子座は満たされないのです。学歴などはなくても、知性のキラメキを感じるような男性でなければなりません。

あなたの自由を許し、そして知的な刺激を与えてくれ、未知の一つを示してくれる男性が必ずいるはずです。

情報能力にすぐれた恋多き星座

双子座は魚座や射手座とならんで恋多き星座、そしてまた浮気癖があることで知られる星座です。双子座の持つフットワークの軽さやコミュニケーションの能力は、恋の面でも多いにプラスに働くことが多いのです。

恋に有利なアイテムを探す情報収集能力は抜群。話題も豊富だし、ごくごく自然に意中の人に接近してゆけるタイプです。

「話題のレストランがあるんだけど、一人でいくのはちょっとイヤだし、つき合ってもらえないかなあ」なんてことがさらりと言えてしまう。その軽い感じが相手に負担を与えないので、最初の一歩はスムーズに進めることができます。

相手の関心をひきそうな話題を次々に提案できるのもあなたの強み。相手があなたと同じ「風」の星座の生まれであれば、そんな関係はとくにスムーズに流れるようになって、二人でいろんな刺激を与え合いながら恋を深めてゆけるはず。

風のように気ままなロマンス

とはいえ双子座のあなたは自分の自由をとても大切にしますから、べったりと一人の人にくっついて歩く、というようなことは本来好みません。自分であちこち動き回れるだけの余地を残すことが必要で、相手が「自分だけを見ていてくれ」などという依存心や独占欲の強いタイプの場合には、すぐに嫌気が差してしまうでしょう。

双子座が浮気者だという風評があるのは、こんなところに原因がありそうです。相手がいつも自分のそばにいてほしいと願っているのに、その願いがあなたには、恐るべき束縛に見えてしまい、相手から逃げるためにも、無意識に次の相手を探してしまうということになるのです。とくに相手が牡牛座や蠍座であった場合には、風のように気ままで自由な星座のあなたに対して、あくまでも自分の手元におこうと試みます。そうなったときには、かなり苦しい逃亡ゲームをあなたが演じなければならなくなる、ということになるのです。

Ⅱ 双子座

あなたの
人生
仕事

自分の深い内面に目を向けて

内に抱える葛藤と矛盾

軽く調子よくみられる双子座ですが、内側には知性を持ってしまった人類が抱える矛盾や葛藤が含まれます。あれかこれか。義理と人情。理性と感情。いろいろな情報や場面があなたを引き裂こうとしています。器用なあなたはそのときどきに応じてうまく使いこなしていますが、どこかで「じゃあ本当の私は？」と悩む姿が。

双子座の守護星は水星ですが、これは同時に錬金術の神です。錬金術は「火と水」や「太陽と月」のような本来対立するものを統合して黄金を作り出す技でした。水星は錬金術のパトロンでもあり、またその作業中で触媒として大きな役割を果たした水銀そのものでもあります。あなたの中には、そんないろいろな自分をまとめ上げる力があるのです。

真摯に自分の内面を見据えて

双子座は、もともと好奇心が旺盛で、さまざまなことに関心を向けていく人。しかし、その半面、すべてのことをさらさらと流していってしまい、深くかかわることを避けてしまう傾向があります。

けれど、そんなあなたは自分の深い内面へ目を向けていくことに目覚めさせられる状況に迫られます。「このままでいいのだろうか」とか「ちゃんと生きていない気がする」という、あなたの中に起こってきている違和感や不安、そして孤独。その気持ちに素直に目を向けることが大切になってくるでしょう。

あなたのことですから、旅行や友人たちとの食事などで、気を紛らわせることもできますが、しかし、今こそ真摯に自分の内面を見据えてみてはどうでしょうか。

新しい恋や仕事などには積極的にチャレンジを。

情報の伝令神を守護星にもつ双子座

双子座は、仕事の面でも現代という時代にとてもマッチしています。

双子座の守護星は水星で、水星というのは神々の伝令神でした。そして、言葉、通信や移動などを司っている神です。今で言うなら、さしずめ情報の神です。あらゆる情報にかかわっている人、知性を生活の糧にしている人、社会のなかを動き回っている人、こういう人はすべて水星の守護下にあると言えるのです。

たしかに双子座の人は頭がよく、自分のアイデアで勝負できるような仕事が向いています。十年一日のごとく変わらない仕事とか、あるいは過去の流れをそのまま受け継いでゆく、というのは双子座が好むものではありません。刻一刻と動いている状況を把握しながら、それに適応したアイデアを出していくというような仕事において、適性を発揮します。

人と人を結びつける役割

その意味では、大企業の歯車のひとつになるのではなく、あなた自身の活動ができるような、自由な環境を選ぶことがとても大事になるのです。ひょっとしたら派遣社員のようなかたちのほうが自由に、やりがいを感じられるかもしれないくらいです。または、フリーランスでやってゆくという可能性もあるでしょう。インターネット関連の仕事、いわゆるeビジネスの中で活躍の場を広げていく双子座の女性は、ますます増えるでしょう。

もちろん地道に会社勤めをやっていても、自分を活かす道はいくらでもあるはずです。双子座は情報の流れに敏感ですから、上手に整理してアイデアをまとめることを試みたり、人と人とを結びつけたりする役割を果たす、というのもいいでしょう。そうです、双子座は、ある種、最高の外交官であると言えるのです。性格の異なる誰かと誰かを結びつけることが上手にできるのが双子座の特技でもあり、双子座に与えられた大きな使命でしょう。

対人関係と愛のチャンス

あなたを取り巻く人々はどんな傾向を持つ人なのか、あらかじめ知っていればトラブルを避け、よい関係を築くことができます。

あなたと
星座別
相性

Ⅱ
双子座

双子座×相手が牡羊座

越えられなかった壁を破る

【基本相性】 新しもの好きでフットワークが軽い二人。双子座のあなたは、考えるよりも先に行動する牡羊座に引っ張られがち。ノリのいい会話やレジャーを楽しむにはいいコンビです。ふとしたことから、相手の素顔や本心を知る機会が訪れ、その結果二人の関係は一歩前進するでしょう。

【恋愛と仕事】 とくに恋愛面でそれが顕著に。意外にもあなたのこと、未来の生活を相手は真剣に考えていることが明らかに。ビジネスパートナーの場合は、悩んでいたり、動くのを恐れたりする様子が見られるかもしれません。そんな時求めているのはあなたの励まし。声をかけてあげれば元気を取り戻し、あなたをかけがえのない存在と思うようになるでしょう。

双子座×相手が牡牛座

こまめな対話とフォローを

【基本相性】 スローペースな牡牛座と、果敢に世界を渡っていくあなた。放っておくと行動や気持ちが少しずつずれてしまいます。それでも牡牛座は、あなたののびのびした部分に淡い憧れを抱いているはず。そんな二人はお互いを必要としているはず。あなたが思いやりを見せて、相手のペースに合わせてあげれば、自然と心が近づくでしょう。

【恋愛と仕事】 恋愛において気をつけたいのは、一度牡牛座に刷り込まれた印象を覆すのは、なかなか難しいということ。あなたが他の人と楽しそうに話しているだけで、ひそかに深く傷ついてしまうということもありそうです。職場での牡牛座は猜疑心を生じやすいでしょう。相手に不信感を抱かれることがないように、こまめに話しかけて。

双子座×相手が双子座

お互いの存在がクローズアップされる

【基本相性】 双子座はさっぱりした人づき合いを好み、自分自身が束縛されたくないからこそ、相手も束縛しないようにします。お互いに人脈が広がる時は、いろいろな人と交流するでしょう。でも、相手が気になりだし、互いに会いたいと思った時に、ばったり遭遇するなど不思議な偶然も働くかもしれません。

【恋愛と仕事】 恋愛においても、お互いの存在が意識され、相手が頭から離れなくなってくるはず。どちらからともなく連絡を取り合うようになれば、恋が始まるサイン。気づけば「特別な存在」に。職場でのチームワークは、それぞれが自分の仕事に取り組み、スキルを磨いていくことで後に相乗効果が生まれます。大きな成果をあげることができるでしょう。

双子座×相手が蟹座

相手の束縛を重く感じる

【基本相性】 自由な人間関係を求める双子座と、一人の人としっかり向き合う蟹座。正反対のスタンスのため、あなたのほうが、相手の束縛をうっとうしく感じることが多い関係です。蟹座の重さに耐えられなくなることがあるかもしれませんが、縁を切ってしまうのは損です。話をしてみれば思いやり深く、困った時に親身になってくれる人と理解できるはずです。

【恋愛と仕事】 恋愛面では、相手のウエットな部分に戸惑うことがあるかもしれません。それでも「こうしてほしい」と伝えると、律儀に約束は守ってくれます。蟹座とのつき合いでは話し合うことが、最も大切なことと心得ましょう。仕事上でも説明がくどいという側面がありますが、それも息が合うまでのがまんです。

双子座×相手が獅子座

相手に合わせて
フォローとサポートを

【基本相性】 獅子座と双子座のあなたは、多くを語らずとも分かり合える間柄。ただし、周囲に意識が向いているあなたと違い、獅子座は自分中心。空気を読んでほしいと思っても、鈍感なところがあるので、してほしいことは、口に出して。獅子座が勢いに乗っている時、一緒に行動するだけで、あなたの世界は広がります。

【恋愛と仕事】 獅子座に恋をしているなら、遠慮は禁物。フォローしてくれる人を求めているので、あなたがサポーター役に回れば、かけがえのない存在と思ってくれます。職場での獅子座は、新しいことに興味しんしん。高いハードルに挑戦していく意気込みがあります。責任感も強いので、いいコンビネーションを発揮しそうです。

双子座×相手が乙女座

ナイーブな相手。
言葉を用心深く選んで

【基本相性】 乙女座とあなたは「知性」によって結びついています。二人とも敏感な言葉のセンスを持っているため、会話が知的で飽きることがありません。乙女座があなたの発言の真意を考えすぎるようになった時は、なるべく平易な言葉で語りかけてください。ややとっつきにくい印象もありますが、フレンドリーになる機会はやってきます。

【恋愛と仕事】 乙女座に恋をしているなら、決してよそ見をしないこと。乙女座の異性は、「この人は信用できるか」とシビアにあなたを見極めようとするでしょう。軽率な行動をすることで、猜疑心をもたれることもありますので、つねに「あなたが一番」という態度でいましょう。仕事面での乙女座は「守り」の姿勢が強く、受け入れてもらえないことも。

双子座×相手が天秤座

心地よいパートナー

【基本相性】　どちらも風のグループである二人は、お互いに執着しない、さっぱりしたところがあります。相手が気になっていても、表面上はさり気ないふうを装ってつき合ってきたことでしょう。でも、本当は互いに相手の存在を必要としています。行動を共にする機会が多くなると、相手の深い部分に踏み込むシーンが訪れてくるでしょう。

【恋愛と仕事】　お互いが自由に自分の世界を持ちたいと思う者同士の恋は、障害も少なくベストパートナーになれるでしょう。仕事面での天秤座は、新しい挑戦よりも、手堅いものを好みます。信用できる人、そうでない人をより分けているので、協力するなら最後まで手伝い、傍観するなら初めから手を出さないこと。

双子座×相手が蠍座

サインを見逃さない

【基本相性】　風通しのいい生き方を好むあなたと、じっくり動かず一つのことを見つめる蠍座とは、反応の速度やタイミングがすれ違いぎみ。細かいことに気づくあなたなら、言葉にならない蠍座の思いを汲み取ることができるはず。あなたが声をかけてあげれば、胸の内を打ち明けてくれるはず。蠍座は、一度心を開いた相手を裏切ることはありません。

【恋愛と仕事】　恋愛ならば蠍座のサインを見落とさないように。発言そのものより、目や表情、言葉のニュアンスなど、ディテールに真意が隠れています。気づいてあげられれば、あなたは特別な存在として昇格します。オフィスでの蠍座は、慎重になりすぎて、処理スピードが落ち、共同作業の足をひっぱる恐れも。

双子座×相手が射手座

背中を押して元気を回復させる

【基本相性】　スケールが大きく、のびやかな射手座とフットワークの軽いあなたとは惹かれあう相性です。しかし、時に迷いやすく、行動が鈍りがちになった時、同じ自由人であるあなたの言葉に励まされます。発展的な言葉をかけてあげるように心がけてください。

【恋愛と仕事】　恋愛対象が射手座の場合は、ストレートな言葉が一番効果的。気恥ずかしいような愛の言葉も、心地よく響くはずです。仕事面では、行動しながら考える射手座ですが、時には、じっくり考えすぎて、結局、行動しないこともあるでしょう。背中を押してあげるのは、あなたの役目。

双子座×相手が山羊座

タイミングを合わせる

【基本相性】　形あるものや実感の伴うものを大切にする山羊座と、予感や情報といった形のないものを求めるあなたとは、元から重なる部分は少ないもの。だからこそ、お互いに関する関心が生まれた時には、なるべく触れ合う機会を逃さないことです。山羊座からの誘いは、忙しくても、極力、断らないで。

【恋愛と仕事】　恋愛では、山羊座の視線の動きをしっかり観察。つねに相手の視界の真ん中に入ってください。仕事では、何事も真剣に取り組み、結果を出そうするはず。周囲にはクオリティを求めて厳しい一面を見せることもありそうです。そんな山羊座の信頼を得るために一生懸命仕事に取り組むことが大切。基本的な礼儀や、マナーの見直しも必要です。

双子座×相手が水瓶座

深い部分で分かり合える

【基本相性】　あなたと水瓶座は、先鋭的な言葉のセンスでつながっているところがあります。あなたは圧倒的な情報量で、水瓶座はユニークな発想で会話を盛り上げます。しかし、会話が途切れた沈黙の中で、気持ちが通じ合うものを感じます。わかってもらえないだろうと、思っていたことが、わかってもらえるはず、という確信に変わっていくでしょう。

【恋愛と仕事】　恋においてもその関係は健在。その時、思い切って思いを告げれば、二人の心は一気に接近します。一方、仕事がらみでは、水瓶座の皮肉っぽいところがやや強く出て、孤立しがちなところがあります。あなたにも辛口の言葉をかけてくるかもしれません。無難につき合っていくなら、上手にスルーすること。

双子座×相手が魚座

魚座のなごみムードに救われる

【基本相性】　こだわりを持たずに生きるあなたと、ロマンチストの魚座は、あまり共通の話題がありません。それでも魚座は、やさしさという力によってあなたの心に直接訴えてきます。素直にあなたが感謝の気持ちを告げるようにすると、相手はあなたを特別な存在として意識して、何かにつけ親切にしてくれるようになるでしょう。

【恋愛と仕事】　相手にとってあなたは「見過ごせない人」。手を差し伸べずにはいられないのです。悩みを打ち明けたり、涙を見せたり「弱さ」を見せることで相手の心を動かせるでしょう。オフィスでの魚座は、使命感を持ってまじめに仕事に取り組むはず。ただしビジネスライクに考えることができないため、あちこちで穴が出てきそうです。

双子座ワールド

♊
双子座

【双子座のアイテム】

色：黄、水色、うぐいす色
数字：５、８
人体：支配区域は手、腕、肺
国：ウエールズ、アメリカ、スーダン、コンゴ民主共和国
都市：ロンドン
動物：サル、オウム
花：ラベンダー、すずらん
宝石：アゲート、クルクルと光を受けて反射するキャッツアイ
方位：東北東
お守り：羽、チョウの図案
音楽：イージーリスリング
曜日：水曜日
スパイス：キャラウェイ
金属：水銀

【マークの意味】

♊

シンボルマークは双子を表す。また一方では、２本の柱、また、２本の男根という説も。

【双子座に贈る言葉】

「いろいろなことがあったけれど、それでも私は人が善良だと信じているわ」
アンネ・フランク　１９２６・６・12　作家

「男には男らしくあってほしい……強く、そして子どもっぽく」
フランソワーズ・サガン　１９３５・６・21　作家

【特徴】

長所　機知に富む、合理的、コミュニケーション能力が高い

注意点　中途半端、表層的、さっぱりすぎる、おしゃべり

GEMINI

【双子座の男・双子座の女】

♂ 努力する姿を軽さで隠す粋な存在

情報伝達の星、水星を守護星に持っているせいか、フットワークが軽く、それゆえに何だか軽薄そうなイメージ。楽しいけれど、信用ならないところも。しかし、表面的には軽くても、器用に世渡りするため、本当の意味で物事に関わろうとしているまじめさあり。（ワーグナー　1813・5・22／ジョン・F・ケネディ　1917・5・29／大竹まこと　1949・5・22）

♀ つかみどころのないどことなくクールな人

何だか軽ノリ。でもそれは物事を蔑ろにしたり、無責任になっているわけではなく、つねに新しい情報を得るため、一つのことに縛られないようにする独特の距離感。そしてそれゆえに、相手や自分の心の機微を客観視してしまう、クールな印象を与えてしまう。（マリリン・モンロー　1926・6・1／田中麗奈　1980・5・22／鈴木京香　1968・5・31）

【幸せをよぶキーワード】

「専門分野を持つ」

「これは私の分野」という意識が薄いのが双子座。というのも、さまざまな分野に興味を抱き、どこでもそこそこの腕前になれる多才さを持っているから。その中の一つに絞って、これに関してはスペシャル、と思えるくらい腕を磨いてみましょう。その分野では誰もが双子座をお手本にするような地位を確立できれば、言動にも自信がにじみ出るようになります。

「言葉の種類を増やす」

言葉に対する鋭いセンスを持っている双子座。たった一言からその人の真意や繊細さを探る能力は抜群です。たとえば絵文字の使い方で微妙な気持ちの表現するのが上手なのも双子座。そのセンスに磨きをかけるため、ボキャブラリーを増やすことを考えて。同じ意味のことでも伝える相手の年齢や性格を考慮しながら、さり気なく言葉を変えられるようになると、さらに多くの人の信頼を得るはずです。

♋

蟹座

6/22～7/22
生まれ

I feel　私は感じる

周囲の空気を敏感に感じやすく、自分の聖域を築こうとする

蟹座の太陽は「感じる」というかたちによって表れます。

あなたは、月が起こす海の満ち引きに影響される生き物のように、日々のムードによって大きく気分を変えるでしょう。その日の食事、周囲の人々の感情、天候などの影響を敏感に感じ取ります。それより情緒に大きな波が立ち、しかもそれがよく表面に現れるのです。

また蟹座は過去の思い出や経験、保守的な力とも関係の深い星座。何か新しいことを起こそうとする時「これでいいのかな」と不安に駆られ、つい安全な方法を選んでしまったりするでしょう。でも、それは決して悪いことではありません。蟹が自分の殻によって自分を守るように、自分だけの領域を持つことが大事です。その時にあなたの豊かな感受性が存分に生きてくるのです。

【蟹座の基礎知識】

区分	守護星	守護神	かぎ言葉
二区分　女性星座 三区分　活動宮 四区分　水	月	ヘルメス	I feel （私は感じる） 闘争、エネルギー

神話物語

英雄ヘラクレスに挑んだ大蟹

英雄ヘラクレスと、彼を憎む女神ヘラの物語です。

世界で一番強いと言い放つ英雄ヘラクレス。彼は12の難題を与えられ、その中で一番苦労したと言い伝えられるのが、怪物ヒドラ（水へび）退治。不死身の大怪物ヒドラと共に沼地に住んでいた大蟹はヒドラに加勢し、ヘラクレスに襲

いかかりますが、あえなく踏みつぶされてしまいます。ヘラは大蟹を憐れみ、空に掲げ星座として残したと伝えられています。

占星術上の蟹座は、天文学上のかに座にちなんで名づけられています。獅子座のすぐ右に位置している星座ですが、何となくぼんやりした星座です。よく見ると、ぼうっとした青白い星団（プレセペ星団）があって、それを中心に逆のYのかたちの星のつながりが見えてきます。これが蟹ないしはザリガニのかたちになったと思われます。

蟹座は、古代世界ではとても重要な星座とされていました。古代エジプトでは今の七月頃、つまり夏至の頃を一年の始まりとしていたため、蟹座は年頭の星座であり、蟹座のイメージを通じて霊魂がこの世に生まれてくるのだとされていました。

♋ 蟹座

あなたの
性格

魂の奥に蓄えられた思い出があなたをつくる

やさしく情緒的、人の心に敏感

蟹座の神話を読んで「なんだか冴えないなぁ」と感じた人は多いはずです。英雄ヘラクレスによってあっけなく踏みつぶされた巨大な蟹。「あんまりだ」と感じるのも無理はありません。けれどこの神話の奥には深い心理学的な意味が隠されているように思います。

ヘラクレスに対して蟹を仕向けたのは女神ヘラでした。嫉妬深い大いなる女神です。蟹は英雄の足をがっちりと挟み込み、沼にひきずり込もうとしました。これは過去の思い出や経験、記憶、保守的な力が、新しいことを起こそうとする英雄を邪魔することを暗示します。これは、いつも蟹座の心の中で起こっていることではないですか。

やさしく情緒的で、ほかの人の心に敏感な蟹座。また、家族や伝統を大事にする蟹座は、何か新しいことをしようとするたびに「これでいいのかな」という不安に駆られ、安全な方法を選ぼうとします。過去というはさみがあなたをがっちりと挟み込んでいます。

地球規模の大きな愛を持つ

しかし、それは自分のテリトリーをしっかりと守りながら、親しい仲間を守ろうとしたり、自分自身が安心でき、くつろげる場を作ろうとする心の表れなのです。蟹座は活動宮の星座ですから、本来行動的でアクティブ。落ち着きがないくらい動いている星座です。けれど海の蟹がいつも海辺から離れないように、自分の聖域を守っています。

蟹座の守護星は月です。月は母性原理の古い象徴で、よく蟹座の人が家庭思いだとか母親思い、場合によってはマザコンの気がある、なんていわれてしまいますが、確かに、蟹座の中には、家族や家にこだわる一面があります。しかし、ここでいう「母性」とは、実は生身の父親や母親を超えたもっと大きなものなのです。

蟹座は霊魂のルーツ

ヨーロッパの神話では、月は女神や母ということになっていますが、エジプトの神話では、蟹座はコガネムシの姿をした太陽神ケペラのシンボルで男性的なものと深く関わっています。また、天文学的に考えても蟹座は夏至点から始まる星座で、太陽の勢力がピークに達したときに始まる星座なのです。ここには男性原理も色濃くその影を落としています。心理占星学の権威リズ・グリーンは、蟹座は、男性原理と女性原理が分かれる前の「ウロボロス」的段階、つまり魂の始まりの状態を表すのではといっています。古代エジプトの神話にあるように蟹座は霊魂のルーツを表すのではないでしょうか。また蟹座は、インスピレーションの源であるため、詩人や芸術家がたくさんいるのもうなずけます。

思い出が今のあなたを作っている

海と陸との境界に生きる蟹をトーテム（守護のシンボル）に持つあなたは、月が引き起こす海の干満に大きく影響される海辺の生き物のように、日々のムードによって大きく気分が変わりがちです。安定した蟹座の人も時には見かけますが、多くは躁鬱の傾向があるのでは、と思うほど気持ちがクルクル動きます。けれど、その感情の動きはあなたの生命力を表す重要なもの。抑圧することなく、上手に表現していってほしいものです。

蟹座は記憶ともかかわっていて、魂の内奥に蓄えられた思い出が、今のあなたを作っているのです。そんな記憶の広間を潤すためのワークとして、自分の歴史を書き出してみるといいでしょう。記憶の糸が紡ぎ直され、心が豊かに。

さらに個人的空間、自分のテリトリーも重要。蟹が自分の殻によって自分を守っているように、自分の領域を持つようにしないと、デリケートな蟹座はひどく傷ついてしまいます。また母親や家族を等身大に見つめることで、本当の意味で家族を愛することができるようになるはずです。

♋ 蟹座

あなたの
愛

母性を惜しみなく注ぐ蟹座の愛

「私がいないと」と相手を縛りつける

蟹座の愛は、二つの極端なかたちに分かれがち。母か娘の役割に当てはまるのです。相手をいつまでも子どものようにしてかわいがるか、または逆に相手の子どものようになっていつまでも甘え続けるか。神話の世界では、母と娘は一つの女神の二つの姿とされています。大いなる地母神デメテルとその娘ペルセフォネは、実は一体なのです。

また、蟹座の女性は、素晴らしい存在です。慈しみ、料理を作ったり、面倒をよくみます。「私がいないとね」なんていいながら、かいがいしく世話を焼くでしょう。しかし、その半面、女神ヘラが仕向けた蟹のように、相手をがっちりと縛りつけておく深い感情的なエネルギーもあるのです。

束縛ではない愛を育むこと

いざとなれば泣き落としや大騒ぎ、ゴシップとあらゆる手を使って蟹座は相手を引き留めます。ただ、自分から飽きたときにはその限りではないようですが……。

いずれにしても蟹座には、何かを自分で創造したり、自分らしい趣味を持つことが重要になります。彼だけが、家庭こそ私の命（将来はきっと子どもがその対象に）という時期が過ぎたとき、自分の中に何もないというのは寂しすぎますし、また、束縛ではない愛を育むためにも趣味は必要なのです。

母と子の役回りを互いに演じる

蟹座は「水」の星座です。水は、心理学的占星術においては、ユング心理学で言う「感情」の働きと結びついており、恋にとっては感情こそが最も重要な役割を果たしていることを考えれば、水の星座は恋に生きる星座であると言えると思います。

　蟹座の感情は何度も述べてきたように、母性的なものと結びついています。それは全面的に相手を受け入れることにあります。一番わかりやすいかたちで現れてくるのは、やはり母と子どものような関係でしょう。蟹座の恋愛は、どこかで母―子のような役回りを互いが演じることに落ち着いてゆくことが多いように思えます。

恋愛感情は、宗教に似ている

　第一の状態は母親的（男性の場合であっても！）になるケースです。恋に落ちたときにあなたは相手をかわいくて仕方のない、愛らしい存在だとみなすようになるわけです。

　確かに、あなたの好きなあの人は光輝いていてまぶしいのです。宗教はある意味で恋愛感情に似ている、とどこかの哲学者が語っていましたが、ロマンティックな恋愛というのは、最初は相手にどこかで畏怖の念を抱くことが多いものです。

　蟹座の場合も、恋は恋である限りその要素は十分にあるのですが、しかし、相手のどこか「不完全」なところにあなたは惹かれているような気がします。

「必要とされている」ことを実感できる

　相手が「完璧ではない」というのは、あなたにとっては少し安心できる要素。その弱点、未完成さ、子どもっぽさが、相手の魅力、より人間的になっていること、そしてそこにあなたというもう一人の人間の居場所があることを、あなたは本能的に知っているのでしょう。相手の弱点まで含めて慈しむようになり、次第に親の役回りを演じるようになっていきます。「自分が必要とされているのだ」という実感こそが、何よりも必要なものだと言えるでしょう。

　もうひとつは、母親タイプとちょうど裏返しの関係。娘、息子のタイプの蟹座。子どもが親に甘えるように相手に甘え、安心感を得ようとします。いずれにしても、蟹座の愛は、一種の絆を作り、そこに甘えあうことで、強い関係性を築いていくというパターンです。

♋ 蟹座

あなたの人生 仕事

二つのはざまに生きる旅人

過去と現在のはざまに生きている蟹座

蟹座のあなたは、不思議な場所で生きています。水と陸のはざま、男性原理と女性原理のはざま、また、家庭と社会のはざま、過去と現在のはざまに生きています。だからこそ葛藤も多いし、自分をどんなふうに作っていったらいいのか、どんなふうに生きればいいのか、迷うことも多いでしょう。蟹座が優柔不断であるようにいわれるのは、たぶん、そういうふうにあちこちに目がいくからなのだと思います。

ただ、蟹座の古い守護神はヘルメス、旅人の神でした。あなたは実際の旅は好きではないかもしれませんし、自分のホームベースを築くことを好むかもしれません。

でも自分の人生そのものが一つの旅のようなものだと思えばどうでしょう。いろいろな人に出会い、好きなものを思い出として自分の船に積み込んで行く旅。そこでいろいろなものを自由に味わっていけるのではないでしょうか。二つの世界にまたがっているのは、迷いの元でもあるけれど、自由の元でもあるのです。

対人関係が最大の問題になってくる

また、蟹座は、複雑な葛藤を経験するでしょう。一つには、それは誰かあなたの大切な人との関係性というかたちで浮かび上がってくるでしょう。もっと近くに、そばに行きたいという気持ちと、誰かに縛られてしまうことへの恐れが複雑なかたちで葛藤します。家族との問題などもあるかもしれません。

もう一つのかたちは、健康と仕事にからむもの。知らず知らずのうちに体を壊すほど働いていることもあるでしょう。

いずれにしても、この問題に対してすぐに答えを出すことはできません。じっくりと自分のテーマとしてかかわっていくことで、自分の人生の中の一つのステップにしましょう。さらに今後、対人問題が最大の問題となるでしょう。

アットホームな職場をつくる蟹座

蟹座の性格は、たとえば仕事の場ではさまざまなかたちで活かされてくるでしょう。一般に蟹座は女性相手の仕事が向いているとか、看護師、保母などが合っていると言われています。たしかにそうした仕事であれば、蟹座的な親しい人間関係は大きくプラスに作用することになるでしょう。

しかし、何が何でもそうした仕事をするべきということではありません。それどころか、どんな場においても蟹座らしい仕事の仕方をすることができるはずです。オフィスでも、あなたがあれこれと世話をするだけで居心地がよくなったり、あるいはお客さまに対して、ホッとくつろげる環境をつくることもとても大切な仕事です。

本格的にキャリアを目指す場合でも、どんな場でも基本は人間関係ですから、情でつながっていくようなあなたのコネクション作りが、思わぬメリットを生むこともあるでしょう。

自分のなかのテリトリーを守る

さらには、あなたがほかの人の心の動きに敏感であることから、顧客のニーズにきめ細かくあわせた企画を出したりすることも得意なはずです。ただし、蟹座的な人間関係の作り方は、公平さや客観性のようなものはありません。「仲間」、ファミリーになっているかどうか、が大切なことになるのです。誰かがあなたの期待を裏切ったり、ファミリーの一員だと感じている人を傷つけることがあれば、怒りを顕わにすることを隠さないでしょう。

蟹座は自分のテリトリーのなかと外をしっかりと区別して考えるようになっています。テリトリー以外の人には冷淡であったり、あえて攻撃的になったりすることも多いのです。いずれにしても蟹座にとって「仕事」とは、人とのつながりを強く温かく感じながら社会の一部として役に立っていくということになるでしょう。

対人関係と愛のチャンス

あなたを取り巻く人々はどんな傾向を持つ人なのか、あらかじめ知っていればトラブルを避け、よい関係を築くことができます。

あなたと
星座別
相性

♋
蟹座

蟹座×相手が牡羊座

自分を生かせる場面を知って

【基本相性】 感情豊かな蟹座と、激しい情熱を持った牡羊座の組み合わせはあまりよくないといわれます。物事に対し攻撃性を持っている牡羊座に、あなたの心は緊張して休まりません。ある程度距離を置き、応援するスタンスを取れば無理なくつき合っていけるでしょう。

【恋愛と仕事】 牡羊座に意外と寂しがり屋の面があり、面倒見のよいあなたにほっとするでしょう。頼りがいがある牡羊座なのに、実は弱点がある、というところに母性本能をくすぐられます。寄り添う関係を保てばうまくいきます。仕事においては同じフィールドだと対立するので、役割分担を明確にするのがうまくつき合う秘訣。それぞれの得意分野で協力すると、ベストな結果に。

蟹座×相手が牡牛座

積極的に関わるのは時期を見て

【基本相性】 大地にしっかりと根を下ろしているかのような安定感がある牡牛座は、心が揺れやすい蟹座にとって灯台のような存在。困った時や不安な時に、真っ先に思い出すのが、牡牛座の相手ではないでしょうか。現実を見つめながら、確かな助言をくれる人ですから、そばにいるだけで安心できそう。最初は慎重に、しだいに大胆に行動するように。

【恋愛と仕事】 友情のようなムードで始まった恋も時間がたつとマンネリに。何か新しいことを始めるとか、二人の間に新風が必要に。仕事面では、あなたが牡牛座に引っ張ってもらう形になるでしょう。基本的に牡牛座とは性格が違うからこそ、お互いに補い合える関係ですが、さらに何も言わなくても「ツーカー」の間柄になれるでしょう。

蟹座×相手が双子座

ほしかった情報をくれる

【基本相性】 魔法使いのように、新しい情報を次々に発信する双子座は、蟹座にとって憧れであると同時に追いつけない焦りを感じる存在。逆に双子座にとっても情緒豊かなあなたは、自分とは正反対と、思いつつも興味を惹かれるところがあるようです。

【恋愛と仕事】 違いがある性格だからこそ惹かれ合う二人。いいタイミングで情報をくれることが多いので、まめに連絡をとるのが得策。二人の関係では、双子座がアクションを起こし、ワンテンポおいてあなたが行動することでバランスを保っている状態。仕事の場合はそれでOKですが、恋愛に限っては、双子座の歩み寄りにはすかさずリアクションを返すこと。

蟹座×相手が蟹座

ツーカーの仲だけど より深く知りたくなる

【基本相性】 蟹座同士は、この上ない安心を感じられる相性です。お互いの感情が共鳴し合う不思議な感覚が得られるため、ひとこと言葉を交わすだけで、気持ちが理解できるでしょう。もともと蟹座同士は何もなくても惹かれ合いますが、もっと深く関わりたいという気持ちが強くなります。

【恋愛と仕事】 激しく燃え上がる関係というよりも、むしろ友達のように気がねなく信頼関係を育むのがうまくいく秘訣。表面的でない会話を心がけていれば、ふと気づいたら、特別な存在になっていた、ということも。仕事においては、互いのペースがかみ合い、チームワークが強化されます。雑談も楽しめてそれぞれ知らないことは教え合うよい関係です。

蟹座×相手が獅子座

注目を集めるスターには 賛辞を送る

【基本相性】 獅子座は観衆の視線を釘づけにする舞台の上に立つような気持ちで生きている星座ですが、蟹座は大切な誰かと二人の世界に暮らしているような星座です。そのため獅子座の言葉は、あなただけに向けられている感覚が乏しく、寂しい感覚になることも。獅子座が大舞台に立つような激動の時間を過ごしている時、あなたは欲求不満を抱かずに、ほめておだててあげること。

【恋愛と仕事】 恋愛でも、自分だけ見つめてほしい、と願っても、その声はなかなか相手に届かないでしょう。獅子座を立てたり、称えたりすると、あなたのことをそばにいてほしい人、と認めてくれるように。仕事面では獅子座が頼りになります。創造力にあふれているので、意見を求めるとよいでしょう。

蟹座×相手が乙女座

決してまとわりつかないこと

【基本相性】 もともと乙女座は、やさしく思慮深い星。蟹座のデリケートで傷つきやすい一面も。揺れやすい感情も分かった上で、接してくれるかけがえのない理解者です。どちらも冒険を避けて安全な場所にいたい気持ちが強いので、一緒にいてもストレスが少ないでしょう。

【恋愛と仕事】 恋愛では、蟹座のあなたが束縛したり、まとわりつく態度を取ると、好感度は一気に急降下。乙女座を見習いたい、と尊敬のまなざしを向けたほうが、愛されるうえ、一緒に行動する機会も増えるでしょう。ただし、仕事面では、手一杯になりやすい乙女座をあなたがフォローすることが多くなりそうです。

蟹座×相手が天秤座

華やかな活躍が目立つ相手

【基本相性】 どちらも自分の信念に従って生きる人。ただし、自分の心に正直でいようとするあなたに対し、天秤座はつねに大勢の中での自分の立ち位置を気にしているところがあるため、時にイラっとさせられることもあるでしょう。でも、異なる価値観、生き方に学ぶものも多いもの。

【恋愛と仕事】 恋愛では、テンションの差が如実になります。遊び歩いている天秤座に嫉妬を感じることもありそうですが、束縛しようとすると、重い存在とうっとうしがられるので注意。仕事においては、あなたが伸び悩んでいる時に天秤座は、華々しい成功を収めるなどあなたのコンプレックスを刺激。しかし相手の活躍を妬まず、同じ土俵に立たず、あなたはあなたなりの長所を磨くこと。

蟹座×相手が蠍座

恋には束縛の覚悟が必要

【基本相性】 他人の一挙一動に反応する蟹座に対し、強い信念を持ち、揺らぐことのない蠍座。二人とも感情を何よりも大切にするという点で共通、一緒にいると心地よさを感じられる相性です。蠍座は自分から働きかけることが少ないため、あなたのほうが何かと気を配り、世話を焼くことが多いでしょう。

【恋愛と仕事】 決め手になるのは、外見的魅力や性格などではなく、心の結びつきですから、相手の心にふれる「何か」を見つけて。どちらも束縛や嫉妬心が強いので、蠍座との恋は束縛を覚悟して。仕事面では、蠍座は着実に最後まで手を抜かず仕事をこなしていくため、頼れる存在に。蠍座が迷っている場合は「信じた道を進めば大丈夫」と背中を押してください。

蟹座×相手が射手座

堅実な助言が得策

【基本相性】 楽天的で冒険を好む射手座と、心配性で安心を得るため行動するあなた。二人の行動様式は、真っ向から対立しますが、お互いが気になる存在です。むしろ影響し合うことで、射手座は安定を、そしてあなたは変化を受け取ることができます。面倒なことに足をつっこみやすい射手座は、いずれあなたの助言に感謝する時がきます。

【恋愛と仕事】 「恋より仕事」の射手座に、まつわりついたりすると引かれる恐れが。見守り、疲れている射手座を癒す役回りを引き受けたほうが、心に入り込むチャンスがあります。仕事面では、射手座がミスを連発しそうな時は、あなたの慎重さが必要。「あれはどうなったか」など先回りして聞いてあげればミスを防げ、頼りがいを感じてもらえるはず。

蟹座×相手が山羊座

包みこむ母性が効果的

【基本相性】 冬山にあえて登っていくような厳しさを内に秘める山羊座。夏の凪いだ海のような静かな安らぎにあふれている蟹座。視野が広い山羊座に対し、目の前にいる人だけ見つめるという違いがあり互いに「合わない」と感じることも多いかも。しかし、二人とも強い信念に基づいて行動するという点で一致。やり方の違いを学べばよいパートナーになれます。

【恋愛と仕事】 山羊座が自分の可能性にかける気持ちが高まると、恋愛どころではなくなる可能性もあるでしょう。そんな時、やさしさで包み込むようなアプローチが正解です。仕事面では意見が一致しやすい二人。迷った時、山羊座に相談すると「あなたの考えで合っている」と共感してくれます。

蟹座×相手が水瓶座

仕事仲間なら頼ってしまって正解

【基本相性】 平等にどんな人ともつき合いたいと願う水瓶座と、愛する人を最優先にして当然と考える蟹座のあなた。そんなあなたは、相手を八方美人と感じ、水瓶座はあなたを「視野が狭い」と評価します。そうなると水と油で、交わることがありません。でも、互いの持ち味を羨ましいと感じるのも事実。素直に認めて、学ぶ気持ちでいればいい関係を築けます。

【恋愛と仕事】 情に流されやすいあなたは、クールな水瓶座に反感を持つことが多いかもしれません。でも自分らしさをどんなときも表現できる相手に学ぶところがあるはず。偏見や苦手意識を捨てて相手を見ましょう。仕事では、お互いの担当分野をしっかり分けたほうが衝突は少ないはず。

蟹座×相手が魚座

寂しがりやの魚座にアピールを！

【基本相性】 心やさしく相手の気持ちを汲み取るのが上手なあなたと、繊細で人の心の動きに敏感な魚座は、親和性の高い相性。顔色を見ただけで気持ちを読んでくれる魚座は、あなたにとってかけがえのない癒しの存在。魚座もあなたといることで深く安心できるのを感じるはず。つらい時には、一番に会いたい相手として互いを慕い続けるでしょう。

【恋愛と仕事】 ただし恋愛においては、気が合いすぎて関係が発展しづらい面も。互いに受け身の状態で好意を持っていても時間だけが過ぎていってしまいそう。そんな時は、共感を呼ぶ話題を用意し、一番の理解者になれるのは自分であることをアピールして。仕事では、お互いに目の前の仕事を丁寧にこなし、クオリティを高めていくことができるはず。

蟹座ワールド

♋
蟹座

【蟹座のアイテム】

色：乳白色、銀、紫
数字：2
人体：支配区域は胃
国：オランダ、北&西アフリカ、アルジェリア、中国
動物：甲殻類
食べ物：キャベツ、レタス
花：ユリ、聖母マリアが手にしている花。ほかに白バラ
宝石：真珠、月に支配された宝石。ムーンストーンは、月の満ち欠けによりその輝きを変化させることから
方位：南
場所：キッチン、あなたがくつろげる所
曜日：水曜日
ハーブ：バーベナ、カモミール、タラゴン
キーアイテム：アルバム、過去の思い出があなたをつくる
金属：銀、月に支配された金属

【特徴】

長所 世話好き、情が深い、家庭的、子煩悩

注意点 ひがみっぽい、保守的、自己憐憫に陥りやすい

【マークの意味】

♋

マークは、蟹の姿の象徴。ほかに乳房を表すという意味もあります。

【蟹座に贈る言葉】

「倫理とは、あとで後悔しないことをすることだ」
アーネスト・ヘミングウェイ　1899・7・21　作家

「嫌いな人の中にはあなたと似た部分がある」
ヘルマン・ヘッセ　1877・7・2　作家

CANCER

【蟹座の男・蟹座の女】

♂ 人の気持ちを汲み取る共感能力に長けた男

まめで世話焼き。しかし、それゆえ、何だか男らしくなくて、時としてうっとうしく思われてしまうことも。しかし、そのまめさは押しつけではなくこちらに寄り添おうとするやさしさの証。気どらない親しみやすさが、人をほっとさせてくれる。(明石家さんま　1955・7・1／トム・クルーズ　1963・7・3／阿部寛　1964・6・22)

♀ 母親のような温かさで仲間と自分を守る人

温かくて母親的な蟹座女性。これは自分の外側の世界を取り込んでわが身にしていこうという気質から。けれど同時に身内意識が強く、その結果、なじみのない〝異物〟はあっさり捨ててしまうことも。しかしこれは自分らしさを守る防衛反応ゆえ悪意はなし。(ヘレン・ケラー　1880・6・27／優香　1980・6・27／加藤ローサ　1985・6・22)

【幸せをよぶキーワード】

「人の気持ちを想像する」

誰かからむっとするようなことを言われた時、怒りを表明する前になぜその人はそんなことを言ったのか想像してみましょう。自分なりに考え落ち着いて意見を伝えれば、対立ではなく、状況を改善するための有効な話し合いにすることができます。争うよりも互いを生かし合うことができれば、人間関係はスムーズに運び、そこから世界が広がり、幸運をつかめます。

「上手にお金を使う」

ストレスから衝動買いするのは空しいこと。どうせ使うなら誰かを喜ばせるとか、未来の自分に投資するための資格取得に使うことを考えて。使ったお金がさまざまな人の心を潤し、やがて何倍にもなってあなたに返ってくる、そんな循環をイメージしてお金の使い道を考えましょう。極端な節約や安物買いは、むしろ可能性の芽を摘んでしまうことになります。

♌

獅子座

7/23～8/22
生まれ

I create　私は創造する

漫然と生きるのではなく、人生に感情豊かなドラマを作り出す

獅子座の太陽は何かを「創造する」という行為に現れます。

獅子座は人生という自分の物語をより意味あるものにすべく行動します。平凡な道よりもドラマチックで感情豊かな出来事、つまらない勝利よりは劇的な敗北を求めることもあるでしょう。また「遊び」も獅子座を象徴するキーワード。守護星である太陽のように、魂の内側から放射されるエネルギーは、遊びやいろいろな形の表現をとって現れます。そしてそれは次第にあなただけの世界を示すオリジナルなものになっていくでしょう。

漫然と、機械のように毎日を繰り返すのではなく、ハレの日があり、喜びがあり、恋がある……。そんな日常をドラマチックに彩る出来事を求めていく時、獅子座の太陽がひときわ強く輝くのです。

【獅子座の基礎知識】

区分	二区分　男性星座 三区分　不動宮 四区分　火
守護星	太陽
守護神	ゼウス
かぎ言葉	I create （私は創造する）

神話物語

獅子の功をたたえ雄姿を天空に

獅子座の神話物語には、英雄ヘラクレスが登場します。ゼウスの妻ヘラの嫉妬を受けて英雄ヘラクレスは12の試練に立ち向かうことになるのですが、その最初の課題がネメアの森に住む人食い獅子退治でした。どんな武器も役に立たないこの獅子を、ヘラクレスは素手で倒し、彼の名は一躍世界にと

どろきました。その獅子もヘラクレス相手によくぞ戦ったと功をたたえられ、天に上げられたのでした。星に姿を変え、その華々しい雄姿を天空にとどめ、雄雄しい輝きを残しています。

占星術上の獅子座は、天体としてのしし座にちなんで名づけられています。この目に見える星座の獅子座は、春によく見える堂々とした立派な星座です。鎌のかたちに並んだ五つの星と、ひし形に並んだ星から成り立っていて、確かにライオンのかたちに見えてきます。星座が成立したバビロニアの時代には、この星座を太陽が通過する時にちょうど夏至が訪れたので、その明るいエネルギーが百獣の王たるライオンと結びつけられたのでしょうか。

♌ 獅子座

あなたの
性格

自分らしくドラマチックな人生を旅する王者

つまらない勝利より劇的な敗北を求める

ネメアの森に住む荒々しい獅子を退治した英雄ヘラクレス。しかし、彼はただ単に獅子を退治したばかりではありませんでした。自分の武勇の勲章として獅子の皮をはぎ、それを身につけていたのです。象徴的に考えれば、獅子と英雄はここで一体になっているといえます。シャーマニズムの伝統では動物の皮や骨、牙などを身につけることで、その動物の持つパワーをわがものとすることができるという信仰がありました。

荒々しいライオンは、獅子座に象徴される激しいエネルギーや力強さ、何物にも打ち負かされない生命力を暗示しています。英雄はそれを身につけることで世界に自分の存在を示しました。獅子座の行動原理の中心は、このエピソードに示されているといえます。

獅子座はいつも人生のドラマの中で自分の力を誇示し、そして自分の物語をより高貴で意味あるものにするべく行動します。平凡な道よりも、ドラマチックで感情豊かな出来事。つまらない勝利よりは劇的な敗北を求めることもあるのではないでしょうか。

獅子座の世界をつくる遊びの感受性

それは、ただ単に自己顕示欲が強い、ということではありません。人間がほかの動物と違うのは、自分という存在の独自性を世界に示し、表現していきたいという欲求を持っているからです。それが人間の創造性や才能、豊かな可能性などの源泉となるのです。小さい頃、あなたは人前で歌ったり、お遊戯をすることが好きではありませんでしたか？　今でも、カラオケで歌うことが好きではありませんか？

　もちろん、内弁慶な人やもの静かな人などいろいろいるでしょうが、人である以上、自分を表現すること、そしてその最も喜ばしいかたちである「遊び」が嫌いな人はいないと思います。これは占星術的に見ると、獅子座の世界そのものなのです。人には毎日を楽しむことが必要なのです。漫然と、機械のように毎日を繰り返すのではなく、喜びがあり、恋があり、日常をドラマに仕立てる出来事を、内なる獅子座は求めているのです。

秘められた本当の自分

　獅子座は身体の部位では心臓に対応すると考えられていました。獅子座で目立つ恒星のレグルスは「獅子の心臓」とも呼ばれます。現代の医学では、人間の心や魂は脳に宿るといわれていますが、かつては、心臓に座すると考えられていました。獅子座は、魂の星座であり、心の中心の星座でもあるのです。

　現代の心理学の言葉に獅子座の魂を翻訳するなら、自尊心や承認欲求、それを実際に支えるための表現力などになるでしょう。また、人間に与えられた最大の神秘である、創造性ともかかわっています。一体、その人がその人らしくいられるのは、何の力によるものなのでしょう。

　アメリカの最もラディカルな心理学者ジェイムズ・ヒルマンは今、心理学の世界でダイモーンの概念（古代のギリシア人が考えていたような人に生まれつきついている運命や守護霊のこと）を再評価すべきだといっています。

ユニークな自分は何ものにも還元されない

　ダイモーンの力を感じるには「星座占い」がときに人々に受け入れられない理由を考えればわかります。「あなたってやっぱり○○座ね」といわれたときに、猛然と反抗したくなり、そんなもので決めつけられたくないという気持ち。これこそ、自分がユニークな存在であって何ものにも還元されることはない、というダイモーンからのメッセージであるような気がするのです。自分らしくありたいという獅子座の欲求は、自分のダイモーンを探し、そしてそれを生きようとする道だといえるかもしれません。

♌
獅子座

あなたの
愛

人生というドラマに欠かせない劇的な恋

恋は獅子座の人生に欠かせないエネルギー

獅子座の愛は高貴な愛です。占星学者リズ・グリーンは、獅子座の神話に騎士物語を挙げていますが、まさに、騎士と王女のロマンスは、獅子座の恋をよく表すものでしょう。

獅子座にとって恋は、人生というドラマにおいて欠かせないもの。日常に生気を吹き込み、輝かせるのは恋の力にほかならず、しかも、それは決してつまらないものであってはいけないのです。冒険に満ちた恋や劇的な恋……。

騎士物語では、騎士は姫のために難行をなしたり、ドラゴンを退治します。姫は道ならぬ恋を忍び、人生をかけたり貞節を貫いたりもします。

獅子座の恋はまさにこの神話を再現するようなところがあり、男性はこれでもかというほど自分の力を誇示し、女性はいかに自分が愛されているかを示すように求めたりするでしょう。

いずれにしても恋は、獅子座の人生に欠かせないエネルギーの源なのです。

恋をした獅子座はわがままになる？

自分の人生をひとつのドラマだと考えている獅子座。そのドラマの大きな花になるのがロマンス。欠かすことのできない要素になるわけです。

恋をした獅子座の女性はわがままになるといって悪評が高いのですが、それは自分の恋がほかにかけがえのないものである、ということをつねに意識したいからだともいえるでしょう。隠し事が下手なあなたは、自分の好きな男性のことをいつも自慢するので、周囲の人は赤面してしまうほどです。

獅子座生まれはモテます

ただそういう意味では、獅子座にとっての恋人は、自分が自慢できるような人でなければなりません。ルックスがいい、スポーツができる、育ちがよい、などなど、何かの「売り」がある人であることが必要になってくるのです。

端的にいって獅子座生まれはモテます。自分をどういうふうにアピールすればいいかということをよく知っていますし、なぜか存在感のある人が多いのも事実です。ちょっとしたカリスマのような人もいるでしょう。

獅子座のその存在感には、たくさんの異性が惹きつけられるでしょう。ほかの人がアプローチできずにぐずぐずしているところへ、さっと接近してゆけるだけの勇気、豪胆さをもっています。それだけの自信がある、といえるかもしれません。

小説や映画の主人公のように

女性のあなたなら大輪の花のような魅力を秘めていて、男性たちの憧れの的というポジションに立っているはずです。あなたは否定するかもしれませんが実際には自分で自覚している以上にそうなのです。いずれにしても、華やかで人の中心にいるはず。

だからといって、獅子座の恋が順風満帆であるとは限りません。なぜなら、あなたが求めているのは、「安定した関係」などではないからです。むしろ、ドラマであり、劇的なシチュエーションをこそ、獅子座は求めます。恋をしたときには、あなたは自分が物語の主人公のように感じ始めます。男性なら姫君を救出するナイト。女性なら、困難な状況のなかで恋を貫くヒロイン、といったところでしょうか。獅子座にとってロマンスは、まさしく小説や映画のストーリーのようなものとして思い描かれていることが多いのではないでしょうか。

あなたがもっとも注意をしなくてはならないことは、ほめ言葉や、ちやほやしてくれる異性に弱い点です。貴重な忠告をしてくれる、本当にあなたを心から愛してくれる異性を遠ざけてしまい、みすみす大切な人を失ってしまうことになりかねないのでご注意を。

♌ 獅子座

あなたの人生 仕事

自分の使命や役割を考えるとき

あなたにしかない魂の光が曇るのは

獅子座のあなたの心臓には、あなたにしかない魂が、まるで太陽のように光り輝いています。あなたの生き生きとした光や笑顔は本当に貴重です。

でも、ときおり、あなたは自分の光と周囲の人の光を取り違えてしまうことがあります。周囲の人の価値観や考え方は、自分のものとは別だということをいつの間にか忘れてしまうのです。

友達、恋人、親、あるいは職場の人などなど、もし、あなたがそうした人々に裏切られたり、寂しい思いをさせられたと感じるときがあるのなら、それは多分、自分とほかの人との違いを忘れて一人相撲を取っていたことの結果なのではないでしょうか。自信を持って自分らしく生きることは重要ですが、もう少し客観的な視点に立って自分の立場を見つめてみることもときには必要かもしれません。

あなたの環境は内面をそのまま映す

あなたをとりまく人間関係は大きく変化することが多いでしょう。あなたにとっては青天の霹靂、もしくは運命としかいえないような出会いと別離があるのではないでしょうか。あるいは、あなたの大切な人との関係のあり方が音を立てて変化していきます。

あなたは、それを周囲が変わったのだと考えているかもしれません。しかし、心理学的な占星術の立場では、あなたの環境は実はあなたの内面の変化をそのまま映し出しているとも解釈しています。変わったのは、あるいは変わりたいと思っているのはあなた自身のほうなのかもしれません。

あなたが打ち破りたいと思っていること。一歩先に進めたいと思うこと。それがどんなかたちをとっているか、それを読み解くヒントはあなたの周囲の人にあります。お手本にするにせよ、反面教師にするにせよ、じっくりと観察してみてください。自分の使命や役割について深く考えさせられることになります。

人から注目を集める仕事が向いている

獅子座に向いている仕事にはどんなものがあるでしょうか。人生をひとつのステージと考えている獅子座にとって、人から注目を集める仕事はどんなものであれ向いているといえます。歌手、モデル、ダンサー、タレント、そうした職業に憧れる獅子座は多いでしょう。

また人の上に立つということも本能的に学んでいるので、リーダーの役回りをする人も多いはず。ベンチャー企業で働いている人も多いのではないでしょうか。女性ならフリーランスで仕事をしているという獅子座生まれも数多く知っています。どんな仕事であれ、「平凡」で退屈なものほど、あなたに向いていないものはありません。あくまでもあなたの創造性や個性が表に出せる仕事でないと、満足することはできないでしょう。

とはいえ、誰もがマドンナやシャネルになれるわけではなく、またナポレオンのように天下をとれるわけではないのは、当然のこと。一介のサラリーマンであったり、普通の主婦であったりすることも、当然あるでしょう。しかし、そうした人も獅子座がもっている個性的な資質は、どんな場所でも発揮できるはずです。

仕事を一つの舞台として楽しむ

たとえば、営業職についた獅子座は、持ち前の明るさと快活さを活かして成功するでしょう。大口の顧客に対して、気楽な話し方をして、かえって気に入られる、というケースもしばしば。小さな店を任されて、そこを自分の「ステージにして生き生きと仕事をしている獅子座生まれもいます。そうです。要は自分の仕事を一つの舞台として楽しめるかどうか、というのが大きな鍵になっているのです。

対人関係と愛のチャンス

あなたを取り巻く人々はどんな傾向を持つ人なのか、あらかじめ知っていればトラブルを避け、よい関係を築くことができます。

あなたと
星座別
相性

♌
獅子座

獅子座×相手が牡羊座

目的が違っても原動力は同じ

【基本相性】 獅子座と牡羊座はどちらも炎の心を持つ星座。牡羊座が松明を掲げ先頭を行く火なら、獅子座は高い場所から辺りを照らす火。どちらも負けず嫌いですが、その闘志を好意的に受け止められる者同士。目指す場所は違っていても、やり方や原動力が同じであるため、タッグを組めば、困難も乗り越えられる相性です。

【恋愛と仕事】 待っているだけでなくあなたからアピールしたほうがよさそう。カギになるのは「率直な言葉」。強い思いをそのままぶつければ、牡羊座の心を動かすことができます。仕事面では、牡羊座はやる気があっても迷いが多く煮つまった状態に。さり気なく助言を。方向性が決まれば、牡羊座は走り出すことができます。

獅子座×相手が牡牛座

似ている部分を強調して

【基本相性】 揺るぎない信念を持っている点が似ています。ただ牡牛座は、あなた以上に強いこだわりがあり、自分の世界を大切にします。牡牛座があなたのことを「自分と似ている」と共感すれば好意的な態度を取ってくれますが、「自分と違う」と一度でも思うと、印象を覆すのは難しいかもしれません。共通点をアピールしていくのが正解。

【恋愛と仕事】 恋愛でも同じく共通の話題が心をつなぐきっかけに。相手の好みをリサーチすることを怠ってはなりません。いま何が好きなのか、周りの人に話を聞き探ってみて。互いに顔見知りの友人の話題も有効です。仕事においては、牡牛座の責任感が強まり、手抜きすると一瞬で信頼を失うので、気を引き締めてミスのないよう心がけて。

獅子座×相手が双子座

親和性が高い相性

【基本相性】 あなたは堂々として何が起きても動じることがありませんが、双子座は新鮮な刺激を求めていつも目移りしているところがあります。楽しいことや面白いことに目がない点は同じで、だからこそ共感できるのです。獅子座と双子座はもともと親和性が高い相性で、気づいたら獅子座がそばにいた、ということが多いでしょう。

【恋愛と仕事】 恋愛でもとくに無理しなくても、自然と寄り添い合える関係になれるはずです。仕事面でも、あなたがピンチになった時にすかさずフォローとサポートをしてくれるのは双子座。二人でタッグを組んだ仕事で、高い評価を得られ、誇らしい気持ちになれそう。

獅子座×相手が蟹座

協力すると最強のコンビに

【基本相性】 一緒に出かけると、獅子座は波打ち際ではしゃぎ、蟹座は足元の貝を拾うでしょう。同じ場所にいても、見つめているものが全く違う関係。しかし、二人は違う方向を向き、食い違っているようには見えますが、素晴らしいコンビネーションを発揮します。相手を否定せず、そういうやり方もある、と価値を認めることが関係を円滑にする秘訣。

【恋愛と仕事】 恋愛ではあなたが語り役、蟹座が聞き役という関係に。蟹座は積極的に出る星座ではないので、あなたから小まめに話しかけるようにするとよいでしょう。仕事面では、互いの視野の違いが武器になることに気づけば、良好な関係に。相手を敵に回せば争いは避けられず、味方だと思えば頼れるサポーターに。

獅子座×相手が獅子座

王者の誇りを持つ者同士

【基本相性】 獅子座は王者のような星座ですから、獅子座同士は、二人の王が並んでいる関係といえます。双方が王者の誇りを持ち、相手に尊敬の念を抱ければよい関係を結べますが、一方が自信を失っていると疑心暗鬼に。共存できるか対立するかは、互いのコンディションしだい。それぞれが自信を深めていけば、むやみに争いをしかけることはないでしょう。

【恋愛と仕事】 恋においても愛されたい気持ちを押しつけると、相手は引いてしまいます。相手のテリトリーを侵さないよう距離を保つことが大事。仕事面では正々堂々としていれば争いになりませんが、どちらかが相手の活躍を妬むようになると険悪に。相手の足を引っ張るのではなく、自分が力をつけることです。

獅子座×相手が乙女座

タイミングが合えば理解できる

【基本相性】 乙女座と獅子座は、憧れと反発を同時に抱えながらつき合っていく関係です。獅子座は、乙女座の物静かだけど内に秘めた芯の強さに惹かれ、乙女座は、獅子座の周囲を明るく照らすパワーに目を奪われます。同時に自分とは異質な者に対する抵抗感も抱きます。よくも悪くも互いに無視できない関係に。リズムが一致すれば、恋も仕事も波に乗れます。

【恋愛と仕事】 恋を進展させたいなら、面倒がったり省略したりせず、きちんと自分の想いを言葉にして語れば、乙女座は必ず理解してくれるはず。仕事では、これからやりたいことや夢について話すと、共感を抱いてくれます。一緒にいると互いに運気を引き上げ合うでしょう。

獅子座×相手が天秤座

会話がカギを握る

【基本相性】 獅子座と天秤座が語り合う時、そこにはさらっとした爽快感が漂います。あなたの現状をよくしたいと努力する情熱に、天秤座は強く惹かれます。天秤座はあなたにいつも的確な情報をくれるので、そのたびに尊敬の念を強く持ちます。二人の会話が増えた時、お互いの運気にプラスの影響を与えてくれます。天秤座との約束は何よりも優先して。

【恋愛と仕事】 恋においては、二人とも惹かれ合っていますが、恋愛モードに突入するには、あなたから口火を切ってください。仕事では、天秤座のビジネスセンスが冴えるでしょう。天秤座がふと口にした言葉が重要なヒントになることもあるので、しっかり耳を傾けること。行き詰まったらおいしい物を食べに誘い、相談をしてみてください。

獅子座×相手が蠍座

束縛が薄れて開放感

【基本相性】 あなたが蠍座に接した時に感じるのは、一種の潔さでしょう。「たとえ損をしても、信じたい人を信じる」という蠍座のまっすぐな思いに、獅子座のあなたは、心動かされるでしょう。とくに強い嫉妬や束縛しやすい傾向が薄らいだ時、一緒にいて窮屈感がなくなり、居心地よく感じることが多くなります。

【恋愛と仕事】 言葉がなくても気持ちが通じ合うでしょう。二人の間の壁が消える出来事があるかも。心が通い合ったと感じた瞬間、すかさずアピールしてみてください。ビジネスでの蠍座は頼りになる相棒。無茶なお願いをしても、結果を出してくれます。蠍座もあなたに認めてもらいたいと思っていますから、感謝の気持ちを言葉で表わすと喜ばれるでしょう。

獅子座×相手が射手座

改めて真の魅力に気づく

【基本相性】 熱しやすく冷めやすい射手座、一つのことにじっくり取り組む獅子座のあなたからすれば、もったいないと感じているかも。でも、ふとしたことで、射手座の心には燃え盛る炎があり、情熱に忠実なのだ、と真の魅力に気づきます。射手座もあなたの経験に興味しんしんです。会話が盛り上がる出来事で一気に距離が縮むでしょう。

【恋愛と仕事】 恋をしたら胸の炎を消せなくなる射手座、恋に慎重な獅子座は、射手座の情熱に引っ張られがち。どちらも思ったことをすぐ口に出し、ケンカになりやすいですが、根に持つことはないでしょう。仕事では、何かに悩んでいる様子なら、あなたから食事や飲みに誘って、あなたなりの助言を語れば、あなたへの信頼が増すでしょう。

獅子座×相手が山羊座

歩み寄るのはあなたから

【基本相性】 山羊座と獅子座は、どちらも強さを持った星座です。相手をお互いに警戒するので、興味があっても自分から歩み寄ることができません。どちらもプライドが高く素直に馴染めないことも、原因の一つかもしれません。一度、溝が深まりやすい出来事があると、距離を縮めるのに時間がかかりますから、あなたから歩み寄りましょう。

【恋愛と仕事】 恋愛においては、山羊座は愛情表現が苦手ですから、あなたから積極的に話しかけて。何気ない雑談でも、あなたの屈託のない笑顔が相手の心を溶かすはず。仕事においても、山羊座の縁の下の力持ち的な陰の努力を、大いに認めてください。しっかり言葉に出して、賞賛すると、あなたに心を許し、誠実な味方になってくれるでしょう。

獅子座×相手が水瓶座

公平な視点で得がたいヒント

【基本相性】 人にどう見られているか気にする獅子座のあなた。人の目を気にしない水瓶座は、気になる存在。水瓶座は公平な視点で物事を見るので、つねに「われあり」のあなたにしてみると、心に刺さる言葉にふれることもあるかもしれません。でも、水瓶座の友人からは、心に響くヒントが得られそうです。

【恋愛と仕事】 水瓶座は残念ながらあなたを立てるようなことはしません。むしろあなたの夢やプライドを壊すことを平気で口にしますが、それは親切心から出た言葉で、愛情表現に温度差があることを知っておきましょう。仕事面では、二人が手がけたことが成功するなどうれしい展開になりそう。職場の仲間でも親友のような間柄になる可能性も高いでしょう。

獅子座×相手が魚座

無垢なやさしさにふれる

【基本相性】 自分を最優先して考える獅子座のあなた。それに対して魚座には、自分と人との境界線があいまいになりがちです。そのため自分を犠牲にすることが多いのです。そんな魚座を優柔不断な人、と獅子座は思いますが、じつは、損得勘定では考えない、無意識に親切心を差し出せる人、と真実の姿に気づきます。

【恋愛と仕事】 魚座に恋をしているなら、少しずつ自分のことを話していきましょう。魚座が思わせぶりな態度をとっていたら、それは勇気を振り絞っての意思表示。見逃してはなりません。魚座との恋はあなたから接近していかないと実りません。仕事面での魚座は、責任感が強く無理をしがちで、ミスもします。ピンチの時に手助けすると、あなたが特別な存在に。

獅子座ワールド

♌ 獅子座

【獅子座のアイテム】

色：黄金色。獅子座の守護星・太陽の輝く色。ほかに黄、オレンジなど太陽の関連カラー

数字：1、獅子座と守護星である太陽のナンバー。6、カバラでは6が太陽の数

人体：支配区域は心臓

国：イタリア、チェコ、フランス

都市：ローマ、シカゴ、ロサンゼルス

動物：猫科の動物

食べ物：ハチミツ、米、オリーブ

花：ヒマワリ、いつも太陽のほうに向いて咲く。その形も日輪に似ている。ほかにはマリーゴールドなど

宝石：ダイヤモンド。太陽の宝石とされている。ほかにはサンストーン、カーネリアンなども太陽の石

方位：南、南南西

キーアイテム：誇りを象徴するメダル

ハーブ：サフラン、ヘリオトロープ、アンジェリカ、ローレル

金属：最も崇高な金属・黄金は太陽と深く関わっているとされる。

【特徴】

長所　クリエイティブ、情熱的、気前がよい、愛情深い

注意点　自意識過剰、人を支配したがる、単純、横柄

【マークの意味】

♌

獅子座のマークは、その誇り高き獅子の尾を意味し、獅子の姿を象徴しています。ほかには妖精の形を表す意味も。精子とする解釈もあります。

【獅子座に贈る言葉】

「私はただ生きているのではない。恋するために生きているのだ」

ゼルダ・フィッツジェラルド　1900・7・24　作家

「私の人生は一つの物語だった」
カール・グスタフ・ユング　1875・7・26　心理学者

「諸君。5000年の歴史が君を見ている」
ナポレオン・ボナパルト　1769・8・15　軍人・政治家

LEO

【獅子座の男・獅子座の女】

♂ パワーをくれる太っ腹な存在

獅子座男のバイタリティーにはちょっとついていけないかも、と親しくなる前から気後れしてしまう人もいるかもしれない。でもそれは、彼が〝飢えた獅子〟だからではなく、人生を存分に楽しもうとしているから。この上なくパワフルで、邪気はいっさいありません。（ユング　1875・7・26／田村正和　1943・8・1／中居正弘　1972・8・18）

♀ オーラがまぶしい女王様気質の人

自分を表現するのに躊躇がなく、清々しい人。でもそれが周囲に認知されないと気がすまないし、輝き続けるために平穏な日常に自ら波風を立ててしまうことも。これは誰かを困らせようというのではなく、ドラマチック人生のための演出。その強さがまた、まぶしい。（吉本ばなな　1964・7・24／篠原涼子　1973・8・13／米倉涼子　1975・8・1）

【幸せをよぶキーワード】

「〝待つ〟ことを楽しむ」

いつも自分を中心にして動いているせいか、わずかな信号の待ち時間さえイライラしていませんか？　待ち時間は、そのことを自分はどれだけ大切に思っているかが、わかる時でもあります。そんなふうに待っている時にこそ、見えてくるものがあるはず。さまざまな「待っている間」を楽しみながら過ごせれば、物事を見る目に幅が広がり、急ぎすぎる獅子座の心を豊かにしてくれるでしょう。

「快、不快の理由を知る」

なぜ不快に思うのか、なぜ心地よいと思うのか、その時々で、自分が何を感じ、どう思っているかを探るように努めて。そしてそれを言葉や文章、アートなどの表現手段で、形にしてみるといいかもしれません。ネガティブが感情をそのままむき出しにするのではなく、理由を探ったうえで、対処法を考えるという習慣が身につきます。獅子座は回りに光を与え、希望を感じさせることで輝くのです。

♍

乙女座

8/23～9/22
生まれ

I analyze　私は分析する

自己反省と分析の日々、過去を振り返りつつ未来に向き合う

乙女座の太陽は、「分析する」という行動をもって現れます。乙女座を象徴する神話に豊穣の女神・デメテルがあります。処女と言われるこの星座がなぜ豊穣の大地の女神と結びつくのか？　実は古代において処女は〝男性に依存しない女性〟という意味でした。

乙女座は、個人の能力を完成させる最終段階。芽を出す前の麦の穂が固い種子の中で静かに成長しているように、過去を反省したり、役割を全うしようとするのです。

こんなことはないでしょうか？　外の世界で自分の力を発揮したい、でも振り返って冷静になると自分にはまだ欠点が多い。

乙女座の太陽は、常に批判精神と分析が働きます。でもそうやって過去を振り返りつつ未来に向き合うことが、乙女座のスタイルなのです。

【乙女座の基礎知識】

区　分	二区分　女性星座 三区分　柔軟宮 四区分　地
守護星	水星
守護神	デメテル（セレス）
かぎ言葉	I analize（私は分析する）　秩序を守る

神話物語

大地の豊穣と悪を憎む正義感

全能の神ゼウスと農業の神デメテルとの間に生まれたのが、けがれなき乙女ベルセフォネ。彼女の清らかさに心を奪われたのは冥界（死後の世界）の王、プルトーでした。妃に迎えたいとの申し入れを母のデメテルは断り、娘を隠します。しかし執拗なプルトーは彼女を見つけ出し、冥界へと連れ去っ

てしまいます。地上の人間に戻れないことを知ったペルセフォネは、自ら天の星となり、母のデメテルも、愛する娘の後を追い、天へと昇り、娘と一体となったのです。

　乙女座は、母と娘、つまり大地の豊穣と現実の社会の悪を憎む、潔癖感・正義感といった二つの意味を持つ星座なのです。

　占星術上の乙女座は、天文学上のおとめ座にちなんで名づけられています。この星座は、伝説では、乙女座の一等星スピカを、たわわに実った麦の穂と見立て、天に輝く女神を豊穣の女神デメテル（セレス）ないしその娘のペルセフォネと見ています。

♍ 乙女座

あなたの性格

麦の固い穂の中で成長する乙女座

古代では「男性に依存しない女性」が処女

皆さんは不思議に思われたかもしれません。乙女、処女といわれるこの星座が、なぜ豊穣の大地の女神と結びついているのか、と。

古代においては、「処女」とは、決して性的に無垢であるとか、男性と肉体的に交わったことがない、という意味ではなかったのです。その証拠にギリシアやローマには、「神殿娼婦」という不思議な制度がありました。これは、神殿に仕える女性が、参拝に来た男性に女神の代理人として身体を開くというものでしたが、現在の売春とは違い、社会的地位はとても高かったそうです。しかも彼女たちは、「処女（ラテン語ではVirgines）」と呼ばれていました。実は処女とは「男性に依存しない女性」という意味。今でこそ女性の自立が叫ばれていますが、これは古代では大変なことだったはずです。いや、今でも、そして男性にとっても「自立する」ことや「内側で安定する」のは大変なことです。

過去を振り返りつつ前に向き合う

乙女座は、次の天秤座で人と出会い交わる準備として、これまでの自分を振り返ったり、反省したり、自分の役割を全うしようとします。乙女の持つ麦が、芽を出す前に堅い種子に守られながら静かに、その内部で成長しているように。乙女座は過去を振り返りつつ前に向き合う星座なのです。アストレイアの天秤と、堅い殻で守られながら成長を続ける麦。これが乙女座のイメージといえます。

自分の中で乙女座の原理が働くときには、たとえ、どの星座の人でも常に批判精神と分析が働いてしまいます。

欠点が目につく自分を分析する

外の世界に出て行って自分の力を発揮したい。でも、振り返って冷静に自分の力を計ってみると（天秤）、まだまだ欠点が目につく。そして、外に向かっては何でもないふりをしながら（もみ殻に守られて）、自己反省を繰り返したり、分析をしているのです。

乙女座の持つ潔癖主義や完全主義は、こんなところから出てきているように思います。

こんなことを考えていると、童話の中で花嫁が死に装束で結婚式を挙げるという話があるのを思い出しました。この奇妙な話は、結婚は今までの自分が死んで新しい自分になるという、一種の死と再生の儀式だと考えられたからなのでしょう。これは、乙女座から天秤座への移行を暗示するイメージだともいえます。

魂の健康とカラダの健康

忘れてはならないのは、乙女座は地のサインだということです。地は物質性や肉体性を象徴しています。乙女座にとっては、魂の器である肉体の意識も重要なものなのです。

従来の心理学では、ココロとカラダを分けて考えてきましたが、病は気からという言葉があるように、この二つは不可分なのです。普通は暗い気分が病気を引き起こしたり、逆に肉体の病が暗い気分を引き起こす、というように考えがちですが、ではなぜ、あるタイミングで気分の悪いことが起こったのでしょう。そう考えると原因・結果論では、説明ができません。最近の元型心理学では、ココロとカラダは同じものの一つの表れだと考えるようになってきています。つまり、一種のシンクロニシティなのです。

なかでも、ユング心理学の最も若い娘、と呼ばれる「プロセスワーク」という考え方を提唱したアーノルド・ミンデルの意見はとても興味深いものです。カラダの症状は、まるで夢と同じように、あなたの魂の深い部分から出てきたメッセージだというのです。

乙女座自身はそのことをよく知っていて、ココロにもカラダにもいいことを求めます。乙女座のココロにはマッサージやボディワークなど、カラダのチャンネルからの働きかけが効果的といえます。

♍
乙女座

あなたの
愛

「無意識」の中で燃え盛る炎を消さないで

考えすぎるところが欠点

「処女」として、自己充足を求める乙女座には、本当の意味での恋人を見つけ、心理的に誰かと「絆」を作ることは、実は想像以上に大変なことかもしれません。単純な男性たちから見れば、乙女座の原理が強く働いている人に見られる誠実そうなイメージ、あるいは男性が期待するような、女性の役割をきちんと演じる乙女座は、理想的なパートナーに見えます。そして乙女座の女性も、男性の求めるツボをちゃんとわきまえているのです。

しかし、長い人生を考えたときには、この性質だけではどこかに不満や不安を感じることが出てくるでしょう。もっと自分を解放し、深く交わりたいという気持ちがどこかにあるからなのですが、しかし、厄介なことに、自分の殻の中に侵入しようとする相手に対しては、おびえを感じてしまうのです。

とはいうものの、人生は長いのですから考えすぎるのもよくありません。そう、乙女座に欠点があるとすれば考えすぎるところ。ときには本能に身を任せ流されるのもいいかも。そのときに新しい展開が待っている気がします。

星座の順番が あなたの臆病さを暗示

乙女座の恋は、控えめであまり積極的なものではないとされています。たしかに恋に対して臆病なところがあり、最初の一歩を踏み出せないでいることも多いのではないでしょうか。星座の順番で占める位置があなたの臆病さを暗示しています。

第一の星座牡羊座は「おぎゃあ」と生まれたときの状態を指します。新しい世界にやってきてこの世界に「私がいる！」と意識し始める、二番目の星座・牡牛座は、その「私」が「自分の身体」を持ったり、自分が「ほしい」という欲望を持つ状態と対応しています。三番目の双子座は言葉を覚え、コミュニケーションや思考を習得、四番目の蟹座では、家族や身近な人との共同体を形成することの大切さを覚え、五番目の獅子座では、自分をのびのびと表現できるようになるのです。その次にやってくるのが乙女座。天秤座のひとつ前の星座です。

「反省」「自己分析」の星座

では六番目の乙女座は何を示すのか。それは、「反省」「自己分析」です。一つ前の獅子座の世界は、あけっぴろげでおおらかな恋の世界でもあります。

恋愛に限らず、人間関係全般においてそうなのですが、乙女座のデリケートな感受性や神経の細やかさは、相手の状態にかまわずアプローチしてゆくようなことを許しません。「これでいいのかしら」という気持ちが働きます。かといって、天秤座的にスマートにアプローチさせる方法を持っているわけでもないので、どうしてもぎこちなく、また裏目に出るようなやりかたで相手に接することになってしまうのです。

安定を望みながら危険な場面に惹かれる

その微妙な心の揺れ、迷いが「恋に消極的」という描写につながってしまうのでしょうか。しかし、乙女座の人たちは総じて異性から人気があります。一見派手なファッションに身を包んでいても、どこか品のよさがあるのが特徴です。

ただ、乙女座は先にも挙げた理由で、どうしても自分から積極的に男性に関わることをしません。理由をつけて、身を引いてしまうようなところがあります。自分の世界を守るために、相手と丸ごと関わることを避けてしまうのです。

そして、安定した「互いに自分を高める」ような関係、あるいは「堅い絆で結ばれた関係」を求めているのに、どこか危険な匂いがしたり、将来性が全くないような相手に惹かれてしまい、みすみす生活を危険にさらしてゆく乙女座も案外多いものです。乙女座の人生は、基本的には安全なレールを進むことが多いはずです。

♍ 乙女座

あなたの人生 仕事

人と人を、世代と世代をつなぐ架け橋に

変容を待つ大人の行動を

乙女座のあなたは、その無意識の中で火が燃え盛っています。心理占星学では、地と火はお互いに正反対のエレメントだからです。

この組み合わせは、錬金術のフラスコ、あるいはレトルトを思わせます。がっちりとした容器(麦の殻)で守られたあなたは、とろ火でじっくりと熟せられています。その中で、外に出て行く準備ができようとしているのですね。温められている卵だといってもいいでしょう。肝心なのは、その火加減です。もし、火が弱すぎれば、あなたの変容は止まり、冷たくなってしまいます。「どうせ私なんか」とか「失敗するのがわかっていたわ」という冷たい気分がそれです。一方で火が強すぎれば、フラスコは爆発するでしょう。

知性のありようを変える

ときおり見せる乙女座のヒステリックな反応は、その爆発。大変だけれど、自分の中でじっくりと熱を抱え込み、変容を待つ。そして、準備ができたときに、ゆっくりとふたを開ける。焦らぬその態度があなたを大人にしていきます。

本来乙女座は、細かなことに気がつく半面、物事を大局から見たり、大きなヴィジョンを持つことが苦手な星座です。しかし、この星の配置が表すのは、非常に大きなところから物事を考えられるようになっていくということ。それもただの夢物語ではなく、堅実な計算としっかりした経験によって裏打ちされた視点が持てるようになっているのです。今の悩みなどは、こうした見方ができるようになることで解消されていくはず。

あなたの知性のありようで大きな変化を望むなら、これまでとはがらりと異なる知性の磨き方を学

ぶようにしましょう。

仕事が人生の大きなテーマ

乙女座にとっては、仕事が人生上の大きなテーマになります。乙女座は先に述べたとおり、第六番目の星座。「義務と仕事」に関係しており、仕事をしてこその人生という価値観が、心の深いところに生きているからです。

では、乙女座にとってはどんな仕事が適職なのでしょうか。一般に言われているのは、看護婦、医師、セラピスト、セクレタリー、事務、会計、細やかな調査や綿密な目配りが要求される仕事、というもの。乙女座は与えられた仕事は勤勉にこなすけれども、小心で臆病なところがあり、どんどん人をリードしてゆくタイプではないと言われています。しかし、乙女座が仕事の面でも臆病で、いつも誰かの補佐役に収まっているとか、ナンバー2のポジションに甘んじているかといえば、決してそうではありません。知人の乙女座には、ベンチャー企業を立ち上げた果敢な起業家もいますし、それぞれに成功しています。

強烈な「使命感」

偉大な文豪からセクレタリーにまで共通する、乙女座的な仕事への思いというのは一体何なのでしょうか。ひとことで言えば、強烈な「使命感」でしょう。どんな仕事に対しても、自分が必要とされていて、その必要とされている役割をきっちりと演じ抜くということに無上の喜びを感じるのです。

乙女座にとっては、自分の仕事の内容がはっきりしていなかったり、フリーターのようにその場限りの仕事をしてゆく、というのは全く性格に合いません。

収入の多い少ないというのも、乙女座にとってはもちろん大問題なのですが、それより大事なものは、自分のやるべきことがはっきりと見えているということです。その「使命」の感覚さえはっきりしていれば、あなたはどんなことでも全力を尽くすことができます。

乙女座は一般的にストレスに弱い星座なので、過酷な環境で長時間働くような仕事は、あまりおすすめできません。早いうちに資格などをとっておくことも、あなたには有力な自己投資となるでしょう。

対人関係と愛のチャンス

あなたを取り巻く人々はどんな傾向を持つ人なのか、あらかじめ知っていればトラブルを避け、よい関係を築くことができます。

あなたと
星座別相性

♍
乙女座

乙女座×相手が牡羊座

勇気と行動力を手本に

【基本相性】 価値観や性格が異なる星座。牡羊座は疾走するアスリートで、乙女座は見守る監督のようなタイプ。互いの気持ちを認識すれば、高め合える存在に。牡羊座は走り出してから考えるので見落としがあります。周到な乙女座には「雑」な行動に映りますが、自分にない勇気や情熱パワーを借りるようにしましょう。

【恋愛と仕事】 恋愛では牡羊座の情熱に感化されて、あなたの愛情表現も豊かになるでしょう。自分の中の熱い気持ちに気づいたら、ストレートに打ち明けること。相手の心を動かすことができます。仕事においては牡羊座の行動力を手本にすれば、自分自身にダッシュをかけることができます。牡羊座に救われることが幾度となくありそうです。関係を深めて。

乙女座×相手が牡牛座

あと一歩が必要

【基本相性】 じっくりと物事を観察してから動く乙女座と、体内時計がもともとスローな牡牛座は、行動のペースが一致する組み合わせです。一緒にいても急かされることがなく楽でしょう。ただ、そこで止まって先に進めず、世界が狭まってしまう可能性が。

【恋愛と仕事】 恋愛においては、状況が整っているのにどちらもあと一歩が踏み出せないため、現状維持のまま、関係が自然消滅ということにも。あなたのほうから勇気を出して動いて。仕事面では牡牛座にイライラしがち。それは、あなたが期待過剰な点に問題があります。少し距離を置いてみて。牡牛座の存在のありがたみに気づくはず。

乙女座×相手が双子座

調子のよい会話から深さを心がけて

【基本相性】 どちらも知的好奇心が豊かな星座です。双子座は知識をもとに人と対話を、乙女座は、知識をもとに自分の世界を構築しようとします。双子座が踏み込んで人や物事と関わることを望んだ時、あなたは流してしまわず、深い会話ができるようにすると絆が深まります。

【恋愛と仕事】 恋愛ではあなたの神秘的な魅力に、双子座が惹かれる可能性が高いでしょう。ミステリアスな一面を見せたり、スピリチュアルな縁の結びつきを感じさせる発言をすると、あなたが気になる存在に。仕事面では行きづまりを感じたら、双子座に聞いてみると大きなヒントが得られるでしょう。気軽な雑談から重要な情報を教えてもらえたり、頼りになる人や先輩を紹介してもらえるでしょう。

乙女座×相手が蟹座

放っておくと関係に隙間風が

【基本相性】　ダイレクトに感情を表に出す蟹座に対して、内に秘めて感情を見せない乙女座のあなた。胸の奥にしまい込んでいた瑞々しい感情を、引き出してくれるのが蟹座です。一緒にいると、あなたは感情表現を素直に表現できるようになるはず。ただ、お互い遠慮がちな面を持ち、関係を深めるには、口に出して確認し合うこと。

【恋愛と仕事】　恋愛では、「わかっているはず」と油断しないこと。大事なことは、きちんと言葉に出して。コミュニケーションを怠ると、自然消滅してしまう可能性もあるでしょう。仕事では、蟹座はハードなこともやりとげてくれるので、ピンチの時は、サポートを頼んでみましょう。引き受けてくれて、力になってもらえたら、お礼をするのを忘れないで。

乙女座×相手が獅子座

世話を焼くのを遠慮しないで

【基本相性】　つねに全体を見渡す獅子座は細かいことに気が回りません。そこで、細部に目が届き、ミスや問題点にいち早く気がつく乙女座は、頼りがいのある相手。ただし、あなたが「プライドを傷つけてしまわないか」と遠慮してミスを見過ごしてしまいがち。獅子座は多少のことでは動じないタフな精神の持ち主。指摘してくれてありがとう、と感謝されるはず。

【恋愛と仕事】　恋愛面では忙しくて足元が見えなくなっている獅子座に、きめ細かなフォローをしてあげることで、あなたは大切な存在と意識されます。「いいと思う」「いいと思わない」とはっきり言ってあげると心に響きそうです。仕事でも獅子座が舞い上がっていたら、冷静沈着な態度で接して。

乙女座×相手が乙女座

恋も仕事も積極的に

【基本相性】　乙女座は洞察力にすぐれており、相手の何気ないリアクションから本質を見抜きます。そんな乙女座同士ですから、腹の探り合いは避けられません。自分をわかってもらえるはず、と思う反面、欠点を見透かされているかも、という不安も生まれ疑心暗鬼に。

【恋愛と仕事】　恋愛においては、誰かに寄り添ってもらいたい気持ちが強いですから、どちらかが口火を切れれば一気に親密になれる可能性も秘めています。相手が何を考えているかわからない時は、思い切って打ち明けてしまいましょう。仕事面では、快進撃できそうです。互いに力を蓄え、食事やお酒に誘って会話を重ねておきましょう。

乙女座×相手が天秤座

気持ちが見えにくい相手

【基本相性】 乙女座も天秤座も、冷静で穏やかな性格ですから、すぐに親しくなれそうです。しかし、あなたが思うほど、天秤座は自分の気持ちを外に出さないため、不安になるかも。捉えどころがないと見えるのは、何かの感情を抱いているのではなく、内省の時なのです。

【恋愛と仕事】 恋愛面では、その点が濃厚に出て、相手が何を考えているかわからないと思うことが多くなります。脈がないのでは、と早とちりしないで「涙」を見せるという奥の手を使ってみて。仕事においては、天秤座は性別年齢を超えて、あなたと親しくなりたい気持ちがあります。目線を合わせて会話をすれば、仕事を超えて親しくなれそうです。

乙女座×相手が蠍座

警戒心を抱かせない

【基本相性】 蠍座も乙女座も物事を合理的に切り捨てられない、人間らしい心を持った人。最後まで諦めずにやりとげるため、あなたは相手に強い信頼を寄せているはず。内にこもりがちな蠍座ですが、外の世界に心を開いた時がチャンスの時。入り込む余地があるということ。

【恋愛と仕事】 蠍座に恋している人は、警戒心を抱かれないように、まず異性の友達の中で一番になることを目指しましょう。蠍座が急に親しげになってきたら、心を許してもらえたサインです。仕事では「責任」を強く意識しているので蠍座に任せてみて。予想以上の結果を出してくれます。先輩なら縁の下の力持ちになってあげると、可愛がってもらえるはず。

乙女座×相手が射手座

慰め励ますことが大切

【基本相性】 もともと射手座は、広い世界に飛び出そうとする性質を持っていますが、時に、その思いに制限がかけられることも。前に出たい気持ちとためらう気持ちとのせめぎ合いがありそうですので、その不安定な相手にどう向き合うかがあなたの課題です。

【恋愛と仕事】 射手座に恋しているなら、相手の気持ちを汲み取ってあげることが最も大切。何気ない振る舞いに本心が滲み出ているはずですから、あなたの気配りで支えてあげること。それが信頼を勝ち取るきっかけになるでしょう。ビジネスでは、チャンスを目の前にして怯む様子があるかも。大事なパートナーであればあなたが引っ張ってください。

乙女座×相手が山羊座

落ち込む相手に小まめに声かけて

【基本相性】 相手がどんな行動を取るか想像がつく、ストレスのない星座同士です。どちらも現実感覚にすぐれた地のグループの星座だからです。プライドが高い山羊座は、失敗すると自分を責め、自分から行動を起こす気力を失いがち。相手を深く理解し、プレッシャーから解放してあげるのはあなたしかいません。

【恋愛と仕事】 恋愛においては、山羊座の落ち込みを察知できるはず。小まめに声をかけてあげれば、あなたを特別な存在として意識し始めます。カップルの場合は同じ趣味を始めると、互いにかけがえのない時間を得られます。ビジネスでは、山羊座のスキルが生きてきます。あなたにない視点で攻めてくるので、いいヒントが得られ、頼れるパートナーになります。

乙女座×相手が水瓶座

恋は時間と根気が必要

【基本相性】 水瓶座と乙女座は、深い知性をたたえた者同士、話が合うはずです。よく似た面を持つ二人ですが、乙女座は用心深く、水瓶座は革命的で、その型破りな言動に振り回されることが多いかもしれません。リズムやタイミングの違いを意識しておけばつき合いやすくなるでしょう。

【恋愛と仕事】 恋愛面では、恋人同士になるまでは時間がかかりそう。なぜなら、水瓶座も乙女座同様、恋する前に考えこむところがあるから。感情のままスピーディーに行動できないと恋は時間と根気が必要に。仕事では水瓶座の目覚しい活躍に、あなたが嫉妬するかも。相手を素直に賞賛しつつ、水瓶座のテクニックをこっそり身につけてしまいましょう。

乙女座×相手が魚座

距離感を縮めて

【基本相性】 乙女座も魚座も、穏やかで柔軟性があるのが特徴。一緒にいると居心地がいいと感じるはず。どちらもやや受け身ですが、新しい出会いを持ちたいタイミングも一緒です。

【恋愛と仕事】 魚座に恋している場合、乙女座がいかに魚座のデリカシーを理解し、包み込んであげられるかがカギ。仕事面では魚座は自分の領分を確保し、こつこつと自分の仕事を仕上げるでしょう。仕事に必要な知識を学ぶ意欲も充分。そんな魚座とチームを組めば、少ない時間で効率的に仕事がこなせそうです。

乙女座ワールド

♍
乙女座

【乙女座のアイテム】

色：ダークグリーン、アースカラー
数字：守護星水星のナンバー5。カバラでは8がその数に
人体：支配区域は腸
国：ギリシア、中近東
都市：ボストン、パリ、アテネ
動物：家で飼える動物
食べ物：ニンジン、ポテト、穀物
花：忘れな草
宝石：サードオニキス
キーアイテム：アロマグッズ、サニタリー用品
方位：西南西
趣味：ガーデニング
金属：水銀、水星に支配された金属。ニッケル、地のエレメント、ニッケルにちなんで素焼きのものなども。

VIRGO

【マークの意味】

♍

乙女の髪をかたどったものがシンボルマークとなっています。

【特徴】

長所 実務能力に長ける、緻密、冷静、清潔好き

注意点 神経質、完璧主義、心配症、辛らつ

【乙女座に贈る言葉】

「永遠に女性的なるもの、我を引きてゆかしむ」
ヨハン・ボルフガング・フォン・ゲーテ　1749・8・28　作家

「忘れたほうがいい……思い出の中に静めてしまったほうがいいこともあります」
アガサ・クリスティ　1890・9・15　作家

【乙女座の男・乙女座の女】

♂ 物事にきちんと向き合える芯の強い男

乙女座男というと、線が細くて、頼りない感じか、細かいところをズバリ突いてきそうなイメージ。でもその細かさは、自分のスタイルを確立したいがための一種の努力。物事に流されやすい男が多い中、しっかりと自分の立ち位置を決められるある意味男の中の男。（リチャード・ギア 1949・8・31／マイケル・ジャクソン 1958・8・29／松本人志 1963・9・8）

♀ 秩序を保とうと努力する人

乙女座女には、姉御肌の人が少なくない。でもこれはピエロの仮面をかぶることで、ナイーブな自分を隠そうとしているから。また、その場をきっちり取り仕切りたいから。不完全な人間ながら、それでも世の中に秩序とか順序をもたらそうとするまじめで不器用な人。（ＹＯＵ 1964・8・29／辛酸なめ子 1974・8・29／谷亮子 1975・9・6）

【幸せをよぶキーワード】

「人と人をつなげる」

たくさんの人と出会う時、一人一人との関係を大切にしたいもの。でも、それぞれと会う時間を作ったり、何人にも同じ話をしたりするのは少々面倒なことかもしれません。そこであなたが懸け橋となって、人間関係をつないでいきましょう。一対一の関係から、グループでの交流へ。そこからまた、新たな友情が生まれ、刺激的でおもしろい連鎖反応がたくさん起こるはずです。

「自分自身と向き合う」

お気に入りの手帳を用意して、その日あったことや感じたことを書きとめるようにしましょう。パソコンでブログなどを書くのもいいけれど、手書き文字で、自分のためだけに、文章を書く作業も、時には有効です。思うままにペンを走らせつづった言葉は、後から振り返った時、必ずあなたに発見をもたらしてくれるからです。それはあなたの人柄や価値観に深みをもたらしてくれるものです。

天秤座

9/23〜10/23
生まれ

I balance　私は計る、均衡を取る

〝私〟と〝あなた〟の間で揺れ動きながら、バランスを取ろうとする

天秤座の太陽は「バランスをとる」という行動によって現れます。天秤座の行動原理は、〝天秤〟によって集約されます。天秤は片側だけでは機能しません。つまり、相手の存在を強く求めているということになるでしょう。

天秤座は人間が一人では生きられないことをよく知っています。そして他人が、自分とは考えることや感じることが違うのだということもちゃんと知っているのです。相手は自分をどう思っているか、でもそればかり気にして自分を引っ込めるのもいや……。そうやって天秤座の天秤はいつも〝私〟と〝あなた〟の間をゆらゆらと揺れています。

そんな優柔不断さを悩むこともあるかもしれませんが、他者との最適な関わり方を知ることにより、あなたは大きく一歩、社会へ踏み出していくことができるのです。

【天秤座の基礎知識】

区分	二区分　男性星座 三区分　活動宮 四区分　風
守護星	金星
守護神	バルカン(ヘーパイストス)
かぎ言葉	I balance (私は計る) 均衡を取る

神話物語

悪事を尽くす人間に嫌気がさすアストレイア

天秤座の天秤は、正義の女神アストレイアが持つ計量皿がついた秤(はかり)だとされています。昔、神々が地上で人間とともに生活していた頃、アストレイアは天秤秤を使って善と悪を公正に判断する裁判官の役目を果たしていたのです。やがて人間が欲にかられ悪事を働き、人間同士が争うようにな

ると、神々も慈悲深いアストレイアも、天に帰ったのでした。

占星術上の天秤座は、天文学上のてんびん座にちなんで名づけられています。とはいえ、天の星座の天秤座がどのように成立したかは一種の謎です。というのは、古代バビロニアにおいては、そもそも天秤座は存在しない星座だったからです。かつては蠍座が今よりも大きな星座として知られていて、今の天秤座は蠍のつめとして描かれていました。それがなぜ、天秤とされるようになったのか。星の博物学で広く知られた野尻抱影の説に従えば、紀元前２０００年頃には秋分点がこの辺りに位置していたといいます。昼と夜を等分に分ける秋分点の位置する辺りの明るい星を天秤の計量皿と見立てたのではということです。

♎
天秤座

あなたの
性格

正義の女神が持つ理性と客観性

「私」と「あなた」の間で揺れ動いている

天秤座の行動原理は、良くも悪くも、その天秤に集約されているといえます。天秤は片側だけでは機能せず、あくまでも、別の何かと均衡をとることによって働くのです。つまり、相手の存在を何よりも強く求めている、ということになるでしょう。

天秤座は、人間は一人では生きられないことをよく知っています。すべての星座中、最も人との関わりを求める星座です。ほかの人を鏡として、自分の姿を見ます。つねに「私」と「あなた」の間で揺れ動いています。天秤によって象徴されるように、バランス感覚にすぐれ、ほかとの調和を何よりも重んじるのです。

剣と天秤を持つ正義の女神

天秤は、古くから正義の女神のアトリビュート（配属物）だとされています。正義の女神の観念の歴史は古く、神話世界ではまず古代エジプトのマアトがそれに当たります。マアトは、人間が死ぬと、その魂を天秤に乗せ、そしてもう一方には羽を乗せます。この天秤のバランスがとれれば、その魂は良いものとして来世が約束されますが、均衡が崩れると、邪悪な魂として怪物に食われてしまい、復活の可能性がなくなってしまうのです。

また、ヨーロッパでは剣と天秤を持つ正義の女神は、キリスト教の4大徳の一つの象徴として、ヴァチカンをはじめ、裁判所などで見ることができます。蠍のつめという荒々しいシンボルから、理性的な正義の象徴へ。その変化は、人類の法の意識の変化によるものではないでしょうか。蠍のつめのように復讐を先行するのではない、秩序と法を守るという観念です。

心の目で真実を見る

天秤座は風の星座。理性と客観性を持っています。物事を合理的に考え、そして、情に流されないで自分のスタンスを決めていこうとするところがあるのです。嫉妬やどろどろとした感情を嫌い、なるべく冷静な立場を守ろうとするのはきっとそのシンボルのせいでしょうか。多くの絵画において正義の女神は目隠しをしています。これは盲目というわけではなく、目で見るのではなく心の目で真実を見るという象徴。天秤座の中にはそういう理性があるのです。

穏やかさの裏に隠れた敵意

あれかこれか。本当は自分で決断を下すのが苦手な天秤座。誰にも嫌われたくないという防衛本能なのでしょう。しかしその半面、心理学的には天秤座の人づき合いのよさや、穏やかさの裏には、隠された敵意があることが考えられます。ほかの人の立場をつい慮ってしまうあなたの背後には、あなた自身が目を向けるのを恐れている憎悪や敵意もあるのではないでしょうか。人生の中ではいつか選択をしなければならないときがやってきます。しかしそれは成熟した価値観の成長であるともいえるのです。

美しいものを愛する エレガントな良識派

天秤座は礼儀正しくエレガント、いつも冷静で、考え方も極端に偏ることがない良識派といわれます。独自の行動の価値基準があり、それに沿って、感情ではなくて理性で物事を判断しようとするのです。

美の星、金星を守護星とする天秤座は、芸術や自然の中の美しさに惹きつけられます。同じ守護星を持つ牡牛座が感覚的な美を象徴するとしたら、天秤座はもっと抽象的で、洗練された美を愛するのです。自分を取り巻く世界を美しくしたいという気持ちにあふれた星座です。

平和を愛し、偏見を嫌う心がマイナスに働くと、あいまいで、優柔不断になります。誰にでもいい顔をする八方美人的な要素が強まります。協調性や妥協性があることから、決断力が弱まるという傾向もあります。

♎
天秤座
あなたの
愛

互いの自由を尊重する愛

エレガントな表面に隠れた嫉妬、独占

天秤座は、愛の星・金星を守護星に持っています。だから、当然愛を強く求めますし、愛のない人生には価値はない、と思っているはずです。

しかし、天秤座にとって、「愛」とは普通の人が考えるようなものではないのかもしれません。天秤座の金星が示す愛は現世的や肉感的な愛ではなく、もっとエレガントで理念的なものです。

たとえば、美しい花のような、あるいは一流のデザイナーがデザインした服のラインのようなもの。そしていつも、理想的な恋愛や結婚を望んでいます。ちゃんとケンカするときはケンカして、わかり合うまで話して、などと思っているのです。

自分の世界を持つパートナーを

しかし、天秤座は風の星座で基本的には「思考」が優勢な星座。心理学的にみるとその裏側には、あまり発達していない感情機能が隠れていて、いざというときには、ヒステリックになったり、逆に人間関係の泥沼から逃げようとし始めます。

特に、嫉妬や独占欲が全面に出てきたときには逃げ腰になってしまうでしょう。

ただ、天秤座の持つフェアな感覚は、男尊女卑的な価値観がいまだまかり通っている日本では貴重なものかもしれません。

たとえば、一緒にいるよりも、お互いが自由に自分の世界を持っていることを大切にしてくれるところは、貴重なものかも。

その代わり、天秤座のパートナーは、完全に相手に寄りかからなくてすむ、自分の個性や世界を持つことを要求されますが。

さっぱりしたロマンス

天秤座の守護星は愛の星である金星です。また、ホロスコープ上での天秤座の定位置は結婚を司る第七ハウス。この二つのことから天秤座にとって恋と愛、そして結婚がとても重要な人生上のテーマになってくることが示されています。

しかし、天秤座は、恋や愛を司る星でありながらも、その星の下に生まれた人のロマンスは、とてもさっぱりしたものでしょう。

天秤座は「風」の星座、自分と相手を客観的に見る視点をいつでも失わない星座なのです。

恋愛の初期状態のあと、相手を冷静に観察するというプロセスが天秤座にとっては自然に始まるのです。そして、相手を理想のパートナーとしてだけでなく、一人の個人として見て、お互いを理解し合おうという状態を望みます。

相手と一緒にいるだけで幸せになれるに違いない、というナイーブな恋は、天秤座にとっては恋愛という幸福な病いの、ごく初期の症状にしかすぎないわけです。

天秤座は醒めた恋をする？

その意味では、天秤座は醒めた恋をする星座だということになるのかもしれません。逆を言えば、天秤座はごく早い年齢から大人の恋に目覚める人だとも考えれます。相手とあくまでもフェアな、一対一の関係を築いていこうとするわけですから。

もちろんこれは理念としてはよくても現実にはなかなか難しいことかもしれません。

互いが独立して、平等なパートナーシップを持つ、というのは一朝一夕にしてできるものではないでしょう。

しかし、たとえ難しくても、これが天秤座の理想であり、また課題でもあります。

この高いハードルに向かって努力を続けることこそ、天秤座の愛なのです。

天秤座

あなたの
人生
仕事

正義のバランスのポイントを探す

天秤座のバランスのポイント

日本のように、白黒をはっきりといわない国の中で天秤座らしく生きるのは、有利なようで不利な面も。確かに、あなたの洗練された物腰や、相手を慮る態度は日本の中では歓迎されるでしょう。やんわりと断る力もプラスに働くはずです。またセンスのよさも、大きな味方になってくれるでしょう。でもそれにも限界があるというもの。ときにははっきりと、あくまでも戦うつもりで「ノー」といわなければならないときが来るのです。そのときにはどうか勇気を持って。

そして、その上で揺れる天秤の、ちょうど真ん中の位置にいられるようになるといいですね。そう、あなたの中に、しっかりしたバランスのポイントさえ見つかれば、もっと大きく力を発揮することができるのです。

過去から引きずっているものを断ち切る

天秤座に特徴的に表れるのは、素晴らしいオープンさ、新しい恋と愛の可能性、新しい人生の楽しみなどです。これまではあまり魅力的に思えなかったことや人などに対して新鮮な興味を覚えることになるでしょう。

そして、新しい可能性がそこから開けていきます。これまでの考え方に縛られないで、何でも楽しんでみるつもりで向き合っていくといいでしょう。

家庭の問題など、自分の生活のベースががらりと変わるようなことが起こってくるでしょう。何か過去からひきずっているものを断ち切ることも大切なことと知ること。昔の心の傷や恐れなどは、忘れるべきでしょう。

そして、新しくなったあなたの

心の中に、新しい可能性を導き入れる余裕が生まれるようになっていくのです。

些細な仕事の中に創造性がある

天秤座に向いている仕事と言えば、優れたセンスを活かしてファッション関係、デザイン関係、あるいは美術関係やマスコミなどが最初にあげられることがほとんどです。また、人間関係におけるセンスから外交関係、広告関係、また客観的判断力を活かせるということで司法関係などもあなたにぴったりとされています。

しかし、このような職業につかないと、あなたの成功が望めないのかというと、決してそうではありません。どんな職業についていても、あなたの本質を活かした仕事のスタイルを作っていくことは可能だからです。

まず忘れてはならないのは、天秤座はどんなに優柔不断に見えても、季節の始まりに位置している「活動の星座」（カーディナル・サイン）であるということ。

活動星座は、物事を自分からどんどん始めていくところに生きがいを感じます。与えられた仕事を淡々とこなすとか、十年一日のごとく同じ仕事をやっている、というのは本来性に合わないでしょう。

些細なことでも、その中で何か新しいこと、創造性を見出していくことがあなたにとって仕事上での大きなポイントになってきます。

「理想主義」と「意味への欲求」を満たす

またおしゃれな天秤座のこと、あなたのセンスを活かせるということも大切です。

別にファッション関係の仕事につかないと、そうしたことができないわけではありません。オフィスの中のちょっとしたインテリアとかあるいは名刺のデザインの中にでも、そうした趣味を発揮することはできるでしょうし、相手のことを本能的に知ることのできる力は円滑な人間関係を進めてゆくうえでも重要なポイントです。

案外負けず嫌いなので、過酷な仕事でも、人の目があればどんどんこなしていくことができます。

そんな実際的なことよりもあなたにとって一番大事なのは、天秤座の中に潜んでいる「理想主義」あるいは「意味への欲求」を満たすことです。

対人関係と愛のチャンス

あなたを取り巻く人々はどんな傾向を持つ人なのか、あらかじめ知っていればトラブルを避け、よい関係を築くことができます。

あなたと
星座別相性
♎ 天秤座

天秤座×相手が牡羊座

牡羊座に歩みを合わせて

【基本相性】 つねに仕事優先の天秤座と自分ありきの牡羊座。まるで合わせ鏡のような二人ですが、互いに強く惹かれ合うところがあります。相手の中に自分にないものを見つけられるので、かなり刺激的。牡羊座はどこにいても場の中心に。天秤座特有の頭の回転の速さが牡羊座を助け、ますます輝かせ、その分おいしい余波を受けられるかもしれません。

【恋愛と仕事】 天秤座から想いを打ち明けた例はめったになく、たいてい牡羊座がダイレクトに告白します。自分から働きかけたい牡羊座に合わせて。仕事では牡羊座が大いに頼りになります。あなたにたくさんの人脈や新しい仕事をもたらしてくれるでしょう。観察眼が冴えている牡羊座に最後のチェックを頼むと思わぬ見落としを指摘してくれます。

天秤座×相手が牡牛座

まめな働きかけが大切

【基本相性】 天秤座と牡牛座はどちらも美の星、金星を守護星に持つため、美しく心地よいものを愛する感性が一致します。天秤座の「自由でいたい」という気持ちが強まると、牡牛座の身内意識を重く感じるようになりそうです。遊びたい牡牛座に対して、一人の時間を過ごしたいと感じる天秤座は、波がかみ合わなくなり、しだいに距離ができてしまうことも。

【恋愛と仕事】 牡牛座に恋している場合は、あなたから働きかけて。現状維持のつもりでいて連絡や、会う機会が減っていくと、あなたの存在がだんだん薄らいでしまいます。仕事では、自分と違うと感じてもまずは受け入れてみて。牡牛座の丁寧な仕事ぶりに学ぶものが多いでしょう。牡牛座には急かすことが何より禁物。

天秤座×相手が双子座

決定するのはあなた

【基本相性】 どちらも知性を重んじる風のグループ同士。会話のノリが合う二人です。双子座がいつもより人づき合いに積極的になった時、対人スキルが格段にアップ。天秤座がいつも通りの対応をしていると、情報の古さを指摘されたりします。あなたもスピーディーにアップデートする必要が。情報を取り入れるチャンネルを変えてみるのがおすすめ。

【恋愛と仕事】 双子座に恋している場合は、あなたがリードする場合が多いでしょう。デートの場所一つを決めるのも天秤座がアイデアを出し、双子座は従うことに。仕事においては双子座に対し、あなたの価値を提示しておくことが大切。この人と接点を持っているとよいことがある、と感じてもらえると、あなたのミスなどをフォローしてもらえます。

天秤座×相手が蟹座

元気をなくしていたら声かけを

【基本相性】 人との関係をスマートにこなす天秤座のあなたは、感情的でウエットなところを持つ蟹座に対し、反発しやすい傾向があります。心が激しく揺れる蟹座をどう扱えばよいのか戸惑いを隠せないことが多そうです。

【恋愛と仕事】 蟹座に恋をしている場合は、元気がないなと感じたら「大丈夫?」と声をかけてあげて。思いやりが心にしみて一気に進展する可能性も。職場での蟹座は、一度つまずくと落ち込み、堂々めぐりをしてしまいがち。あなたが客観的な意見で風穴を開けてあげて。守りの姿勢になっている時、新しい提案で攻めに転じる方向性を示してあげてください。

天秤座×相手が獅子座

強いパワーを分けてもらえる

【基本相性】 人波をうまく泳いでいく力に長けた天秤座と、場の中心になることを求める獅子座。テリトリーが異なるため一緒にいても衝突が少ない関係性です。パワーに満ちた獅子座のそばにいるだけで、エネルギーやチャンスを分けてもらえそうです。

【恋愛と仕事】 獅子座に恋をしている場合は、ライバルが多いので、ふだんは相手を思いやり遠回しに物言いするあなたですが、控えめに振る舞っていては、獅子座に気持ちを届けるのは難しいでしょう。相手にどきりとさせる言葉を心がけて。仕事では、獅子座に主導権を持ってもらうのが正解。その後をついていけば、チャンスがふくらみそうです。

天秤座×相手が乙女座

一緒にいるだけで恩恵が

【基本相性】 潔癖な乙女座とルーズなところがある天秤座。なかなか相容れない相性です。あなたから見れば乙女座は、堅物に見えるし、乙女座から見れば要領がいい人、と思われるため互いに関わりたくないと感じてしまいがち。乙女座の運気がいい時は、独特の輝きを放ち、あなたまで恩恵を受けられそうです。距離を置かず、積極的に関わるのが正解です。

【恋愛と仕事】 乙女座に恋をしている場合は、あなたから声をかける頻度を増やすことが大切です。相手からのアプローチはあまり期待できないため、しっかり言葉にしてアピールしましょう。仕事でも、乙女座が場の中心になるので、しっかりパイプをつくっておきましょう。

あなたと
星座別
相性

天秤座

天秤座×相手が天秤座

あちこち飛び回り刺激し合う

【基本相性】 同じ星座ですから、多くの共通点があり、一緒にいてこれほどやりやすい人はいないと感じる存在です。相手の考えが手に取るようにわかるので「侮れない」と思うことも多いかもしれません。新しいものや知らないものへの興味が強いため、行動力がある者同士、あちこち飛び回る仲間として格別のパートナーとなるでしょう。

【恋愛と仕事】 相手が刺激を求めていることを心得ておきましょう。マンネリのデート、似たようなファッションをしていると、自然と恋心が冷めてしまいます。自らイベントやドラマの演出を。仕事では仲間ならうまく連携ができるでしょう。ライバルなら情報戦に。相手に伝えるべきか言わないほうがよいかを選別して接することが、有利に進める秘訣。

天秤座×相手が蠍座

オープンになった時がチャンス

【基本相性】 つねに大勢の目を意識している天秤座と、自分の世界に居続けようとする蠍座は、関わりが生まれにくい相性です。蠍座の心がオープンになる時、人への関心が高まります。あなたが自分を印象づけるチャンスといえるでしょう。しかし、蠍座の警戒心の強さは侮れません。

【恋愛と仕事】 恋愛においては、会話を重ねて接点を増やすことから始めたほうが、いきなり告白するより距離を縮めることに成功するでしょう。社会問題や将来のことなど話し合えるようになれば、両思いは目前。仕事においては、蠍座が一気に頭角を現してくるのであなたが蠍座のよさを周囲に広めてあげると、恩義を感じ、何につけ力を貸してくれるでしょう。

天秤座×相手が射手座

有益な助言を得られそう

【基本相性】 ふだんはそれぞれ別の世界を見ていますが、楽しむ時には共に盛り上がる存在。そんな好ましい距離感を持つ二人です。ステップアップしようとする射手座は、天秤座には刺激的。あなたの考えに風穴をあけるような意見をもたらしてくれます。

【恋愛と仕事】 恋においては、射手座がふと見せる寂しげな表情に、あなたはぐんと惹きつけられそう。相手を癒してあげられる言葉をかけてあげると、ストレートに胸に届くでしょう。直感でこうしてあげたい、と思うことに素直に動けば喜ばれます。仕事では、まじめな討論がカギに。データや実績に基づいた意見を述べたり、将来をよくするためどう動けばよいかを話し合えば射手座はのってくるでしょう。

天秤座×相手が山羊座

励ましより聞き役が正解

【基本相性】 現実的でストイックな山羊座に対し、天秤座はややルーズで快楽主義。同じものを見ても正反対の感想を持つ二人といえます。とはいえ互いに堅実なところがありますから、自分にないものを持っている、と気づきさえすれば、むしろ、積極的に関係を深めていくはず。山羊座がふだんより感情的になっている時は、人と接点を持つのを避ける傾向が。

【恋愛と仕事】 山羊座に恋をしているならば、落ち込んだり、考え事をしている時にさり気なくそばにいるようにしましょう。助言ではなく、聞き役に回ることが大切。仕事場での山羊座は、自分のテリトリーを強く意識します。困っている様子を見せても最後までやりとげる意志が強いので、中途半端な助けは無用です。

天秤座×相手が水瓶座

対話を重ねて距離を縮める

【基本相性】 天秤座と水瓶座は共に風のグループに属する星座。軽やかに人づき合いをするところが共通しています。一緒にいて苦痛を感じない、らくな関係といえるでしょう。水瓶座は束縛を嫌う傾向がありますが、大切な人とは真剣に向き合いたい気持ちが高まります。

【恋愛と仕事】 水瓶座に恋をしているのなら、あいまいにせず、自分の考えや思いをしっかり打ち明けましょう。対話を重ねることで、一番大切な存在、に昇格することができます。一気に結婚が視野に入ることもあるでしょう。仕事の場では、水瓶座と組むと次々とチャンスが舞い込んできます。事業の拡大、体制の改善に着手すると、大きな成果をあげられるはず。

天秤座×相手が魚座

恋モードになりにくい

【基本相性】 天秤座にとって魚座は頼りなげで放って置けない存在。そして魚座は、天秤座に途方もない憧れを抱いています。最初は互いに苦手意識を抱きますが、それが取り除かれれば魚座とは不思議な縁で結ばれる組み合わせです。自分の持てる力をどう生かし、いかに有用な存在になるか苦心惨たんする魚座です。

【恋愛と仕事】 恋の場合、職場恋愛なら仕事の話を介して親しくなる可能性がありますが、そうでない時、やさしく見守り、人恋しい時期が訪れた時に、アプローチするのが正解です。仕事面では、勢力的に働く姿が見られるでしょう。ただしうまい立ち回りや交渉は苦手。あなたの助言は喜ばれるはず。ストレスをためることもあるので、息抜きに誘えば親しくなるきっかけが生まれます。

♎ 天秤座

天秤座ワールド

【天秤座のアイテム】

色：ピンク、ローズ、グリーン
数字：６、７
人体：支配区域は腰、肝臓
国：オーストラリア、日本、カナダ、チベット
都市：コペンハーゲン、フランクフルト
動物：トカゲ、小さな爬虫類、色彩の美しい鳥
食べ物：シリアル、イチゴ、リンゴ、ナシなどの果実類
花：バラ
宝石：サファイア、ジェード
方位：西
趣味：フラワーアレンジメント、買い物
ハーブ：ミント、ローズバッド、ジャスミン
金属：銅

【マークの意味】

♎

天秤を表しています。また、西に沈む太陽を表すとされています。

LIBRA

【特徴】

長所 正義感が強い、上品、優雅でチャーミング

注意点 負けず嫌い、見栄っ張り、優柔不断、お調子者

【天秤座に贈る言葉】

『自意識的』人間は一つのジレンマに捕らわれる。彼は自己の現実感を保持するために、誰かに見られ認識される必要がある」

ロナルド・D・レイン　1927・10・7　精神科医

「そんなに一人の人を見るものではない。何か不吉が起こるぞ」

オスカー・ワイルド　1854・10・16　作家

【天秤座の男・天秤座の女】

♂ この上ない安定感で安らがせてくれる男

いつでもどこでもバランスをとろうと、人に迎合するのが天秤パターン。したがって主体性がなく、優柔不断なイメージがつきまとうのですが、裏を返せば、偏りが少なく、物事を客観的に判断できるということ。取り乱すことなくつねに一定。その安心感ははかりしれない。（A・ノーベル　1833・10・21／ジョン・レノン　1940・10・9／イチロー　1973・10・22）

♀ 優柔不断だけど世渡り上手な人

12星座のうち、もっともバランス感覚と客観性を備えているのが天秤座。ＴＰＯに合わせてセンスよく振る舞うさまは、同性から見ても羨ましい限り。でも、いろいろなことに対して、すべてをそつなくこなしているからこそ、本当に必要なことに迷ってしまうことも……。（黒木瞳　1960・10・5／山口智子　1964・10・20／浜崎あゆみ　1978・10・2）

【幸せをよぶキーワード】

「ルールやマナーを尊重する」

組織や集団が継続していくために必ず必要になるのがルール。とくに上下関係がはっきりしている場所では、それを無視した行動は黙殺されてしまいます。また、暗黙のルールが働く場合もあるでしょう。一人前の大人として、実力を認めてもらうためにも、それを踏まえた言動を心がけてください。年長者や目上に対する丁寧な言葉遣いや挨拶は、信頼されるための第一歩です。

「横のつながりを重視する」

上下の関係を尊重するあまり、人を社会的な立場だけで判断するようになると危険です。厳格になればなるほど人間関係は狭くなり、考え方も凝り固まってしまいがち。同世代や若い世代とのつながりを意識しましょう。すると上下と横のつながりが、あなたを通してミックスされ、風通しのよい状況を作ることができるでしょう。それが持ち前のコミュニケーション能力を発揮するための基盤になります。

♏
蠍座
10/24〜11/22
生まれ

I desire　私は欲する

ギリギリまでやり尽くすことで限界を突破していく

蠍座の太陽は「欲する」という行為をもって現れます。〝地上で最も自分が強い〟と驕り高ぶった英雄オリオンを一刺しにした蠍、それがこの星座の神話。自分の意志で人生を切り開く〝英雄〟の死は何を表すのか。それはより大きなものに向かっていくことで、自分を変える可能性です。

蠍座のテーマに「死と再生」がありますが、本当に自分が成長するためには、それまでの自分は死ななければなりません。また蠍座が性的欲求が強いと言われるのは自分の肉体や自我を解放し、相手と深いところで一体化しようとする力が働いているからにほかなりません。

何でもギリギリのところまでやり尽くし、味わい尽くし、何事も中途半端にはすませることができない欲求。それを大切にした時にこそ、蠍座の太陽が目覚めるのです。

【蠍座の基礎知識】

区分	二区分　女性星座 三区分　不動宮 四区分　水
守護星	冥王星
守護神	アレス
かぎ言葉	I desire（私は欲する） 深み、共有する

神話物語

「傲慢」が神の怒りを買った

英雄オリオンは、海の神ポセイドンとアマゾンの女王エウリアレの間に生まれました。美しくすぐれた青年でしたが、強さのあまり慢心し「地上で最も強いのは自分だ」と口にしてしまいます。ギリシア世界において最も大きな罪は「傲慢」なのです。

そこで大地の女神は怒り、蠍を

放ちます。無敵の英雄は、こんなちっぽけな虫の一刺しによって死んでしまったのでした。蠍座はこの時の武勇をたたえられて、天に引き上げられて星座になったものといわれています。

　オリオン座は、蠍座が昇ってくると隠れるように西の空に沈みますが、これはその時以来、オリオンが蠍を恐れているからだ、と言われています。

　天のさそり座は、夏の南東の空に、見事なＳ字を星々が描いている大きな星座で、あまり詳しくない人でもすぐに見つけることができます。子どもの頃、空にかかる雄大なこの星座を見て感動した人も多いでしょう。

♏
蠍座

あなたの
性格

何事も中途半端にできない幾度となく訪れる変容

自分を思い切って変えてみる

　蠍座は、神話からもわかるように実に意味深長なメッセージを秘めています。オリオンという英雄を殺してしまう、大地の底の小さな生き物、死の毒を秘めた虫。英雄は、心理学的にいえば、自我意識や意志の力の象徴です。自分の意志で障害を突破し、自分で人生を切り開く存在です。

　牡羊座から始まった英雄の旅は、いわば自己を実現させていくためのプロセスを象徴しているといえるでしょう。しかし、この8番目の星座で英雄の旅は重要な局面に至ります。それは、何でも自分の思うようになるという傲り高ぶりがここで行きづまり、死を迎える、ということなのです。これは別に文字通りの死を表しているわけではありません。自分よりも大きなものに向かって自分を開いていき、自分を思い切って変えてみる可能性を表していると考えればいいのです。

誠実さと力はどの星座にも負けない

　いわば蠍座は、変容の星座だといえるでしょう。何でもギリギリのところまでやり尽くし、味わい尽くし、その結果、境界を突破して新しい状況に進んでいこうとする。それが蠍座です。蠍座が時おり恐れられるのは、このように何でも中途半端にはすませない誠実さと力があるからといえます。そしてその力はほかの星座にはないものなのです。

　古くは蠍座は蛇によって象徴されていたという説があります。蛇は何度も脱皮を繰り返しては生まれ変わるため、永遠の生命やそこから得られる知恵の象徴ともされていました。蠍座はただの毒虫ではなく、このように神聖な象徴をわがものとしていたのです。

また、別の説ではワシによって象徴されていた、という話もあります。水の生き物である蠍や蛇が、あるとき翼を生やして天空に舞う、というのは錬金術などにも登場する変容の強力なシンボルです。これは蠍座に与えられた死と再生の意味をよく表しています。

急進的でドラマチックな人生の局面

本当に自分が変わるためには、あるいは成長するためには、それまでの自分は死ななければなりません。たとえば、新生児が誕生するには、それまでの胎児としての自分は死なねばならないのです。羊水の中に生きる胎児は空気を吸えず、一方、新生児は空気を吸うのですから、ある意味で別の生き物といえます。蠍・蛇からワシへの変容は、この胎児から新生児への変化にも対応する、ラディカルでドラマティックなもの。このような大きなステージは、誕生後も人生のさまざまな局面で現れます。命をかけての変化。性の目覚めや本気の恋など。そこにはいつでも内なる蠍座の原理が働いています。

秘められた本当の自分

これまでの小さな自分を壊して相手と一体化し、より大きな自分へと自分を開いていく……それは容易にできることではありません。

心理学的にはこれは「ヤマアラシのジレンマ」に集約されます。2匹のヤマアラシがお互いに抱き合おうとして接近しようとするのですが、身を守るトゲが互いを傷つける。離れると安全だけれど、また孤独が自分をさいなむ、というジレンマが起こっているのです。

どの星座の人にもこのようなジレンマはあるのでしょうが、蠍座の人にはとりわけ、この苦しみを感じている人が多いのでは。どこかで乗り越えたときに大きな変化が待っています。また相手に対する強い影響力や説得力、支配力なども蠍座には備わっていて、それは蠍座が相手の心の奥底へと入り込む本能的な力を持つからといえます。もう一つ、蠍座にとっては「秘密」も大きな意味を持ちます。自分にとって本当に大切なことや神聖なこと、あなただけの秘密はあなたの心を守ることにもなるでしょう。

♏ 蠍座

あなたの

愛

セックスとジェラシーの蠍座の愛

自分と相手を深いところで一体化

蠍座の恋といえば、そのセックスとジェラシーが有名でしょう。「蠍座の女」なんて歌が、蠍座の暗く深い情念をいっぺんに有名にしてしまいました。蠍座生まれの人は、こんな蠍座のイメージのために、ときには恐れられたり、損をしているかもしれませんね。

確かに、蠍座は性的な力とも嫉妬とも結びついていて、それは、蠍座の根源には、自分と相手を本当に深いところで結びつけようとする力が働いているからです。

セックスは、フランスでは「小さな死」ともいわれています。それは、自分の肉体や自我の領域を解放して、相手と一体化しようとする営みだからです。意識の状態が変化し、深いところで相手と結びつく、その経験を蠍座は求めています。だから肉体的な快楽を求めるだけの消費型のセックスは蠍座のセックスではありません。魂と深いところで触れ合う、いわばとてもぜいたくな触れ合いこそ蠍座の愛が志向する表現です。

嫉妬や独占欲も、本当に深いところで相手を捕まえるという気持ちからくるのですが、相手との信頼関係さえあれば、不動宮の星座ならではのどんとした構えで、相手を受け入れます。しかし、それが裏切られたときに蠍座は、その毒を放つようになるのです。

ヤマアラシのジレンマを持つ蠍座の恋

恋は蠍座にとっては、それこそ人生の一大事です。蠍座にとって恋が必要なのは、蠍座の人が持っている内なる恐れを癒すためだと言えます。

しかし、先に述べたヤマアラシのジレンマを思い出してください。蠍座の人は恒常的にヤマアラシのジレンマ状態にあります。誰かと深いところでつながりたい、心の孤独を癒したいという気持ちを抱えながら、相手と深く関わることで互いが傷ついてしまうことを知っているがゆえに、恐れて接近できないでいるというわけです。

　このジレンマはなかなか解決できないかもしれません。しかし、恋という一種の変性意識状態のときは違います。恋のホルモンが身体を駆け巡り、脳の中にスパークを生じます。

　中世の神話では騎士と姫はうっかり媚薬を飲んでしまうことによって狂気の恋に陥るというわけですが、もし恋という一種のドラッグがなければ、あなたはだれかと深いところでつながるような経験はできないでしょう。

蠍座が与える無言のプレッシャー

　しかし、いったん恋に身をゆだねれば、今度はそう簡単にあきらめたり、その恋を手放したりはしないでしょう。場合によっては一生おつき合いを続けて行く覚悟を持つはずなのです。蠍座の独占欲、嫉妬の激しさはここから来ています。

　それは、人生で、これほど真剣な恋ができるのは今回が最後かもしれないということを蠍座が知っているからでしょう。ですから、相手の裏切りがあると、慈母が夜叉に変貌を遂げてもふしぎではありません。

　しかし、そういう真剣な気持ちの表れとはいえ、相手によっては、これはマイナスに働いてしまいます。蠍座と同じように深い愛情を永続的に求めるタイプの牡牛座や山羊座、蟹座ならともかく、双子座、射手座、水瓶座のように、自分なりのペース、自分なりの自由を愛する星座にとっては、蠍座が与える無言のプレッシャーや深刻さは、非常に大きな心理的負担となるでしょう。

　蠍座の恋は真剣なのですが、しかし、その真剣さが過度な「重さ」となってしまって、相手の自由を奪う結果にならないようにすることも大切なのではないでしょうか。

♏ 蠍座

あなたの **人生** 仕事

中途半端がないあなたに訪れる変容

必要以上に踏み込まない

ともすると悪名高い蠍座ですが、ただ何事も中途半端ですませられないだけなのです。蠍座のあなたは、うわっつらの生き方では自分の魂を満足させられないことを知っています。待つことや耐えることによって最終的な満足を得ることができる運命があなたには与えられているので、安易な方向に流されることなく自分の深い魂に従って行動していきましょう。

あなたにはほかの人の魂に踏み込む力があり、無意識的な支配力となっています。ただ使い方を誤ると、黒魔術的な心理操作ともなり得る力です。相手のことが気になるのはわかりますが、必要以上に相手の領域に踏み込まない節度を持つことが重要です。中途半端がないあなただからこそ、振る舞いのひとつひとつが重要になってきます。

人生のコースがガラリと変わることも

蠍座生まれの人は、人生の中で何度か、本当の力を発揮しなければならない状況に直面する運命を持っています。人生のコースがガラリと変わってしまう転機が数度あるでしょう。そんなターニングポイントの中でこそ、あなたは、自分の中に眠る蠍座の力、パワーが表に出てくるのを見て、自分でも驚くはずです。

そんな眠れる蠍座の力とはどんなものでしょう。どんな場面で顔を出すのでしょう。

あなたがもしも社会人として自立や自己実現を促すような出来事や岐路に立たされるようなことがあれば、眠れる力が後押ししてくれるはずです。

すぐれた洞察力と推理力を生かした職業

蠍座の人はどんな職業が向いているでしょうか。少し古い占星術の教科書を見ると、探偵、占い師、心理学者、あまり人の目につかない仕事、などなど、ユニークなものがあげられています。共通して必要なのは、すぐれた洞察力と推理力、そして人の心の深い機微にふれる能力。蠍座の人がもっともすぐれた才能を発揮するジャンルであるわけです。

蠍座の守護星は冥王星です。ふだんは見えない部分、あるいは物事の隠れた深みを支配しています。心理学的にいえば、人間の魂の奥底に隠されている深い無意識の領域、フロイトがかいま見、ユングがさらにその底を探求した深い深い領域です。蠍座の人が占い師、サイコセラピストなどといった仕事につくと、こうした力は有利に働くでしょう。とはいえ蠍座の人がこうした少し特殊な領域でばかり活躍するのかといえば、そんなことはありません。

目立った活躍は人生の優先順位ではない

たとえば見逃してはならないのは、蠍座が持っている高度な心理的な戦略能力。あなたが営業職についた時、それは何物にも代えがたい力となるでしょう。マスコミ関係においてもプレゼンテーションの名手として注目を集めることになるかもしれません。会社の組織の中で人間関係のダイナミクスを一瞬のうちに見抜いて根回しをしたり、あるいはその中で立ち回ることも、上手にこなすことができるのです。

また蠍座の持っている粘り強さというのも、とても強力な武器になります。蠍座の基礎体力はなかなかのもの。どんな仕事でもタフさというのは最大の資本です。

あなたが社会の中で頭角を現してゆくのは、時間の問題ですが、ただ蠍座にとって、社会で目立った活躍をすることは、人生の目的の優先順位で一位にはなりません。むしろ目立たなくてもよいから、自分のプライド、自分の価値観を満足させるような仕事に就くことを好みます。それがかなわなければ、仕事はただ生活のためと割り切って、中途半端な力の使い方は許されないのです。

あなたと
星座別
相性
♏
蠍座

対人関係と愛のチャンス

あなたを取り巻く人々はどんな傾向を持つ人なのか、あらかじめ知っていればトラブルを避け、よい関係を築くことができます。

蠍座×相手が牡羊座

質問を重ねて特別感を持つ

【基本相性】 二人とも心の内に情熱を秘めていますが、蠍座はじわじわと火をおこすように、牡羊座はストレートに表現します。ですから反発することも多いのです。意識せずにはいられない組み合わせです。牡羊座がアピールし脚光を浴びると、強く惹かれてしまいます。

【恋愛と仕事】 自分を認めてほしいという相手の欲求を受け止めてあげることが大切。そのため効果的なのが「質問」すること。子どもの頃、趣味のこと、将来についての考えなどなど聞いてあげましょう。牡羊座が自分を語り始め、それをじっと聞いてくれるあなたを特別の存在と思うようになるでしょう。仕事では、この上なくいいパートナーになります。

蠍座×相手が牡牛座

感情の起伏が激しい相手

【基本相性】 マイペースで頑固という共通点を持つ組み合わせ。実際の二人のペースや態度は大分異なる部分が多いのですが、相手に干渉することはないので、穏やかムードです。ただ、牡牛座の感情の起伏が激しい時は、喜怒哀楽が表に出るので、戸惑うことがあるかもしれません。

【恋愛と仕事】 牡牛座に恋しているなら、それまで感情の揺れや今まで見せなかった一面を見せ始めたら丸ごと受け止めてください。牡牛座は一度心を許せば、あなたを裏切ることはありません。仕事においては、傷つきやすくなっている牡牛座への気遣いが必要。注意したことが「いじめ」と受け取られる可能性も。相手の言葉を途中でさえぎらない心がけも大切。

蠍座×相手が双子座

ブラッシュアップで臨んで

【基本相性】 一つのことにじっくり取り組む蠍座と、いくつものことを同時進行して軽やかにこなす双子座。価値観はまるで正反対な二人です。双子座は自分を本当に理解してくれる人を求める気持ちが高まった時、対象を探し求め、関係をじっくり深めていこうとするかも。

【恋愛と仕事】 恋愛では、相手が一目置いてくれるような存在になれるよう、外見も内面もブラッシュアップを心がけて。また自分を語るよりも相手のよい部分を見つけて、ほめてあげることがポイントに。仕事では、信頼しているということをしっかり意思表示することが大切。一人でやったほうが早いと思うことでも任せること。見落としやミスをチェックして。

蠍座×相手が蟹座

黙っていると距離が生まれる

【基本相性】 蠍座も蟹座も、好きな対象と一体化することに幸せを感じる星座です。相手のすべてを知りたい二人ですから「その気持ち分かる」が合言葉かもしれません。しかし油断していると通じ合っているはずが、じわじわ心に距離が生じてしまいそうです。小まめに二人のつながりを確認し、相手にも意識させることが大切になるでしょう。

【恋愛と仕事】 恋愛では、どれだけ心が通じるような出来事、共有体験を積み重ねられるかにかかっています。楽しい、うれしいといった感情を折りにふれて、言葉にすると効果的。仕事面では、蟹座に対し、回りくどいやり方に思えていらいらしてしまうかもしれません。でも、口出ししないほうが無難。相手のやり方を尊重してあげて。

蠍座×相手が獅子座

想いはダイレクトに伝える

【基本相性】 蠍座は深いまなざしを、獅子座は広い視野を持った人。本来、二人が何の偏見を持たずに向き合えば、心地よい関係が築けるはずなのです。でも、相手に先入観を抱いていると、「遠い」ばかりがクローズアップされて、なかなか親しくなれないかもしれません。

【恋愛と仕事】 恋愛では、いつも以上に相手が情熱的になった時は、同じ熱量を持って接することが大切。クールに対応していると、別の相手を探しに行ってしまいます。仕事においては、獅子座の強い自己主張をうっとうしく感じるかも。しかしそこには、自分もこうありたいという憧れも混じっているのも事実。獅子座は学ぶべきお手本であることがわかります。

蠍座×相手が乙女座

もどかしくても手出しをしない

【基本相性】 お互いに受け身ですが、仲良くなれば揺ぎない信頼感で結ばれる二人です。繊細な乙女座は、蠍座の安定感を好もしく思うでしょう。あなたには乙女座の几帳面で規則的なところが心地よく感じるはずです。乙女座が自信を失っていたり、人生の先行きに不安を抱いている時、あなたは声をかけたくなるかもしれませんが、見守るのが正解です。

【恋愛と仕事】 恋愛でも仕事でも、何かにつけ手を出すことは、相手を信じていない、と受け取られてしまいます。どんなにもどかしくても、見守ることが「信じて任せてくれた」という信頼につながり、乙女座は深く感謝するでしょう。

あなたと
星座別
相性

♏
蠍座

蠍座×相手が天秤座

その柔軟性をまねて学んで

【基本相性】 蠍座と天秤座は、黙っていても分かり合える関係ではありません。二人の間には薄いベールのようなものがあり、積極的に理解しようと思わなければ、関係が先に進むことはない間柄なのです。相手の魅力を認め、学べることは学ぶ姿勢が大切。あなたから歩み寄って。

【恋愛と仕事】 恋愛においては、何か共通項が見出せるかどうかがカギになりそうです。家族構成が同じとか、最近見た映画が同じとか些細なことで構いません。そうした会話で警戒心がほぐれれば、心の距離を縮めることができるはず。仕事では天秤座のそつのなさ、人づき合いの巧みさに感嘆する場面があるでしょう。相手の柔軟性を学ぶことになるでしょう。

蠍座×相手が蠍座

干渉を避けて目をつぶって

【基本相性】 蠍座同士のつながりは、ほかの星座の人には理解しにくいものがあるようです。言葉以外の領域、たとえば表情やしぐさなど、無意識の振る舞いに表れるサインを読み取り、相手の深層心理を見抜く「目」を持っているからです。そのため、蠍座同士の場合、表面的には穏やかでも、内心相手を警戒していることもよくあるでしょう。

【恋愛と仕事】 恋愛の場合は双方、公的な部分で忙しく距離が生まれてしまうかもことも。こまめに連絡をして、互いの頑張る姿を刺激に変えて。カップルの場合は、互いの弱点や短所に目をつぶることで円満な関係を維持できます。仕事でも衝突が増えそうです。互いが自分の仕事を全うすれば最高のパートナーに。相手のテリトリーを守ることが大切。

蠍座×相手が射手座

励ましの言葉が胸に響く

【基本相性】 何をするかわからない未知数の一面を持っている射手座に対し、蠍座は憧れと同時に恐怖のような感情を抱きます。その矛盾から距離を置きたいと思わせる相手でしょう。さらに広い世界に飛び出そうとする射手座も、時おり自信が持てず不安な表情を見せます。そんな射手座の弱さを目の当たりにした時、あなたは親近感を抱くようになりそうです。

【恋愛と仕事】 射手座は自由奔放に動き回っていても、変わらずに待っていてくれる「港」のような存在を求めています。あなたがそのポジションになれるはず。仕事においては、新たなチャンスを運んでくれることが増えるでしょう。自分には難しいかもと思っても、射手座の提案や誘いには乗ったほうが正解。

蠍座×相手が山羊座

相手の別な面に気づく

【基本相性】 山羊座は強さを持った星座ですが、その強さは合理性から生まれています。それを蠍座のあなたが「非情さ」として受け止めてしまうため、ギクシャクしやすい関係性かもしれません。ポーカーフェイスもじつは内に秘めた熱い思いを覆い隠すための仮面だった、と気づく場面がいくつも訪れそう。

【恋愛と仕事】 恋をしている場合は、情熱的なアプローチが心に響きます。あなたのありのままを受け止めてくれる素地があるため、よい部分も悪い部分も、包み隠さず見せるようにしてください。仕事では、山羊座の集中力に目をみはることがありそう。口数が少ない時はあなたからこまめに話しかけることが良好な関係をキープするコツです。

蠍座×相手が水瓶座

特別な存在になる好機

【基本相性】 何事にも強いこだわりを持つ蠍座と、オープンで束縛を嫌う水瓶座。ほとんど接点が生まれない相性です。しかし、馴染めないと思ったらそれまで。違和感を超えて、面白い、と思えば強く惹きつけられそうです。進歩的で、エキセントリックになりがちな水瓶座。その裏にひそむ孤独に気づいて理解できれば、柔らかい連帯感が生まれるでしょう。

【恋愛と仕事】 相手の心に鮮烈な印象を残すことができれば、あなたを特別な存在と認めるでしょう。勇気を出して思いを告げて。仕事では「同じミッションに取り組む仲間」であることを相手にインプットできるかがポイントになりそう。フレンドリーな言動で「きょうの服はすてき」など些細な日常会話も大事なポイント。

蠍座×相手が魚座

心強いパートナーに

【基本相性】 蠍座と魚座は、心と心でつながることができる相性。互いに精神の深い部分を見つめようとします。どちらか弱ってくると相手も調子を崩す、ということがあるかもしれません。好調な場合も然りです。コンディションが良好で、自分の才能を世にアピールしたい気持ちが高まる時期も同じで、タッグを組めば大きなことを成しとげられるでしょう。

【恋愛と仕事】 恋においては、魚座は仕事に打ち込みたい心境の時、はでな行動は控えましょう。特定のパートナーを求める気持ちが高まる時まで見守る姿勢に徹しましょう。仕事においては、魚座の「やる時はやる」という気概が見えたら、触発されてあなたも熱心に仕事に打ち込めるようになるでしょう。

蠍座ワールド

♏
蠍座

【蠍座のアイテム】

色：深紅、ワインレッド、黒
数字：０　守護星、冥王星のナンバー。すべての始まりで終わりの数
人体：支配区域は性器
国：モロッコ、朝鮮、ロシア
都市：ワシントン、フェズ、ニューオリンズ
動物：昆虫
食べ物：タマネギ、ニンニクなど匂いと刺激の強いもの
花：深い赤い色をした花
宝石：オパール
方位：西北西
場所：遺跡、暗いところ
趣味：ミステリー小説を読む、タレントの追っかけ
ハーブ：アロエ、ウィッチヘーゼル
金属：プルトニウム、地獄の王の元素といわれる蠍座ゆかりの物質

【マークの意味】

♏

蠍を象徴しています。あるいは蛇を表すともいわれます。

【蠍座に贈る言葉】

「そら、お聞き、夜の子どもたちが鳴いている!」
ブラム・ストーカー　１８４７・11・８　作家

「キリスト者はすべてのものの上に立つ自由な君主であり、何人にも従属しない。
キリスト者はすべてのものに奉仕する僕であり、何人にも従属する」
マルティン・ルター　１４８３・11・10　宗教改革者

【特徴】

長所　粘り強い、いざという時、爆発的なパワーを発揮、責任感がある

注意点　思い込みが激しい、嫉妬深い、悲観的

SCORPIO

【蠍座の男・蠍座の女】

♂ 心に奥行きを持ち、包容力のある男

一般的なイメージは寡黙でも、いざという時の行動は激しくねっとりだからこわい。しかし、心の奥に何かを秘めていそう……という神秘性は決してマイナスではなく、自分の中へと誘う懐の深さと包容力の表れ。彼の深い愛を知ったらもう、ほかにはいけないかも。（パブロ・ピカソ　1861・10・25／手塚治虫　1926・11・3／木村拓哉　1972・11・13）

♀ 全身全霊をこめてつながろうとする情熱家

自分のことを言葉にするのが苦手ゆえ、一見ドライでクール。会話をしていても時おり、身もふたもない答えを返すなどして、相手を煙にまく。でもそれは、表面を取り繕ったり、どうでもいいことに価値を置いていないだけ。深い感情をたたえているからこそ、クールなのです。（ビビアン・リー　1913・11・5／デミ・ムーア　1962・11・11／渡辺満里奈　1970・11・18）

【幸せをよぶキーワード】

「いつもと違うことをする」

通勤時、駅まで歩く道を変える、書店で、いつもなら手に取らない本を買ってみる、訪ねたことのない町をぶらぶらしてみるなど。何でもいいので、「いつもと違う」ことをするようにしましょう。すると未来のビジョンがひらめく瞬間が訪れます。そこからは運命に導かれるまま。何をすればいいか明確に見えてきて、どんどん先に進んでいけるでしょう。

「誰かの役に立つ喜びを知る」

自分の仕事がどんな人の役に立っているのかを想像してみましょう。今の仕事では何も信じられないなら、仕事以外の活動がおすすめ。これまでのあなたの経験や実績が生かされることを実感するはずです。そんな別の環境から人に感謝されることの喜びや誰かの役に立ったことがもたらす充実感を味わうと、自分が生きていることの意味や、これからの行動の目標を得ることになります。

射手座

11/23～12/21
生まれ

I explore　私は探求する

現実と精神の世界
何かを求めて探求の旅を続ける

射手座の太陽は「探求する」という行為を伴って現れます。天空に向けられた射手の矢。目標に向かってぐんぐん飛んでゆく矢は、射手座の象徴そのものです。また射手座は旅と縁の深い星座。束縛から自由で希望に満ち、遠い世界へまっしぐらに旅する……。

射手座のモデル、半神半獣のケイローンは、肉体性や物質の世界、精神や霊の世界の二重性を表しますが、射手座もこの両方の世界で〝旅〟を続ける運命を持っているのでしょう。限界があると知ったうえで、それでも何かを望むことができる力、本当の意味での〝希望〟を持っているのです。ゆったりしているように見えても心の中では焦りを感じ、生きる意味を必死で求めている……。その射手座の魂と共に、あなたは探求の旅に出るのです。

【射手座の基礎知識】

区分	二区分　男性星座 三区分　柔軟宮 四区分　火
守護星	木星
守護神	アルテミス
かぎ言葉	I explore（私は探求する）　探検する

神話物語

思索する心と野山を駆ける獣の二面性

上半身が人間で、下半身が馬というケンタウロス族の長、ケイローン（キロン）が射手座の神話の主人公です。山の洞穴に住み、狩りをして暮らす野蛮なケンタウロス族にあって、ケイローンは賢明で医術や天文学、音楽、教育術などで秀でていた存在でした。しかし戦いの場で負った自分の傷だけは、

その医術をもってしても癒すことができませんでした。しかも、神の血を引く不死の種族。ケイローンは自分の不死を神々に返し、自らの手で死を選び取り、星座となったのです。射手座のあなたは、ケイローンのように、思索し哲学する心と、獲物を求めて野山を駆けめぐるエネルギッシュな行動力の二面を備えた人なのです。

　天のいて座は、全天の星座の中でも最も古い起源を持つ星座で、弓を引き絞った男のイメージは、紀元前12世紀頃の石碑にも見られます。しかしその射手の下半身は馬ではなく蠍。蠍と射手の関係は深く、矢は蠍座の心臓に当たるアンタレスに向けられています。

♐ 射手座

あなたの

性格

束縛を嫌い自由を愛する旅人

知性や心の世界を旅して回る自由人

天空に向けられた射手の矢は、射手座の行動原理をよく表しています。目標に向かってぐんぐんと飛んで行くであろう矢は、射手座の象徴そのものです。蠍座を経て、物事の深層を知って大きく変容した魂は、今度はそれまでの束縛から自由になって、遠い世界へとまっしぐらに旅を始めるのです。

その旅は探求の旅。蠍座でいったん死を知った後にくる射手座は、希望に満ち、未来の可能性にすべてをかけることができます。現実を超えた真理のために、軽々と冒険に旅立つことができるのです。射手座の人が旅や自由を愛し、また、既成の権威などには縛られないのは、そのためなのです。

もちろん、それは精神の旅を表すこともあります。実際に世界を旅行して回るばかりではなく、宗教や哲学、思想に触れて、知性や心の世界を旅して回ることもあるからです。

理想の世界に生きるあやうさ

木星を支配星に持つ射手座は、現実世界の中で、それから目には見えない精神の世界の両方で、遠くかなたの世界を目指して旅を続ける運命を持っているともいえるでしょう。

もっとも射手座の持つこの熱意や熱狂性は、それ自体危険をはらむこともあります。現実的な判断を見失い、ただ理想の世界にばかり生きてしまうことの危険性は否定できません。狂信的な宗教や信念が持つ危なさを、どこかで理解しておくべきでしょう。

こうしてみると、射手座が明るいけれど直情的なだけの星座であるかのように思うかもしれません。

確かに、射手座の魂は明るく前向きで、冒険精神に満ちています。世界中を旅する行動力を持つ人もたくさんいることは確かです。

限界を知ったうえでの希望

しかし、射手座のモデルといわれるケイローンが、自分自身が傷を負い、そして自ら死を選び取った神であることを忘れてはなりません。一説には、ケイローンの支配星座は射手座だとされています。この星は、内なる傷と癒しを表すシンボル。何より自由を愛する射手座は、肉体や世界、社会といった何かしら制限を与えるこの世が、苦痛と傷を与えることを知っているのではないでしょうか。

ケイローンは、その股に傷を負ったといわれています。野山を自由に走り回るごとにうずく足の傷は、人間がどれほど求めても完全なる自由は得られない、ということを深く理解していることの表れではないでしょうか。しかし、それでも射手座は絶望しません。本当の意味での希望は、限界があると知った上で、それでも何かを望むことができる力です。射手座の希望とは、そういう希望です。

射手座の中には、すでに見てきたように深い二重性が秘められています。射手座の上半身は人（神）、下半身は動物です。これは、射手座が人間の存在の二重性を強く意識していることを暗示しています。人間の精神や霊は、肉体性や物質をはるかに超えているものです。その高みに向かっていく情熱が、宗教や哲学を生み出してきました。

プロセスを楽しむこと

しかし、そのような理想はこの世においては実現しづらいものです。古代ギリシア人は、そのギャップや葛藤、トラウマを「セーマ・ソーマ」という言葉で表現していました。これは「肉体は牢獄」という意味です。つまり人間の霊が肉体という牢獄に閉じ込められている、ということなのです。射手座に秘められた「傷」とは、このような実存的な不自由さのことを指すのではないでしょうか。

しかし、肉体はただの牢獄ではありません。肉体を有してこそ、自然の美しさを感じたり、五感を通しての楽しみを得ることができるのです。精神と肉体の葛藤を生き、超えるのが射手座の課題です。

射手座

あなたの

愛

何にも束縛されない愛

浮気者ゼウスの影響を受ける射手座

射手座の愛を考えるときには、その守護星である木星（ゼウス）と、その妻であるヘラの関係性を考えなければなりません。よく知られているように、ゼウスは神々の王ですが、その結婚生活は決して褒められたものではありませんでした。女神や人間の女性たち、ひいては美しいと見るや少年に至るまで、その愛の対象をどんどん広げていく浮気者の亭主だったのです。

一方、神々の妃であるヘラは、結婚制度そのものの女神でもあり、大変嫉妬深い女神でもありました。ヘラは、ゼウスの浮気にほとほと手を焼いていました。夫が浮気をするたびに激怒して、相手の女性や、ゼウスが相手の女性に生ませた子どもに、次々と神罰を下していったのでした。

何にも束縛されない愛

射手座は、ゼウスのように、自由に何にも束縛されない愛を望んでいます。恋へのあこがれは強いのですが、それが自分の生活を束縛するようになると、途端に次の恋へと向かうようになるのではないでしょうか。

決して「浮気」ということではないにしても、相手から毎日かかってくる電話や送られてくるメールなどに辟易して、逃げ出したくなったという経験があるのでは？

一方、射手座の愛は真の意味でのエロース。これは自分より高いものにあこがれるという意味です。尊敬できる男性や事柄に向けて、自分を高めていくことができたら、射手座にとってこんなに充実できることはないでしょう。

追えば逃げる、逃げれば追われる

射手座の性格は、恋のステージでよりはっきりと表れています。射手座は火の星座。情熱的でいったん好きになったら、まさしく恋に向かってまっしぐらにつき進んで行くタイプ。

相手の深い部分を理解するとか、あるいは相手を抱きしめるということよりも、自分の内側からのパッションがすべてに優先しているのでしょう。パッと目が合ったその瞬間に、あなたを惹きつける人がいたら、すぐに行動に移ってしまうような恋なのです。

しかし、それは、射手座の恋のある一面でしかありません。あなたの中には、何ものにも、どんな人にも縛られたくないという、強い強い自由への憧れと思いが眠っているのです。

「ここにはいない人」を追う恋

よく射手座は浮気っぽいという評判を聞きます。これは、半分は本当。射手座の人は男も女もおつき合いが始まって少しすると、本能的にほかの人に目が向いてしまうらしいのです。射手座は、恋の初期段階のスリルが減ってくると、新しい体験と刺激を求めるのです。

この一見軽薄な行動は、恋は新しい何かをもたらしてくれるはず、という恋愛に対しての期待感から起こるのでしょう。そして、古い恋や思い出に縛られるのは、今の自分を固定させてしまうことになるがゆえ、もっとも嫌うことなのだともいうことができるのです。

射手座の恋は、だからいつも「ここにはいない人」に向かって動いているといえるでしょう。いわゆる追っかけをやっている射手座が多いのは、手が届かない相手なら、永遠に追いかけるプロセスを楽しめるわけですから。

ただ射手座は、行動力が旺盛で、群れるのも嫌いすぎます。自分のほうが主導権を握らなくてはつまらないし、イマジネーションの中だけでのバーチャルな恋なんて考えられません。

そこで浮上してくるのが、年齢が離れていたり、外国人であるなど、あなたにとって心理的、文化的に遠い相手。こういう相手なら、いつまでたってもあなたにとっては安定というかたちはとりませんから。海外でのアバンチュールの可能性も高く、そのまま遠距離恋愛などということもあり得るでしょう。

♐ 射手座

あなたの**人生** 仕事

ここにはない「何か」を探し求める人

目標に急がず、過程を充実させる

射手座のあなたは、何かを求める魂を持っています。おおらかでのんびり、ゆったりしているように見えながら、本当は心の中で何か焦りを感じて、生きる意味を必死で求めているのではないでしょうか。

でも、逆説的なのですが、焦れば焦るほど、あるいは目的にとらわれればとらわれるほど、あなたが探しているものは見つからないかもしれません。あなたが求めるその「何か」は、目標ではなく、きっとプロセスなのですから、矢は的に刺さってしまったら、動きを失い、その役割を終えてしまいます。矢が矢として生き生きと輝くのは、空を切って飛ぶときの姿なのではないでしょうか。

だから目標に「早く」届くことを目的にせず、自分を磨いていく、その過程そのものを充実させていくようにしてください。そうすると、射手座の心には大きな安定が戻ってくるでしょう。

射手座の仕事は刺激と自由がカギ

射手座の性格は、「旅人」としてイメージするとわかりやすいでしょう。旅行好きな人が多いことは述べましたが、もう少しシンボリックな意味でも、人生の旅人だということが、射手座には当てはまります。あなたは、自分の生き方の意味をどこかで探しているのではないでしょうか。

「自分の人生には意味があるはず」という思いにかられ、つねに新しい体験を求めていろいろチャレンジしているはずです。

具体的な仕事をあげてみましょう。一般に射手座に向いている仕事として、マスコミ、ジャーナリズム関係、教育、フリーランスの仕事一般、旅行関係、語学を生かした仕事、などなどです。

　こうした仕事は、程度の差はあれ、日々変化があり、お役所的仕事ではなく、自分の采配に任されている部分が大きく、何よりも知的な刺激を受けるということがあります。

どんな仕事でもあなたらしさは生かせる

　実際、あなたがそのような仕事に活躍の場が見出せていたら、かなりの確率で成功のきっかけをつかむことができるのではないでしょうか。少なくともあなたらしい生き方に向かって進んでいくことができるのではないでしょうか。

　とはいえ、こうした仕事でなくても、どんな仕事のなかでも、射手座らしさを生かせる状況やきっかけはあるはずなのです。書類の整理ひとつにしても創意工夫をすることもできるでしょう。あなたらしさと環境との知恵くらべといったところでしょうか。

　そのような性格の強さ、自由の精神には裏の面もあります。一つのことにじっくり取り組むことができない三日坊主の面。そして、飽きっぽいと言われてしまう、あなたの性格の一面は、あなたの内側に内在している「旅人」に象徴されているのです。

旅の中でこそ充実感がある

　新しい地平には、何か新しいものがあるかもしれない、まだ見つかっていない自分の別の才能があるかもしれない、その思いが無意識のうちにあなたを駆り立てていくのでしょう。

　ただ、射手座の場合、どんなことでも長続きすることが少ないということ。ある程度やってしまうと「これは違う」という結果になってしまうこと。よく考えると、人の世には、完全な理想なんてあるはずないのです。その辺りは牡牛座や乙女座の人が地道な生活のなかで、楽しみや生きがいを見つけて生きるのとは対照的だといえるでしょう。

　射手座にとって人生の意味や喜びは、何かに向かってゆくときのプロセスにあるのです。何かを獲得した時の喜びではありません。どこまでも続く旅の中でこそ、充実感を得られるのだ、ということを覚えておきましょう。

対人関係と愛のチャンス

あなたを取り巻く人々はどんな傾向を持つ人なのか、あらかじめ知っていればトラブルを避け、よい関係を築くことができます。

あなたと
星座別
相性

♐
射手座

射手座×相手が牡羊座

頼もしいパートナー候補

【基本相性】 冒険精神に満ち前向きのあなたと、情熱的で外交的な牡羊座、どちらも行動力抜群で、共通するところがたくさんあります。一緒にいるとどんどんエネルギーに満ちてきて、どんなことにも熱中してしまいます。頼もしいパートナーぶりを発揮することでしょう。二人とも現実的な問題に弱いので、しっかり足元をみて進んでいく感覚を持ちましょう。

【恋愛と仕事】 恋においては、出会ってすぐに意気投合し、一気に盛り上がることもあるでしょう。二人とも負けず嫌いで自己主張がはっきりしているので大ゲンカに発展する可能性が。相手を立ててあげる賢さを持って。仕事においても相手との会話はまめに。連絡や報告だけでなく、何気ない雑談も。

射手座×相手が牡牛座

夢追い人とじっくり派

【基本相性】 未知なる可能性を追求する射手座と、マイペースで用心深い牡牛座は、全く異なるシナリオに基づいて行動します。射手座は、その違いを楽しんで受け入れますが、牡牛座は警戒して様子を見ようとするかも。埋められない溝が存在する二人。牡牛座と関係性を深めたいなら、あなたが牡牛座を決して裏切ったりしないという確信を与えることが大切。

【恋愛と仕事】 恋愛では、牡牛座の前では、ほかの異性と親しげに話さない、などの気遣いを見せることが大事です。そうして信頼感を高めて、距離を縮めてください。仕事の場合は、いい加減なことは言わない、言ったことは簡単に変えない、といったことを徹底する必要がありそうです。

射手座×相手が双子座

誠実な姿勢をアピール

【基本相性】 ノリがよく、スピーディーで行動力があるところなど共通点が多い二人。似たにおいを感じて接近していくのは自然のなりゆきでしょう。興味の持ち方など微妙な部分に違いがあります。その違いが刺激となり、さらに相手を惹きつけることに。さらに二人の距離は縮み、ベストフレンド、ベストパートナー候補に。

【恋愛と仕事】 恋愛では、二人きりで話す機会をたくさん設けて。愚痴や世間話は避けて、映画やテレビドラマの感想を語り合ってみるのがおすすめです。仕事においては、動き回るあなたの背中を双子座がじっと見ていることが多そうです。何か話したそうな素振りを見せているなら声をかけてあげて。職場外で会う機会を設ければ、より仲が深まります。

射手座×相手が蟹座

視界の真ん中に入って

【基本相性】 大ざっぱで行動的な射手座と、情緒的で繊細な蟹座。相性的には「水と油」といえるでしょう。しかし蟹座は自分の好きなもの、嫌いなものをじっくり吟味する傾向があり、もしもあなたが蟹座に「大事な人」と思われているなら、必ずサインを出してくるはず。それを見逃したり、茶化したりせずにしっかり受け止めてください。

【恋愛と仕事】 性格的にはあまり共通点がありませんが、恋となると意外とうまくいく相性です。面倒見がよく、まめな蟹座は、自分に正直な射手座をとても愛しいと思い、あなたも面倒を見てもらうのがうれしいと感じます。仕事では、スローになっている蟹座を急かさないこと。頼み事をするなら、ストレートな言葉を心がけること。

射手座×相手が獅子座

水をささないように応援を

【基本相性】 射手座も獅子座も大胆で行動的。互いに一緒にいて、心強い頼もしいパートナーと思っているでしょう。獅子座は好調でさらにパワフルになっています。あなたは獅子座を応援する立場に回ることがよい関係を維持するコツ。獅子座の進み行く先を、間違っても阻んだり、じゃましたりないように心がけて。

【恋愛と仕事】 獅子座に恋をしているなら「一緒にいると元気になれる人」という印象をアピールするのが効果的。獅子座の前で不安や否定的なことを口にすると、心が冷えてしまいます。獅子座自身が感じている好調さに水を差さないように注意しましょう。仕事では愚痴や陰口は厳禁と心得て、意欲や向上心を見せれば、高く評価されるでしょう。

射手座×相手が乙女座

長いスパンで互いの長所を理解

【基本相性】 一度も通ったことがない道を進んで行くことに喜びを感じる射手座、未来を見通しできれば安全な道を選びたいと感じる乙女座。射手座からすれば「正確で信頼できる」と感心する一方「無難で面白くない」と思う相手かも。でも自分にはない魅力を相手に感じることができるはずです。長いスパンで互いの長所を理解していきましょう。

【恋愛と仕事】 足並みがそろわないものの、かえってそれが二人を結びつけることに。互いに相手のすることが理解不能なだけに目を離せません。最初はかなりちぐはぐなコンビを発揮しながら安心感を覚えてきたら呼吸も合います。ゆっくり関係を深めていく努力を。仕事では乙女座があなたの夢を形にするための有望なアドバイザーになってくれます。

射手座×相手が天秤座

会話のラリーを続ける

【基本相性】 何事にも情熱的にぶつかってこうとする射手座と、静かに分析することを好む天秤座。行動パターンの違いがあるものの、互いに興味のあるものにまっすぐ視線を注ぐ姿勢に共感し合える関係です。自分と共鳴する人との絆を大切にするため、しっかり会話が成立し、打てば響くようなリアクションを求めています。

【恋愛と仕事】 天秤座に恋しているなら、とにかくよく話しかけることです。趣味でも将来の夢でも、対等に会話できるように、事前にリサーチしてください。会話のラリーが続くようになれば、自然と絆が深まります。仕事場では、シビアな言い方は傷つきます。そのことを心得ていると、あなたがつらい時、天秤座に救われる出来事がありそうです。

射手座×相手が蠍座

自分をアピールしたい相手

【基本相性】 そっけない態度の中に、熱い心を秘めているのが蠍座。本来、自分にとって大事な人さえいればよい、というタイプで、誰とでも仲良くなりたいとは思いません。とはいえ、もっとたくさんの人と知り合い、自分の存在をアピールしたい気持ちが高まっていて、射手座のあなたは外の世界に出て行きたい気持ちが強いため、歩調が合いそうです。

【恋愛と仕事】 蠍座に恋しているなら、甘いロマンチックな言動は好まれない傾向があります。全身全霊でぶつかった時のみ蠍座の心の扉を開くことができます。仕事では、二人の連携プレーが期待できそう。あなたが情報を集め、蟹座が形にするというパターンがよい結果を出せそうです。そうした作業を通じて蠍座の魅力を見る機会があるでしょう。

射手座×相手が射手座

世界を広げ学び合う相手

【基本相性】 自分を向上させたい、もっと新しい世界を自分の目で見たいという気持ちが強い射手座同士。誰よりも理解できることでしょう。目標が同じ二人なら、急接近しますが、別の方向を見ている場合、相手が視界に入らなくなっていく可能性があります。

【恋愛と仕事】 射手座に恋しているなら、別々に仕事や夢に勢力を傾けているうちに、隙間風が吹いたり、自然消滅してしまう可能性が。一つでも同じ趣味や関心事を共有することと、たとえ短い時間でも会う頻度を増やすことが大切です。仕事では、習得した知識やスキルに飛躍のチャンスがめぐってきます。同じ目標を持つチームなら、射手座同士のあうんの呼吸で。

射手座×相手が山羊座

盛り上がるより そっとしておいて

【基本相性】 本来、何でも自由にやりたい射手座のあなたにとって、規律を重んじる山羊座の存在は目の上のたんこぶのような存在かもしれません。そばにいるだけで自分の非を指摘されるようで、苦手意識を抱きがちな相手です。その反面、射手座のはやる気持ちを山羊座が鎮め、しっかり抑えて形にしてくれるところがあります。あなたの名ストッパー役です。

【恋愛と仕事】 山羊座に恋をしている場合、山羊座の束縛を息苦しく感じて別れを切り出したくなるかも。長期的に見れば、悪い相性ではないので、少し距離を置いてみるのが正解。仕事においては、集中力がある山羊座は、要領が少々悪くても、クオリティの高い仕事をします。あなたのピンチを救ってくれることも。

射手座×相手が水瓶座

好奇心を刺激する話題を

【基本相性】 射手座と水瓶座は、束縛を嫌う自由なスタンスが共通しています。そのため互いに絶妙な距離感でつき合え、ストレスも少ないでしょう。ただ水瓶座が「人」に関心を持ち、人づき合いに興味を持ち始めると、あれこれ話しかけてきますので、関係を深めるチャンスになるでしょう。

【恋愛と仕事】 とくに恋愛においては、他人に無関心な水瓶座の心にあなたの存在を刻みつけるチャンスと捉えて、しっかりアピールしてください。自分の内面を磨き、提供する話題を明確にしておくこと。雑学知識、新情報は水瓶座の好物です。仕事ではノリのいい会話が飛び交う楽しい関係。職場外でも会うような仲になるかもしれません。

射手座×相手が魚座

放置すると離れることも

【基本相性】 見た目や雰囲気は全く違うのに、じつは同じ芯を持つ二人です。それは何にも縛られない自由さと目に見えないものを重んじる気持ち。ただ、魚座がやや依存的な態度を見せると、射手座のあなたはさっと身を引きたくなることもあるでしょう。

【恋愛と仕事】 魚座の恋人は、何を考えているか分かりづらいことも。一緒にいても上の空、ロマンチックさも減ります。コミュニケーションを密にして、つねに気持ちを探りましょう。放置しておくといつの間にか距離を置かれることも。仕事においては、魚座が頼りになります。あなたのミスに真っ先に気づいたり、チャンスをもたらしてくれるラッキーパーソンに。

射手座ワールド

♐ 射手座

【射手座のアイテム】

色：スカイブルー
数字：3
金属：錫《すず》
人体：支配区域は股
国：スペイン、オーストラリア
動物：馬、オットセイ、テン
食べ物：オリーブ、ブドウ、ブドウ酒（とくにヴィンテージもの）
宝石：木星パワーを引き寄せるサファイア
方位：北西北
キーアイテム：パスポート
趣味：哲学研究、天文学、旅行
ハーブ：アニス、クローブ

SAGITTARIUS

【特徴】

長所　向上心が旺盛、楽天的、開放的

注意点　気まぐれ、無責任、人の話を聞かない、傍若無人

【マークの意味】

♐

射手座のシンボルは半人半馬の怪人で、マークは飛ぶ矢を示しています。

【射手座に贈る言葉】

「私のメイン・テーマは冒険だった」
アーサー・C・クラーク　1917・12・16　SF作家

「どのような教育を受けても、創造的な知性はなくならない」
アンナ・フロイド　1895・12・3　精神分析学者

【射手座の男・射手座の女】

♂ 女を成長させる力を持つ男

矢のように勢いよく飛んで行って、もどってこない鉄砲玉。これは恋人としてはかなり心配なタイプだが、飛んで行ってしまうことは必ずしも悪いことではなく、もどってきた時に何かしらの手土産が期待できる。それによって周囲も成長できるでしょう。(ノストラダムス　1503･12･14／ベートーベン　1770・12・16／稲垣吾郎　1973・12・8)

♀ 貪欲でいきいき輝く人

“今ここ”を一生懸命生きるのではなく、もっと先にある輝かしい未来を目指している人。冒険心に満ちていて、少しでも新しいもの、おもしろいものを探すことに貪欲。また、世の中のすべてを知りつくしたいという気持ちが強いため、細かいことにこだわらない。(モンゴメリー　1874・11・30／観月ありさ　1976・12・5／辺見えみり　1976・12・16)

【幸せをよぶキーワード】

「もう一度確認する」

仕事が一段落した時や、仕上げの作業に入る前に、確認する習慣を身につけましょう。見落としていた問題に気づいたり、さらにいい結果を導くヒントが得られたりします。次のことに取りかかる前に、前のことをしっかり処理しておけば、過去の経験を上手に未来へとつなげていくことができるのです。また、使い終わった道具はしっかり片づけ、デスクや部屋をきれいに保つようにして。

「チャンスを逃さない」

初対面の人でも、この人との関わりは今後重要になりそうだ、という勘が働いたら、連絡先を交換するなど後から連絡を取り合えるようにしましょう。一期一会のチャンスを見逃さないで。また、一見するとマイナスの出来事も、チャンスに変えていきましょう。仕事でミスをしてしまったら、潔く認め、挽回できれば評価につながります。見て見ぬふりや、開き直りはいけません。

♑

山羊座

12/22～1/19
生まれ

I endure　私は耐える

内にある強い衝動を抑え込み、しっかり生きることを志す

山羊座の太陽は「耐える」という形で表れます。

山羊は、岩山をコツコツ、地道に足元ばかりを見て歩く動物。山羊座の持つ努力家・堅実というイメージはここからきています。しかし神話によるとこの山羊は、山羊と人間の合体獣の姿で表される、牧神パーンでした。自然の荒々しい力を象徴し、エネルギッシュに飛び回って秩序を壊していく、破壊的なエネルギーを秘めています。

ふだんはしっかりと現実を生きようとしているあなたにも、そんな側面が隠れています。内側に渦巻くエネルギーと、それを何とか抑えてしっかり生きてゆこうとするせめぎ合いこそが、山羊座の内に秘められた本質。まじめさと堅実さ、ダイナミックなエネルギーに行動力。山羊座のあなたの中にはそれらすべてが含まれています。

【山羊座の基礎知識】

区分	二区分　女性星座 三区分　活動宮 四区分　地
守護星	土星
守護神	ヘスティア
かぎ言葉	I endure（私は耐える）

神話物語

変身し損なった牧神パーン

昔、神々がナイル川のほとりで宴を催していたときのことです。そこに、首が百もある恐ろしい姿をしたテュポンという怪物が現れたのです。神々は思い思いの姿に変身し、川に次々と身を投げ、化け物から逃れようとしました。宴に参加していた牧神であったパーンも、川に飛び込んで魚になろう

としたのですが、あまりに慌てていたので、上半身は山羊で下半身は魚という不思議な格好になってしまったのでした。大神ゼウスはその姿を天に上げ、山羊座としました。これが山羊座の起源にまつわる神話です。

占星術上の山羊座は、天文学上のやぎ座にちなんで名づけられています。星座の中でも古い起源を持つ星座で、紀元前６世紀から７世紀の頃のカルデアの人々が、秋の夜空に浮かぶこの星座に山羊の名前を与えた、といわれています。星座図をご覧になった方は、この星座の姿が実に奇妙なかたちをしていることに気づかれたのではないでしょうか。この奇妙な姿の背景には、こんな物語があったのです。

♑ 山羊座

あなたの性格

堅実で努力家の一面と、冷徹な現実感覚を持つ

現実を生きる裏に潜む牧神パーン

堅実で努力家、コツコツと努力を重ねるのが、山羊座の本領……星占いの本には、そんな記述がよくあります。それを読むたびにあなたは、「なんだか当たっていないなぁ」と感じることが多かったのではないでしょうか。

それもそのはず。山羊座本来の神話に立ち返れば、山羊座の堅実さは、この星座の一面しか見ていないことがわかるでしょう。山羊座の上半身は山羊です。それは岩山をコツコツ、地道に下ばかりを見て登る動物。山羊座の持つ努力家のイメージは、そこから来ているのでしょう。

しかしその半面、この山羊は、牧神パーンでした。パーンは、山羊と人間の合体獣のような姿で表される、荒々しい野性のそのものの象徴です。エネルギッシュに飛び回り、既成の秩序を壊していくような、破壊的なエネルギーまでも秘めています。「パニック」という言葉がありますが、これも山羊座の前身であるパーンを語源とする単語です。

内なるエネルギーをどう使うか

つまり内側には抑えきれない力があるのです。内側に渦巻くエネルギーと、それを何とか抑えて、しっかり生きていこうとする秩序の緊密なせめぎ合いこそが、山羊座の内側に秘められた本質だといえるでしょう。

まじめさと堅実さ、ダイナミックなエネルギーに行動力。山羊座には、それらすべてが含まれているといっても過言ではありません。

また、山羊座には、秘められた側面があります。それは、山羊座のシンボルの下半分にまつわる秘

密。山羊の星図の下半分は、魚ないし蛇になっています。これは、とても無意識的で、しかも生命や本能と直結した、むき出しのエネルギーなのです。

あなたの中にある大きなエネルギーをどう使っていくか、長期的な視点に立ち、自分の血の大きな力の使い方をじっくりと考えていくようにしてください。

冷徹なほどの現実感覚をもつ

ふだんはしっかりと現実を生きようとしているあなたですが、内面には、牧神パーンを呼び覚まさせるような荒々しい側面が隠されています。

それは心理学用語でいえば、まさに「シャドウ」と呼ばれるような側面で、間違ったかたちで現れれば悪魔的な力ともなるもの。タロット・カードでは、悪魔は山羊の姿で表されますが、それは偶然ではないでしょう。

山羊座は、ときに冷徹なほどの現実感覚をみせます。目的のためには手段を選ばず、一番合理的な手段を取ったつもりが、後から振り返ると自分でも驚くほど残酷なことをした、と思うようなこともあるのではないでしょうか。

「無駄」と思えることが大事

そのような冷酷な面は、実はあなたが自分のしたいことや感情を抑圧しているときに起こりがち。

頑張りすぎてしまったり、自分の弱い面になかなか目が向けられないあなたですが、ときには自分の中の原始的な生命力を解放することも必要です。

あなたの中の野性の力、原始的な力は悪いものではないのです。あなたはそれを恐れているかもしれませんが、実際にはそれは人生を生き生きと楽しむ力であるはずです。

無理に自然なあなたを押し込むことなく、自由になってみることも、大事なことなのです。

また、あなたが自分にも他人にも課しがちな、「〜すべし」という足かせを解き放ち、自由奔放に生きてみることも必要かもしれません。

人生には無駄と思えることでも大事なことがあります。

♑ 山羊座

あなたの

愛

凛として自分の存在を譲らず

かまどの火を司る女神

　山羊座の守護神はヘスティアであると、ローマの占星詩人マニリウスは歌っています。ヘスティアはあまりなじみのない名前かもしれませんが、ギリシアではとても重要な女神で、家の中心で明々と燃えるかまどの火を司っている存在でした。

　かまどの火がなぜ重要なの？と疑問に思うかもしれませんが、その火は家や神殿の中心にあって、人を温め、神聖な空間を作り出すとても大事なものだったのです。ヘスティアは、処女の女神だったとされていますが、処女とは、ほかの誰にも依存せず、自立して生きる女性の原理だと考えられています。

　そのイメージは、山羊座の女性をうまく表しているように思えます。でしゃばることはなくとも凛として自分の存在を譲らず、影にいながら男性をしっかりと手のひらで転がしている、といったイメージ。

自分の夢を相手に託す

　ただ、山羊座は社会的な地位への意識が強いので、自分の夢が実現できないときには、パートナーを通じて自分の自己実現を図ろうとする傾向も出てきます。内助の功、ということもあるでしょうし、ときには年下の男の子を育てあげる喜び、というかたちになって表れることも。

　いずれにしても、自分の中心に明々と燃えるその火を、いかに相手に移して二つの炎とするか。その方法を考えることが、まず何よりも必要です。

用心深い遅咲きの花

　観察していると、どうも山羊座の恋愛は二つのケースにわかれるようです。

一つは、いわゆる「オクテ」「まじめ」型。自分の中の恋愛への衝動を抑え込もうとする臆病なタイプです。それはただ傷つくのが怖い、というだけではすまない、奥の深いテーマが隠されているように思うのです。

ある女性が言っていました。「ここで人を好きになってしまったら、後戻りできなくなるようで怖い」。そうなのです。山羊座は自分をきちんとコントロールしておこうというところがあって、いったん自分のなかの激しいマグマを解放してしまったら、自分を取り戻すことができないのではないか、と恐れているように思えます。

年上とのパートナーに縁が深い

若いうちこそ、恋愛に不器用でも、だんだんと恋や人を愛することに上手になっていくのが山羊座の特徴です。年齢を重ねるとともに、社会的なステイタスやルックスばかりにこだわるということはないのだということがわかってきます。逆にそうしたものを毛嫌いして、子どもっぽい反抗心を抱くこともない、と自然体の恋ができるようになります。その意味では、恋を焦る必要はまったくありません。

山羊座の恋のもうひとつのスタイルは、「オクテ型」とは正反対です。プレイガール、ドンファン型ともいえるでしょう。しかし、じつは基本のところにある臆病さという点では同じことなのかもしれません。次々にパートナーを変えていれば一人の人と深く関わらずともすむのですから。これは防衛心の現われである可能性も。

また、山羊座は、年上のパートナーとの縁が深いと言われています。とくに女性はファザコンの傾向が強く、それは、相手のなかに自分を受け入れてくれるだけの余裕を求めているからなのです。

そして、山羊座の人が恋の場面でとくに言われがちな「あなたは私がいなくても大丈夫だと思う」という言葉は、あなたが相手に寄りかかるまいとするところから出てきてしまうセリフなのです。相手のなかに、じっくりと自分を解放していく、そんな関係を目指してみてください。

♑ 山羊座

あなたの人生 仕事

高度の社会性と規範の精神も同時に持つ

すぐに結果が出ないものに熱中する

たとえ、どんなに活動的で活気や行動力に満ちていたとしても、あなたの中の「社会ではこういうふうに生きなければならない」という意識がどこかでブレーキをかけています。

保守的なところもあり、古きよき時代へのノスタルジー、「昔はよかったなぁ」なんて若いうちから思ってしまうのではないでしょうか。若年寄り的な発言が多いのもそのせいかもしれません。

また、すぐに結果の出ないものに熱中するあなた。それは、現代的な軽い世の中ではあまり受け入れられないかも。伝統の重みより流行のほうが価値を持っているように見える時代ですから。そんな社会では、ついあなたが自分の道に迷うのも仕方がないこと。

でも、最後には本物の価値は必ず評価されるようになるのです。あなたが好きなもの、やりたいことを時間をかけて追求していってください。それは必ず、あなたの人生の中でかけがえのない財産になっていくはず。

何かを手放すと何かを得られる

あなたは、深く自分の内面を見つめることになり、これまであなたがとらわれていたもの、執着していたものから解放されるでしょう。ただし、それはかなりの痛みを伴う経験でもあります。自分の中の何かを手放さなければならないのですから。しかし、何かを手放したときに、また何かがやってくるというのが人生の妙味です。

さらに、それは精神的なことばかりではなく、経済的なこと、物質的なことを通してもやってくる可能性があります。収入の乱高下などがその現れ。そのことにより、あなたは自分にとって何が大切で、何を捨てるべきなのかを、身をもって体験していくのです。

肩書きやポストに弱い？

山羊座は仕事に関しては、十二星座のなかで一番適性があると言えます。「人間は社会的な動物である」と言ったのは、確かアリストテレスでしたが、このモットーは山羊座生まれの人の心の奥底に、誰からも教えられることのないうちに深く刻み込まれています。

山羊座の人は実に仕事熱心です。自分で会社を経営してしまうという頼もしい人も多いでしょう。山羊座は、自分が社会のなかでどんなふうに見られているのかということがとても大切なのです。これはむしろ山羊座の「影」の側面だとも言えるかもしれませんが、肩書きやらポストにとても弱いのは、山羊座のもつ社会性の一つの表れだともいえるでしょう。

組織に対する感性と経営能力

実際、山羊座は自分の「天職」の感覚をつかんだら、人の上に立つことも多いでしょう。

組織の構造に対して疎ければ、社会のなかでは上手に生き残っていくことはできませんし、グループを組織していくこともできません。山羊座には本能的にそんな組織のダイナミズムをかぎ分けられる力があり、自分の「立ち位置」をサッと見極めることができます。

不器用な山羊座もいるでしょうが、山羊座の場合には時間の問題です。やがては組織のなかで自分のルートやポジションを見つけ出し、あるいは作り出して「成功」への道を歩むようになるでしょう。最近ではベンチャービジネスの世界でも山羊座の人が目立つようになっています。社会や組織に対する鋭敏な感受性と経営の能力といった山羊座の才能は、この流動的な社会を生き抜くためにぜひ必要な力なのではないでしょうか。

しかしながら、山羊座が権力やら社会的成功をやみくもに求めている、という言い方は誤解を招きます。きちんと生きられたときには、山羊座のもつその社会性、実際性というのは実に美しいものになります。山羊座の持つ力は、一つ一つの石をしっかりと組み上げてゆく力です。

対人関係と愛のチャンス

あなたを取り巻く人々はどんな傾向を持つ人なのか、あらかじめ知っていればトラブルを避け、よい関係を築くことができます。

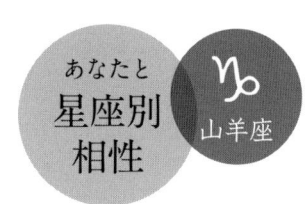

あなたと
星座別相性
♑
山羊座

山羊座×相手が牡羊座

「違い」を吸収して

【基本相性】 情熱的で一直線の牡羊座と冷静沈着のあなた、性格が正反対です。あなたからすれば相手の向こう見ずなところが信じられないし、相手にとってはまじめでつまらないと思うのです。その違いが、相性が悪いとはいえません。牡羊座の積極性や勇気を吸収できれば、自分の世界が広がっていくのです。相手の懐に飛び込んで。

【恋愛と仕事】 慎重すぎるあなたを、大胆で強引な牡羊座の相手が引っ張っていくでしょう。そんなところに惹かれますが、同時にひやひやさせられることも。細かいことで言いたいことがあっても、半分は心にしまって。仕事面では、緊張感なく打ち解けられます。牡羊座のひたむきさが出る働きぶりを見せてくれそう。チームワークがスムースになります。

山羊座×相手が牡牛座

全身で向き合い、逃げないこと

【基本相性】 山羊座と牡牛座は「地」の星座同士。どちらも自分の感情をストレートに伝えるのには抵抗があり、相手の気持ちを思いやって遠慮しがち。牡牛座は熱意を持って人と向き合い、相手の言葉を全身で受け止めようとします。そのまっすぐな気持ちはあなたにも伝わってくるはず。誠実な山羊座にとって心配はないですが、くれぐれも真剣な態度で臨むこと。

【恋愛と仕事】 愛情面では、恋愛面で活気づく運気がありそうです。牡牛座の心に鮮やかな印象を残しておけば、二人の恋は、なめらかに展開しそうです。アプローチは早めに。仕事では、牡牛座と意気投合するのは、初めのうち。その時、牡牛座のスキルをしっかり吸収し、自分の仕事は自分の力で仕上げるつもりで。

山羊座×相手が双子座

絆を求めて信頼を模索

【基本相性】 山羊座と双子座は、興味の対象や得意分野が違います。山羊座の強みが現状を維持する力なら、双子座の強みは広い情報力といえるでしょう。その違いを面白がるのが双子座で、無意識のうちに警戒するのが、山羊座です。双子座の心の奥底には、どんな時でも味方になってくれる魂の底からつながる相手を探そうとする意志があります。

【恋愛と仕事】 双子座と愛情を育みたいなら、心を開いて向き合い、信頼を伝えてください。不安感や警戒心を抱くと結ばれる縁も結ばれなくなってしまうでしょう。仕事面でも、双子座にあなたから歩み寄ってサポートに徹すると、相手を安心させることができ、仕事の原動力に。

山羊座×相手が蟹座

励まして応援する心構えで

【基本相性】 蟹座と山羊座には、確かなものや安心感、確実性を求める共通点があります。蟹座はより安定志向が強く、確かな土台を作るために、自分の中の眠る可能性を見つめ、伸ばし、必要と思うものを補う行動を起こすでしょう。自らを肯定し、未来を構築しようとする蟹座と一緒にいると、明るい気持ちになれるはず。

【恋愛と仕事】 恋愛面でも蟹座はそばにいて温かく応援してくれる人を求めています。ロマンチックなムードにはなりにくいかもしれませんが、蟹座の夢や計画を理解し、陰に日向にサポートすることが後々大きな意味を持ちます。仕事面でも、切実にヘルプ&サポートを求めそうです。シニカルなことを口にしてしまいがちですが、つねに励ましの言葉かけを。

山羊座×相手が獅子座

ライバル視より協力を

【基本相性】 現実を見つめる山羊座と、喜びを追い求める獅子座は、全く価値観が異なりますが、プライドが高いところがよく似ています。そして時々、そのプライドが邪魔をしてぶつかり合うのです。プライドは盾のようなもので、相手に警戒心や恐れを持っていれば、互いを隔てる壁のようなものですが、相手が味方なら必要ないものなのです。

【恋愛と仕事】 愛情面では、あなたを新鮮な気持ちで見つめ、異性として意識するでしょう。皮肉めいた言葉やすねるような態度は禁物。素直な気持ちで接すると、愛を安定することができるでしょう。仕事面でもライバル視するより協力を心がけて。獅子座がスキルアップを目指したら、あなたが持てる知識でサポートすれば、職場は居心地のいい場所に。

山羊座×相手が乙女座

相手の身になって考える

【基本相性】 山羊座も乙女座も徹底したリアリスト。どちらも地に足のついた考え方ができる者同士なので、安心してつき合っていけます。けれども中途半端に安心感があるため、つい気安さから繊細な乙女座が傷つくようなことを平気で言ってしまいそうな点が心配です。あなたは自分のペースでものを考えるのではなく、乙女座の身になって考えること。

【恋愛と仕事】 恋を発展させたいなら、乙女座に寄り添い、いたわってあげましょう。将来の希望を胸に抱き、着々と生活の基盤固めを始めたら、相手が求めるのは自分を励まし支えてくれる人なのです。仕事でもじっくり話を聞くことが重要。相手の悩みや不安に辛抱強くつき合えば、生まれ変わったように活躍するでしょう。

山羊座×相手が天秤座

人間関係はさながら うつし鏡のよう

【基本相性】 山羊座も天秤座も、感性や情緒よりも理性を重視する人。どちらも負けず嫌いな心を隠し持っているところが似ています。しかし二人の生き方やスタイルは大きく異なっていて、負けず嫌いが強く表に出ると、不協和音を奏で始めます。互いの違いを楽しみ、尊重できたら、最強のパートナーになる可能性を秘めている相性。

【恋愛と仕事】 愛情面では、意地をはると、天秤座はあなたへの愛情を育てられなくなります。期待を裏切られたと思えば恋心もあっさり冷めるので、気を抜かないように。仕事面では、競争しようとすると、天秤座はあなたを協力者と認めなくなりそう。怠ければあきれられ、頑張れば手助けされる、天秤座はあなたのうつし鏡のような存在になるかも。

山羊座×相手が蠍座

どちらも人間関係が発展

【基本相性】 蠍座は静かに深く考え、専門的な分野でそれを反映させる人。あなたは蠍座のひたむきさや専門性に感化され、相手はあなたの計画性や上昇志向の強さに刺激を受けます。蠍座は思考力を武器に表舞台に躍り出るような印象を受け、あなたは自分を取り巻く人との関係を深めていこうとします。二人の心境の変化は、互いを理解する助けとなりそうです。

【恋愛と仕事】 恋愛では、二人の理解の深さがそのまま愛情関係に直結するとは限りません。分かり合えることで満足せず、心の絆を築いていく努力をしていきましょう。仕事面では、お互いの存在がよい影響になって表れそう。あなたは学ぶことへのモチベーションを高め、蠍座は人脈を広げていこうとするので、成長株の二人に。

山羊座×相手が射手座

遠くを目指して飛ぶ相手

【基本相性】 思い立ったら我慢できず、すぐに実行したい射手座にとって、慎重に検討することを提案する山羊座はストッパーのような存在かもしれません。射手座は相変わらず忙しく活動し、現実よりもロマン、過去よりも未来というようにつねに大きな何かに向かって自分を駆り立てています。

【恋愛と仕事】 大胆な行動を起こす射手座にハラハラさせられながらも、それが強烈な魅力となって、惹かれています。危なっかしい相手をあなたが支える、というスタンスでいけば、バランスのとれたいい関係に。仕事関係では、射手座が新しい企画や大きな仕事を任された時、あなたの助言が射手座を生かし、射手座の経験があなたの道しるべになります。

山羊座×相手が山羊座

慎重になりすぎないで

【基本相性】 用心深い山羊座に欠けているのは、未来を信じて見切り発車をするくらいの瞬発力。チャンスと知りながら、問題があるかも、と踏み止まってしまうため、出遅れてしまうのでしょう。山羊座同士はいつまでも動き出せず、いつの間にか現状を変えないことが目的になっている場合も。

【恋愛と仕事】 恋愛でも慎重になりすぎると、恋のチャンスが逃げてしまいます。どちらかが勇気を出して相手の懐に飛び込んでいけば、抱きとめてくれる可能性が生まれるでしょう。仕事仲間として、強い関心を持ってつき合うことができます。お互いの慎重さや手堅さが仕事を進めていく上で、頼もしい強み。学ぶこと、よい刺激を与え合う仲間として認めるはず。

山羊座×相手が水瓶座

衝突を避け歩み寄りを

【基本相性】 古く馴染んだものを大事にする山羊座と目新しくユニークなものに惹かれる水瓶座は、本来、相容れない相性。でもお互いにこだわりを持つ点では一緒です。水瓶座はいろいろな人と語り合い、自分を大切に思ってくれる人と親密な関係を築こうとします。

【恋愛と仕事】 はじめは友だちとして、しだいに恋人としてつき合っていけるでしょう。しかし保守的なあなたと、革新的な水瓶座にはつねに小さな緊張感が生まれ、ぶつかりやすいので、やっかいなことにならないよう注意して。仕事の相手であればなおさら、相手が方針をすぐに変えたり、説明を省いたりした場合、柔軟な態度で接してください。

山羊座×相手が魚座

干渉を控えて見守ること

【基本相性】 魚座はやさしく受動的な星座。山羊座は人の面倒を見るのが好きな能動的な星座です。あなたは繊細で傷つきやすい魚座を気遣い、行き詰まっている時は、積極的に助言をするでしょう。魚座もありがたく受け取ってくれるはず。ただし、自分がコントロールされそうと感じると、敏感な魚座は、察知して警戒を強めます。

【恋愛と仕事】 愛やロマンを求める魚座と、超現実主義のあなた。一見ぶつかり合いそうですが、恋人としていい相性です。性格の違いが互いを助け合う組み合わせ。人生のパートナーとしてはロマンチストすぎる相手に頼りなさを感じて、責めてしまうかもしれません。仕事面では、大らかに見守ってくれる魚座とは親密な関係を築いていこうとします。

山羊座ワールド

♑
山羊座

【特徴】

長所 堅実、根気強く努力する、注意深い、冷静沈着

注意点 打算的、他人に厳しい、苦労性、融通がきかない

【マークの意味】

♑

山羊の角を表す左の部位と、魚の部位を表す右の部位の結合。大地と水の結合を表します。

【山羊座のアイテム】

色：ダークグリーン、茶、黒
数字：４、９
金属：鉛
人体：支配区域はひざ、骨格
国：インド、メキシコ、アフガニスタン
動物：山羊
食べ物：ウイスキー、パスタ
花：松、パンジー、アザミ
宝石：ターコイズ
方位：北
キーアイテム：アンティーク、履歴書、歴史あるものや自分の歴史を見せられるもの
趣味：考古学の研究、陸上競技
ハーブ：ヘンベーン

【山羊座に贈る言葉】

「君の中にはたくさんの戦士がいる。大事なのはそれを誇りに思えるかどうかだ」
ロバート・ブライ　1926・12・23　作家

「人間は悲しい生き物だけれど、自分を反省して向上していくことができる」
エドワード・M・フォースター　1879・1・1　作家

CAPRICORN

【山羊座の男・山羊座の女】

♂ 時とともに磨かれるいぶし銀の男

理屈屋で不器用……とイメージは地味。それが何だかおもしろみに欠ける気がして、本気でのめりこめない人もいるはず。しかし、それこそが息の長い幸せを紡ぎ出すエッセンス。時間をかけて抽出される魅力は、恋人としてはかなりのお買い得品のはず？（ニュートン　1643・12・25／坂本龍一　1952・1・17／堂本光一　1979・1・1）

♀ 野心と人情のキャリア女性

実際の山羊座は、地味どころか社会に対して活動的で積極的。ステップアップできるものを求めている野心家でもある。ただし信頼する人を見つけてその人を尊敬しようとする姿勢には、野心だけではない、本物を見つけ出そうとする本来の〝生真面目さ〟が伺える。（松任谷由美　1954・1・19／寺島しのぶ　1972・12・28／宇多田ヒカル　1983・1・19）

【幸せをよぶキーワード】

「聞き上手になる」

あなたより若くて経験が少ない人の言葉も、年上の熟練者の言葉も、同じ気持ちで聞くようにしましょう。こだわりすぎていると、人の言葉も心に届かないことも多いもの。相手の年齢や知名度などの先入観を捨てて、まっさらな気持ちで相手の言葉を聞き「でも」ではなく「そうだね」と肯定してから自分の意見を伝えて。ひとことの違いで、相手がどんどん心を開いてくれることを実感するはずです。

「相手に一歩踏み込む」

どんなに親しくなっても踏み込ませない、踏み込まない部分をキープするのが山羊座本来の魅力でもあるのですが、そこを、敢えて変えてみましょう。「この人は特別」と思った相手の懐に思い切って飛び込んでみたり、逆に相手が踏み込んでくることを歓迎したり。遠慮しすぎないようにすると、これまでに感じたことがない深いつながりと信頼感を持てるようになります。

水瓶座

1/20～2/18
生まれ

I solve　私は解く

物事を高みから見て他人は気づかぬ問題点を浮かび上がらせる

水瓶座の太陽は「解く」という行動を伴って、現れます。神話では美少年ガニュメデスが、水瓶座のモデルとされています。天に引き上げられた、孤高の美少年。これは水瓶座にとてもふさわしいイメージだといえるでしょう。

水瓶座は、極めて高度な客観性を持ち〝他人の視点が持てる〟といわれます。高みからものを見ることによって、全体のバランスの中で自分がどの位置にあるかを念頭におくのです。

あなたも多くの人の中で自分をどのようにポジショニングするか、そしてまた他の人の個性をどんなふうに生かしていくかを考えていることはないでしょうか。それは水瓶座の中に住む美少年があなたを導いているからにほかなりません。〝あなたと私〟ではなく〝みんなと私〟という目線。それが水瓶座のユニークさとなっているのです。

【水瓶座の基礎知識】

区分	守護星	守護神	かぎ言葉
二区分　男性星座 三区分　不動宮 四区分　風	天王星	ヘラ（ジュノー）	I solve（私は解く）

神話物語

ゼウスに見初められた美少年ガニュメデス

水瓶座の神話には、美少年ガニュメデスが登場します。大いなる神ゼウスに見初められ、天空に引き上げられてこの星座のモデルとなりました。美少年の噂を耳にしたゼウスは、少年に会ってみたいと思い、ある日、大ワシを使者として遣わしました。大ワシは、羊の番をしていたガニュメデス少年を

見つけ、ゼウスの元へ送り届けます。好色なゼウスは、彼を一目見て気に入り、神酒の酌をする役目を負わせたのでした。

空のみずがめ座は、秋の夜空にかかる星座です。暗い星が多く、見つけるのはなかなか大変ですが、ペガサス座の南、また、山羊座の北東のあたりを探すと、その姿が浮かび上がってきます。

水瓶座はとても古い星座で、バビロニア時代にもその星座の原型が見られるといいます。バビロニアでは、この星座のあたりに太陽が位置する頃、毎年の雨季がやってくることになっていたので、水に関連するこの星座がイメージされたのでしょう。

水瓶座

あなたの
性格

天空に引き上げられた孤高の美少年の目を持つ

鳥のような視点を持っている

　大ワシにより天に引き上げられた孤高の美少年。これは、水瓶座にとてもふさわしいイメージだといえるのではないでしょうか。

　水瓶座は、風の星座の最後を務める星座としてきわめて高度な客観性を持っています。いわば、「鳥のような視点が持てる」ということです。それは、天秤座のように自分にとって重要な誰かから見てどうか、ということではありません。高み（鳥の視点）からものを見ることによって、全体のバランスの中で自分がどの位置にあるか、ということを念頭に置くのです。

　水瓶座は個性的だとよくいわれますが、実はその背後には、とても強い「常識」や「平均」の意識があります。並みいる人の中から自分をどのようにポジショニングするか。そして、ほかの人の個性をどんなふうに生かしていくか。自分をいつも冷静に見ている、内なる天空の美少年がきっとあなたを導いているのでしょう。

他人の自由も尊重する水瓶座

　また、同様にグループや仲間意識といった観念も、あなたの中ではとても大きなものを占めています。「私とあなた」ではなく、「私とみんな」という視点こそ、水瓶座の性格をユニークなものとしているのです。水瓶座のそんな性格は、高い理想を表しています。どんなことをやっても、どんなに自分が成し遂げても、それは天空の理想であって現実の中ではなかなか実現することはできません。だからこそ、この世には完全に委ねずに、どこか引いて見ているのが、水瓶座の隠された側面だといえます。

　そんな水瓶座がこの世界とかかわろうとするとどうなるか。その物語がプロメテウスの神話によく表れています。最近の占星術では、水瓶座の守護星・天王星は天空神ウラノスではなく、プロメテウスという名前を与えたほうがぴったりなのではないかといわれているのも偶然ではないでしょう（哲学者・占星学者リック・タルナスの説）。

新しい行動に伴う罪の意識？

プロメテウスはもともと巨人族の一人でしたが、人類のために、それまで人間が手を触れることはタブーであった火を盗んできます。人類はその火によって文明を築くことができましたが、それを怒ったゼウスは、プロメテウスに、永遠の罰を与えたのです。

これは、新しいことや個性的なことをするときに、水瓶座が内側で感じるひそかな罪の意識や裏切りの感覚にも通じるような気がしてなりません。

水瓶座の黄金の少年は、中世の神学の伝説を思い起こさせます。あるとき、エックハルトという神学者のもとに、全身が黄金に輝く美しい少年が訪ねて来ました。神学者はいくつかの問答をしたあと、少年に上着をあげようとすると、少年はこういって申し出を拒否したそうです。「そんなことをしたら王様じゃなくなってしまうもの」

秘められた本当の自分

少年は、この世にまみれていないからこそ王だと自分を感じていたのです。この心理はユング心理学の「プエル（永遠の少年）」に深く結びついています。この世界は本当の自分の世界ではなく、自分が本来やるべきことは別にあるのだ、と強く感じさせる力のことだともいえます。日々の仕事が嫌になったとき、少年は「だからこの仕事なんていうつまらない上着を着ることはなかったのに」というはず。そしてそれを脱いじゃえと勧めます。ありていにいえばそれはただのわがままだし、逆にいえば高慢な理想主義となります。

あなたの中にいるこの少年と、どんなふうにつき合っていくべきなのでしょうか。

すぐに結論は出せるはずもありませんが、水瓶座の強い個性の下には、こんなにも深い葛藤が存在しているのだ、ということをしっかりと覚えておいてほしいと思います。

♒ 水瓶座

あなたの愛

精神的な結びつきを求める水瓶座の恋

対抗星座に獅子座がある意味

水瓶座の愛のかたちには、意外な側面があります。それは、水瓶座の守護神であるヘラ（ジュノー）によって表されているといえます。占星詩人マニリウスは、水瓶座を嫉妬深い女神ヘラに当てていますが、これは、水瓶座が王者の星座である獅子座の対抗星座（水瓶座から数えて7番目）であることから来ているのでしょう。王者たる獅子座の守護神は当然神々の王ゼウス、そしてその反対の位置を示すのはゼウスの妻ヘラというわけです。

しかし、それにしても束縛を嫌うとされる水瓶座の守護神が、嫉妬深いヘラというのは納得できないかもしれませんね。でも、ヘラは元来、結婚の女神でした。ゼウスは結婚という、堅い絆に巻き込まれるのを嫌ったために、ヘラの怒りを買っていたのです。

対等な関係性を結ぶこと

本当は対等な関係性を結ぶこと。そしてそのためには、相手とも違う意見を言い合う関係になることがあなたの愛の理想。だから、本当は少しくらい個性がぶつかり合っているくらいのほうが、あなたにとっては幸せなのかもしれません。

ただ、あなたの中の水瓶座の少年は、ゼウスの側についています。気持ち次第であちらこちらへフラフラ。しっかりと相手とかかわりたいという愛着の心理と、そして何者からも自由でいたいという矛盾、錯綜した心理こそが、あなたの愛の中にある本来の構造なのではないでしょうか。

心のつながりが一番大事

水瓶座は、そもそもユニセックス

なものと関係がある星座です。水瓶座のあなたがパートナーに選ぶ相手は、周囲から見ると一風変わったように見える人が多いかもしれません。外面的な条件などたいしたことではないのです。恋はあくまでも自分の価値観や心のつながりが一番大切なものとなっています。そのかたちも、友情に近いものであるかもしれません。

　しかし同時に水瓶座は、理性と思考を重んじる「風」の星座であることが、恋の上では大きなネックになってくることがあります。どんな人間にも裏の面があり、無意識の側面があります。「風」のグループの星座は、「思考」機能は発達しているのですが、心の働きである「感情」の機能がどうしても無意識のなかに抑圧されたままになっていることが多い、と心理占星術では教えているのです。そこで、ある種の人に対しては、水瓶座は冷たいというよりも、鈍感だというふうに見えてきます。

　水瓶座の人は言います。「思っていることをちゃんと伝えてくれないとわからないよ」

　けれど、自分の心から湧き上がってくる感情を言葉で上手に伝えるということはなかなか簡単ではありません。

水瓶座が抱える恋のパラドックス

　水瓶座は高い理想を持っています。カップルは、お互いに相手のことを尊敬しあい、わかり合って、正しい関係を築いていくべきである、というふうに思っています。正しいことなのですが、それでもうまくいかないことがあるのも、男女の関係ではないでしょうか。

　また、水瓶座の恋はさまざまな矛盾をはらんでいます。現代占星術での水瓶座の守護星は「天王星」です。天王星のキーワードは、「変化」であり「改革」。現状に甘んじてよしとするのではなく、新しい状況を今の状態に吹き込んでいこうとする働きを持っている星です。

　天王星は、内なる革命家なのです。したがって水瓶座は自由を愛し、既存のパターンのなかに自分を押し込めていくことを嫌います。

　また、一人の人とじっくりと関わっていきたいという願望と、そこから逃れたいという気持ち、が同居しています。この二つの衝動をどんなふうにうまく統合させていけばよいかが課題でしょう。

水瓶座

あなたの
人生
仕事

新しい時代をつくる創造とひらめきの人

自分の中の感情に最後まで気づかない？

水瓶座は、「集合の星座」または「グループの星座」といわれています。けれど、同時にとても強く自分自身を維持する星座（不動宮の星座）でもあります。ほかの人と同じようにしたいとか、肩を並べたい、という気持ちと、その中から一歩でも抜きん出たいという気持ちの葛藤があるはず。

二つの気持ちをどのようにあなたは受け止め、表していくのでしょうか。そのバランスが崩れると、徹底的に自分の考えにこだわろうとしてエキセントリックなパーソナリティーを作ってしまうか、逆に過剰適応したつまらない人格を作ってしまうかもしれません。

水瓶座の中に意外と思い込みの激しいタイプがいるのはそのため。あなたはどうですか？

新しいひらめきと将来への夢が訪れる

また、風の星座の常として、自分の中の感情に最後まで気がつかないなんてこともあるかも。いつも心のどこかで、「私の本心は？」とか、「今イライラしてる？」とか、やさしく聞き返してあげることが大切です。

新しいヒラメキや将来への夢が二十一世紀の水瓶座の人に訪れ、それがあなたの人生を前へと導いていく暗示があります。初めは突飛なことに思えても今は時代の変化のほうが早い時代。じっとしていないで新しい波に乗ってみるのもいいかもしれません。突然の出会いや別れなど劇的なこともあります。柔軟に対応して。

創造性や発想力を生かした仕事

水瓶座には、実に創造的な人が

多いのが特徴です。わずか三十五年の人生で数えきれないほどの曲を残した神童モーツァルトを思い起こすだけでも、水瓶座の創造性を理解するには十分でしょう。本来、水瓶座のなかにはインスピレーションの泉が備わっており、そこからどんどん才能がわいてくるはずなのです。

一般的な占星術の教科書を見ると、水瓶座は発明家、科学者、コンピューター関連、企画関係、広告代理店、自由業などが向いているとされています。

組織に縛られず、のびのびと自分の才能を発揮することのできる分野です。ときに応じて人と協力しあえばよいのであって、組織や人とべったりにならない仕事だともいえるでしょう。もちろん、水瓶座特有の発想力、判断力などを活かすことができる仕事でもあります。

ただ、そうはいってもすべての水瓶座の人がこうした仕事につけるわけではないでしょう。要はあなたが与えられた環境のなかでいかに水瓶座的なライフスタイルを維持できるか、ということにかかっているのです。

枠をこえた交流ができる

水瓶座は、そもそも、ただ金銭のためには働く意欲を持っていません。自分のアイデアをかたちにし、あるいは自分の理想を現実したいと考えるために働くのであって、食べるためだけには、すぐにその仕事に魅力を感じなくなってしまいます。

そこで、小さくてもいいですから、あくまでもあなたのやり方が通用するような場所を作ること。保守的な上司がいたりするときにはなかなか難しいでしょうが、時間をかけておつき合いを深めていくことで、理解を深めてください。

また、数は少なくとも、あなたのことを理解してくれる人を見つけ出すことが決定的に重要になります。水瓶座の人は、そもそも狭いところにはこだわらない理念の持ち主なので、そこで異業種交流会やら合コンやらに便乗して、さまざまな人と出会い、そのなかでアイデア交換をしたり、意見を出し合ったりしてゆくうちに、あなたを支持していく人が増えてくるはずです。

対人関係と愛のチャンス

あなたを取り巻く人々はどんな傾向を持つ人なのか、あらかじめ知っていればトラブルを避け、よい関係を築くことができます。

あなたと 星座別 相性

♒ 水瓶座

水瓶座×相手が牡羊座

喜びをもたらす天使

【基本相性】 クールな水瓶座とパワフルな牡羊座には共通する部分も。どちらも好奇心旺盛でチャレンジ精神があります。牡羊座が次々と楽しいことを引き寄せているように見えますが、じつは自ら楽しいことに向かって進んでいるのです。そしてそこから得た楽しさや幸福感を人に分けてくれます。あなたにも幸福をもたらしてくれるでしょう。

【恋愛と仕事】 情熱的な牡羊座との恋はあなたにとって刺激になりそう。互いに新しもの好きでノリも合うので、恋の進展も速いでしょう。ときにあなたが子どもっぽく思えるときも。仕事では牡羊座はひたむきに仕事に打ち込むでしょう。あなたも自分に与えられた仕事をいつも以上にていねいにこなして。その姿勢があなたへの好感度を上げてくれるきっかけに。

水瓶座×相手が牡牛座

否定に過敏に反応

【基本相性】 風のように軽やかな水瓶座に対して牡牛座は頑固に動きません。違いが大きい二人ですが、まじめに人と向き合う点では同じ。牡牛座は否定されることに敏感ですから、感情が揺れやすい時、軽い態度や雑な言葉遣いに気をつけて接して。牡牛座は安心を求めています。親しさの表れとして、相手の失敗をからかったりしますが、牡牛座には通用しません。

【恋愛と仕事】 恋愛では、早い時期に牡牛座の心を開くことができたら、楽しく笑い合える関係になれます。まず、話をしっかり聞いてやさしく包みこむように接してください。仕事では、時には厳しさも必要かもしれません。ただし、注意する際にはミスだけ指摘して、人格を否定するような余計なひと言をつけ加えないように。

水瓶座×相手が双子座

似た者同士 末長くパートナーに

【基本相性】 風の星座同士、価値観や性格が似ています。どちらも新しいものに敏感で、つねに刺激を求め、情報収集を怠りません。一緒に楽しいことを追い求められる間柄です。双子座は自分の心を豊かにする活動や行動に熱心です。その時、双子座のアンテナがあなたの内面の豊かさをキャッチすれば、二人の関係は少しずつ親密さを増すでしょう。

【恋愛と仕事】 互いの価値観が似ているので、恋は一気に盛り上がりそう。恋人というよりノリのいい友達という感じ。それだけに本当の友達で終わってしまいそう。愛情を育てていきたいなら、進んで双子座に関わっていくようにしてください。仕事面でも双子座に仕事しやすい環境を整えてあげて。恋も仕事も「一緒にいると心地いい」と感じさせること。

水瓶座×相手が蟹座

率直に本音を語ること

【基本相性】 風のように自由に飛び回っていたい水瓶座にとって、蟹座は少々窮屈な相手。蟹座はつねに相手と一緒にいたいと願い、その欲求で相手を縛ることもあるからです。でも、あなたが弱っている時には、蟹座のやさしさが身にしみるもの。蟹座はよりいっそう縁をつなぎたい人のことを強く意識します。その人を通じて自分の世界を広げていくでしょう。

【恋愛と仕事】 恋愛面では、理性で語り合うよりも、本心を見せるほうが安心できるはず、あなたが好きなことや嫌いなことを率直に語っていくのが、関係の進展には効果的です。仕事では、感情的なことばかり言うわけにはいきません。時々本音を語るようにすると、蟹座はあなたに親近感を持って接してくれるようになります。

水瓶座×相手が獅子座

早めに信頼を勝ち取ること

【基本相性】 誇り高く、似た性質を持つ二人です。ただし方向性の違いから、お互いを目障りに感じることもしばしば。ちょっとしたことで張り合い、プライドの競い合いから、衝突もあります。内心では気になっている好敵手と言えます。時にはやや迷う場面がありそうです。新しい可能性の模索期かも。

【恋愛と仕事】 恋愛面では獅子座の変化が気になって仕方ないかもしれません。気がつけばいつも目で追っているなんてことも。獅子座はプライドが高い人ですが、懐に飛び込もうとしている人を押し戻すようなことはしません。仕事面でも信頼を勝ち取っておけば、後半には目ざましいコンビプレーが期待できるはずです。

水瓶座×相手が乙女座

自分以外は関心薄

【基本相性】 乙女座の目に水瓶座は自由すぎて突飛、空気を読まない、と映っているかもしれません。何かと批判めいたことを言ってくるかも。辛口で皮肉めいた物言いは、お互い様といえそう。乙女座は自らの内面と向き合う作業を始めるでしょう。自分以外への関心が薄れてくるようです。

【恋愛と仕事】 恋愛においては、気持ちに温度差がある場合は、対応にずれが生じそうです。あなたは積極的に出るのですが、期待通りのリアクションが得られないことも。時期がくれば、のびやかな変化が訪れるでしょう。そばにいるだけで幸せが伝わってくるような気持ちになりそうです。仕事では、お互い本心で語り合うのが、信頼をつなぐカギに。

あなたと
星座別相性
水瓶座

水瓶座×相手が天秤座

友人の輪が広がる時

【基本相性】 天秤座も水瓶座も風の星座で、人を楽しませる精神があり、スマートに人と交流する星座です。友だちと親しみ、相手を喜ばせるでしょう。特に同じような趣味を持っている人や価値観や考え方が似ている人との親和性が高くなりそうです。天秤座と良好な関係でいたいなら、共鳴する体験を増やしておきましょう。

【恋愛と仕事】 愛情面においては、恋人とか異性としてあなたを意識するよりも大切な友だちというスタンスで接してきそうです。恋心が刺激されやすい時期には、友だちの一線を越えた発言で二人の関係性が一挙に変わる可能性も出てきます。仕事面で重要なパートナーになりたいなら、早めに信頼関係を築いておくことが大切。

水瓶座×相手が蠍座

人間関係がフラットに

【基本相性】 蠍座は狭く深い人間関係を好む傾向があり、さまざまな人と平等につき合っていきたいあなたとは、意見が異なります。簡単につき合える相手ではありません。そのため蠍座の気持ちを忖度し、尊重しないと関係にひびが入る、ということも。物事を深く見極めようとする粘り強さは、あなたが見習うべき点。相手の意見をじっくり聞く姿勢が大切。

【恋愛と仕事】 蠍座との恋は、ちょっとしたリスクを背負うことになりそうですが、二人の関係がいい状態になれれば、強い絆で結ばれ、ベストパートナーになるでしょう。蠍座はあなたの一番の応援者となってくれるでしょう。仕事面では、蠍座は頼りになります。あなたとも息の合ったやり取りが期待できます。

水瓶座×相手が射手座

新しい分野に一緒にチャレンジ

【基本相性】 あなたも射手座もどちらも自由を愛する者同士。精神的にも自立していて、人に依存しない潔さを持っている二人。一緒にいることで互いに刺激し、共に高め合っていくことができる相手です。どんどん新しい分野に挑戦していける心強い相棒となってくれます。足元が見えなくなりやすいので、どこかでバランスをとり現実性を身につけることが大切。

【恋愛と仕事】 自由で束縛されない恋を求める二人は、理想の相手となるでしょう。どちらも明るく楽しいことが好き、一緒にいれば悩みも飛んでいきそう。ただお互いに相手より、自分の自由を優先させるところに注意。フィーリングを重視しすぎず、腰をすえたつき合いを。仕事面では射手座があなたをリードする形になるでしょう。

水瓶座×相手が山羊座

寄り添う気持ちが一致

【基本相性】 保守的な山羊座と現状を打ち破る革新派の水瓶座は、すれ違うことが多い関係です。山羊座から見れば常識のない人に映るし、水瓶座のあなたは、相手を正論ばかりいう、つまらない人と感じます。平行線をたどりそうな関係ですが、相手を理解できれば、あなたの可能性は二倍に広がります。

【恋愛と仕事】 恋愛においても「この人とは合わない」という印象をもつかもしれません。強い信頼関係を作っておけば、不安も軽減され、関係を深めていくチャンスが訪れそうです。仕事では、あなたの弱点を突いてくる相手を避けたくなるかも。早いうちに協力関係を得て。パートナーシップが築けたら、あとはやりたいようにやらせて口出ししないほうが無難。

水瓶座×相手が水瓶座

甘えて頼りたくなる

【基本相性】 知的好奇心で結びつく水瓶座同士です。パートナーとの関係や自分の本心を模索していくようなところがあります。水瓶座同士のやり取りは相手の話を聞いているだけで身につまされ、大いに共感したりすることが多いでしょう。

【恋愛と仕事】 恋愛面における水瓶座同士は、恋人というより友だちのような関係になりやすいもの。ふとした時パートナーとして意識したり、相手に頼ったりしている自分を発見し、驚くでしょう。そんな甘えた自分に戸惑い、行動にブレーキをかけたくなるかもしれません。仕事の相手なら、上司や部下を問わず、どこかで対等な意識を持ってつき合いましょう。

水瓶座×相手が魚座

互いの違いを補い合う関係

【基本相性】 情緒的でロマンチストの魚座、クールで客観的な水瓶座。あなたのクールさは、魚座を傷つけることも多く、あなたも魚座の気分屋のところに辟易しているかも。基本的には難しい相性ですが、互いに足りないところを補い合える貴重な相手でもあります。魚座はあなたに潤いを与えられるし、水瓶座から魚座は冷静な視点を学べます。

【恋愛と仕事】 恋では、頼りない魚座にイライラすることも多いでしょう。見方を変えれば、魚座の豊かな感性は、あなたの刺激になるはず。何気ないひとことにどきどきしたり、新しい発見があるでしょう。仕事では、責任ある仕事のパートナーとして、対等な関係で協力してくれる同志になってくれそう。困ったときには親身になって助けてくれます。

水瓶座ワールド

♒ 水瓶座

【特徴】

長所 独創的、人道主義者、知識欲が旺盛、論理的

注意点 反抗的、強調性の欠如、自己顕示欲が強い

【水瓶座に贈る言葉】

「シャツを取り替えるように、自分の性別を取り替えられたらいいのに」

アンドレ・ブルトン　1896・2・19　詩人

「我らがこの世に生きているのは、対話によってお互い啓発しあい、学問と芸術を進歩させるためです」

ヴォルフガング・アマデウス・モーツァルト　1756・1・27　作曲家

【マークの意味】

♒

水瓶座のシンボルマークは、少年ガニュメデスが水瓶の水を大地に注いでいる場面だといわれています。マークは、つぼから流れている水の波を表わしてします。波打つ水。同時に波動を表すともいわれています。

【水瓶座のアイテム】

色：蛍光ブルー
数字：４、２
金属：ウラニウム
人体：支配区域は足首、細胞
国：ロシア
都市：モスクワ、ブレーメン、ザルツブルク
動物：渡り鳥
食べ物：ドライフーズ、サプリメントフーズ
花：ラン
宝石：アクアマリン、ターコイズ
方位：東南東
キーアイテム：電化製品
趣味：コンピュータ、天文学
ハーブ：チリ、ペッパー

AQUARIUS

【水瓶座の男・水瓶座の女】

♂ 見限ることのない博愛の男

クール、頭脳明晰、アーチスト気質……水瓶座のイメージは近寄りがたいものばかり。しかし、その距離感は互いの自由を尊重しつつも、相手を受け入れるためのスペース。一見、体温を感じづらいが、じわじわと芯から温めてくれる存在。（ジェームス・ディーン　1931・2・8／中田英寿　1977・1・22／香取慎吾　1977・1・31）

♀ 個性的で変わり者。心の中は葛藤だらけの女性

合理的で個性的と、とんがった印象の水瓶座。しかし本当は保守的で常識的。損得勘定もしっかりしていて、無茶はしないはず。しかし、心の奥底では個性的でありたい自分がいて、表面的な自分と折り合おうと一生懸命。マイペースのようでもつねに葛藤している。（野際陽子　1936・1・24／小泉今日子　1966・2・4／乙葉　1981・1・28）

【幸せをよぶキーワード】

「ルーチンに向き合う」

物事の手順を合理性だけで省略しないで、決められた手順どおりにこなしていきましょう。あなたからみたら、非効率的に見えるかもしれませんが、じつは長い年月をかけて確立した、もっともミスが少なく、スピーディーなやり方なのだということが、実際にやってみるとわかることでしょう。ルーチンの大切さや意味を見つめて、毎日の何気ない行為もいったん振り返ってみて、改めて丁寧に行なうようにしてください。

「責任と覚悟を持つ」

権利の裏には、必ず責任があるのだということを忘れないでください。さまざまな場面で今よりも権限がほしいと主張したくなることが多いでしょう。でも、ただほしいということだけ主張しても通じません。その権利を得た場合に伴う責任を負う姿勢を見せること。すると「この人には覚悟がある」ということを示すことができ、要求が通りやすくなるでしょう。

魚座

2/19～3/20
生まれ

I believe　私は信じる

自分と他人の境界を曖昧にし、見えないつながりを信じる

魚座の太陽は「信じる」というかたちによって表れます。神話では怪物に襲われた母子がはぐれないように尾をリボンで結び、魚座のシンボルになったのです。

魚座は〝自我が無意識の海に溶解し、そこから新しい意識を誕生させるステージ〟と言われます。

そのため魚座は自分の個別性、つまり〝自我〟を破棄しようとします。お酒やダンスなど我を忘れさせてくれるものを好んだり、相手に同化し、自分と他人の区別が曖昧になることも。恋をすると自分を失い、〝相手とつながりたい〟という言葉にはならない感覚があるのではないでしょうか。そんな自分と相手を結ぶ、見えないリボンを信じ、確かめようとする衝動。それを大切にしていられれば、魚座の太陽はあなたを新しい境地へと導くはずです。

【魚座の基礎知識】

区分	守護星	守護神	かぎ言葉
二区分　女性星座 三区分　柔軟宮 四区分　水	海王星	ポセイドン	I believe（私は信じる）

神話物語

はぐれないように互いの尾を結ぶ

魚座にまつわるギリシア神話の主人公は、美の女神アフロディーテとその息子エロスが主人公です。昔々、神々がまだ地上を闊歩していた頃のこと、宴を催していると、その楽しい会は突然破られます。現れたのは、恐ろしい怪物テュポン。神々は思い思いの姿に変身して川の水の中へと身を投じます。

アフロディーテと息子エロスは、魚に変身し互いがはぐれないように尾をリボンで結んだのでした。二人をつなぐ絆の存在への衝動こそが、魚座のシンボルだといえるのではないでしょうか。

占星術上の魚座は、天文学上のうお座にちなんで、その名前を取られています。天文学上のうお座は、ペガサス座とくじら座の間にある、あまり目立たない星座です。夜空で探すのには、ちょっと苦労するかもしれません。この星座の起源は古く、一説によるとバビロニアの時代には、人魚の尾とつばめが紐で結ばれた姿で表されていた、といわれています。

♓ 魚座

あなたの性格

ロマンティックを夢見る愛の女神の化身

自分の意志を最終的に放棄する

魚座には、普通の意味でいう「行動原理」はあまりありません。

水の星座の最後、そして12星座の最後を飾る魚座は、理想的には、自分の意志で何かをなそうとする「自我」の働きを最終的に放棄するところにあるからです。

以前見た映画に、西洋の若者が自分の活躍が載った新聞をチベットの女性に得意満面に見せるシーンがありました。彼女の心をつかもうとしたのですが、女性は首を横にふり答えます。「ここにも西洋と東洋の大きな違いがあります。あなたたちは何かを成し遂げることを誇りに思う。私たちはいかに自分を捨てられるかを競うのです」

魚座の理想の姿は、この女性の言葉に集約されるでしょう。成熟した魚座はまさに人類愛の権化。

無意識の海の中の「私」と「他者」

しかし、現実にはなかなかそうはいきません。むしろ魚座は、自分を放棄するために、自分と他人の区別があいまいになる時があります。相手の気持ちがよくわかる半面、自分の気持ちを押しつけたり、自分を捨てることが無責任な残酷さになることもあるのです。

心理学的にいえば、12 星座の最後である魚座は、深い集合的無意識と強く結びついていると考えられます。心理占星学者カレン・ハマカーゾンダクは、魚座の定位置である第12ハウスをズバリ、集合的無意識のハウスと呼んでいます。

心理学のモデルを援用すると、「私」つまり自我は、無意識の海から次第に結晶化して生まれます。無意識の海の中では「私」と「他者」の区別はありません。そして無意識の母体は自我から見れば、まさに「母親」としてイメージされるのです。自我はここで、英雄となって自分を母親から切り離さなければならず、初めて、自我が生まれるのです。

アフロディーテ母子をつなぐリボン

12星座のトップを走る英雄の星座、牡羊座は、このイメージをはっきりと示しています。魚座は、その一つ前です。つまり、自我が無意識の海に溶解していくステージでもあり、また、そこから意識として新しく生まれてくる場でもあるのです。

魚座の前身アフロディーテは大いなる母、そして息子エロスは依然として、へその緒たるリボンで結ばれています。意識と無意識の間にはあいまいなつながりがあるばかり。

秘められた本当の自分

魚座は心やさしい星座です。他者の痛みをわが痛みとして感じられるのです。しかし、それはときとしてマイナスの側面ともなる可能性を持っています。魚座の神話をもう一度思い起こしてみると、離れ離れにならないようにリボンで結ばれ、相手を見失うまいとするやさしさは、同時に相手を離さない束縛へとも変わります。あなたはほかの人の悩みを聞いたり、一緒に心を分かち合うことに喜びを感じることができます。

しかし、もしかすると、あなたは相手の痛みを通じて相手を離さないようにしているのでは。また自分の弱みをわざと見せ、相手が離れて行かないようにしているのでは？　心理学的にいう「共依存」の関係が生まれていることはないでしょうか。

やさしくてデリケートな魚座に秘められた暴力。やっかいなことに、魚座本人にはそれが無自覚なことがあり、ことをさらに複雑にしています。魚座は、相手と自分の間に境界線を引き、距離感を持っていくということと、自分のことは自分で責任を取るということを覚えていく必要があるといえます。これができるようになれば、魚座は人類のために限りない思いやりと愛を注ぐことができるのです。

♓ 魚座

あなたの

愛

愛することは生きるための原動力

愛の底に流れる二面性

魚座は、愛の女神が姿を変えた星座です。当然、深い愛の心が魚座には満ちています。12星座で一番の寂しがり屋で、いつも恋をしていないと気がすまないのが、魚座の特徴です。魚座にとっては、人を愛することは生きるための原動力であり、また人生を前に進めていくために不可欠な感覚だといえるでしょう。実際、恋をしているときの魚座は生き生きと輝いた目をしていて、そうでないときとは一目瞭然の違いを見せます。

魚座の恋の本質は、自分を失う感覚、言い換えれば、徹底的な没入の感覚です。恋をすると、ほかのことが全くといっていいほど目に入らなくなります。自分と相手を結ぶリボンを確かめたぐり寄せようとし、見ていて恥ずかしくなるほど接近する姿勢を見せます。

男性から見れば、それは保護本能をくすぐるかわいらしいものにも見えるでしょうが、時としてそれは小悪魔的なものに映るかもしれません。ムードに弱くいつも誰かと「つながりたい」と感じているあなたは、すぐに恋に落ちてその前のことを忘れがち。そのたびに、男性や自分自身を傷つけているのかも。気まぐれな純粋さと残酷さ。魚座の愛の底に流れているのは、そんな二面性なのです。

魚座の心の世界にある恋の媚薬

魚座の恋を考えるたびに思い出すのは、中世の騎士物語『トリスタンとイゾルテ』やシェイクスピアの『夏の夜の夢』に登場する媚薬です。騎士トリスタンとイゾルテ姫はうっかり媚薬を飲むことによって互いに道ならぬ恋に落ちてしまうのでした。シェイクスピアの幻想妖精物語では、やはり媚薬を誤飲することによって森の中で一夜限りのドタバタ喜劇が起こってしまいます。

残念ながら、現実の世界ではこうした「媚薬」は存在しないのですが、あなたの心の世界においては、媚薬は確かに存在します。

魚座の心には、ふとしたタイミングで、そんな媚薬が入り込んできてしまうことが多いのです。ふと髪をかきあげる姿。なにげなくしてくれた親切。偶然に触れた手と手。こうしたことがあれば、魚座の心が恋に落ちるには、十分なきっかけになるでしょう。

ロマンティック・ラブから成熟した恋へ

魚座の原理は小さな自分の意識を乗り越えていこうとするところにあります。恋は、そのための絶好の舞台を与えてくれるでしょう。自分の理性を崩して相手にすべてを捧げるのが恋なのですから。どんな恋であれ盲目になる要素はあるものですが、魚座の恋は、とくに相手を美化してしまう傾向があります。そして、恋愛中とても甘えん坊になります。

魚座の女性はいくつになっても永遠の少女のようですし、魚座の男性はいくつになっても純真な少年の面影を残しています。多くの心理学者は、こういう浮足立った恋愛感情を「ロマンティック・ラブ」と定義し、成熟した愛を育んでいくための前段階だと考え、恋の幻想が破綻したところから、本物の愛が育ってゆく、と諭します。

しかし、魚座のあなたは、頭の中では理解できていても、どこかで「そんなふうにはいかない」ということを知っているのではないかと思います。

恋は愚かしいものかもしれませんが、恋愛中だからこそ体験できるかけがえのないものや、その時にしか見えない美しいものもあるからです。

恋が媚薬だというのは、常識的な善悪や小賢しい判断など、簡単に突き破ってしまうほどに強いものがあるからです。

♓ 魚座

あなたの人生 仕事

内的世界への関心が成長へ導く

夢の世界や神話の世界と深い結びつきを持ち、イマジネーションが豊かなあなた。そして、ロマンティックな世界をいつも夢見ているあなた。

そんなあなたが、ただの夢想的な女性で終わるのか、あるいはその豊かな感受性をかたちにしていけるかは、この世界をしっかりと見据えるクールな視点を持っているかどうかにかかっているのです。もし、その視点がなければ、あなたの生活はどんどんルーズなものとなり、エキセントリックな人生を歩んでいくことになりかねません。

朝起きてちゃんとご飯を食べる。あなたに欠けている、現実的なセンスをしっかりと持った人と行動してみる。お金の管理をしっかりする。一人でできることは一人でする……。たったこれだけのことで、あなたの生活は随分と変わるはずです。また、夢日記をつけることも、あなたの感受性を伸ばし、かたちにするためのとても効果的な方法です。ぜひ試して。

目の前の現実より 背後のロマンが重要

魚座の性質は、仕事の面ではどのように表れるのでしょうか。占星術の教科書を開くと魚座の仕事としては、芸術家、宗教家、占い師、ダンサー、俳優・女優、水商売などが挙げられています。実際、そうした仕事につくと、魚座の場合には、文字どおり「水を得た魚」のようになることが多いでしょう。

逆に、事務的な仕事や細かい注意力が必要になる仕事では、魚座はその能力を発揮することが難しいと思われます。魚座にとっては、目の前の細かな現実よりも、その背後にあるロマンやファンタジーのほうが重要で、よりリアルなものとして感じられるからです。数字の羅列を見せられると、それだけで頭が痛くなる、という魚座も多いことでしょう。

一緒に働く「人」との温かなふれあい

魚座でも訓練次第で変わってくるというような例もあります。魚座の会計士、銀行マンで成功している人にも何人にも会ったことがあります。

しかし、これだけは魚座には必要だということがあります。それは「人」、一緒に働く人たちとの関係の大切さです。あなたにとってもっとも大切なのは、人との暖かな触れ合いであり、いつも誰かと一緒にいられる、という感覚なのです。

魚座は芸術家肌であり、一人で黙々と仕事をするという状況を好むこともあります。しかしそれは蟹座のように、いつも決まった人々と四六時中一緒にいて仕事をしなければ落ち着かないとか、牡羊座や獅子座のように自分が陣頭指揮をとるための兵隊を周囲に集めておきたがる、ということではありません。

気持ちいいと感じる仕事、仲間

魚座が生きるエネルギーの源は、周囲の人から愛されているという実感であり、必要とされているという強い感覚なのです。魚座の心はとてもデリケートで、いつも誰かを出し抜いていかなければならない過酷な環境では、神経が擦り減ってしまいます。むしろ、いつもあなたのことを誰かが応援してくれているという環境を作ることが大切なのです。

たとえば、あなたのことを大切に思って信頼してくれる人がいれば、その人のためだけにあなたは他人の何倍も仕事をすることができるでしょう。逆にいくら報酬がよくても、機械的に淡々とこなしていくだけのマニュアル仕事であれば、とたんにやる気をなくしてミスばかりをしてしまうというわけです。どんな仕事をするにしても、あなたにとっては周囲の人々との関係性がすべてを決定づけるといっても過言ではありません。

そして、人間関係でよい環境を作るためには、目先の欲に左右されずに、あなたが気持ちいいと感じられる仕事、仲間を得ていくことが大切でしょう。

対人関係と愛のチャンス

あなたを取り巻く人々はどんな傾向を持つ人なのか、あらかじめ知っていればトラブルを避け、よい関係を築くことができます。

あなたと
星座別
相性

♓
魚座

魚座×相手が牡羊座

率直な表現の二人

【基本相性】 牡羊座は自分の気持ちに嘘をつかない人です。好きなことは好きと口にするし、好きなことに飽きたり嫌いになったとしても、自分の心をごまかしません。率直な人ですから、あなたも牡羊座のことを信じられるのでしょう。甘え上手なあなたは牡羊座を上手に頼り、守ろうとする牡羊座、需要と供給のバランスがうまく取れるといい関係になれます。

【恋愛と仕事】 恋愛では、幸せいっぱいの恋人同士というより、尊敬しあう間柄をキープしておくのがよさそうです。仕事面ではお互いに認め合い、助け合える関係になれるでしょう。牡羊座は状況を理解し惜しみなくサポートの手を差し伸べてくれます。ギブアンドテイクのつき合い方が気楽です。

魚座×相手が牡牛座

関係を一歩進める

【基本相性】 大らかな性格の二人が一緒にいると、そこは温かい空気で満たされるでしょう。あなたは他人の影響を受けやすく、怒りやねたみのエネルギーの強い人と一緒にいると、疲れてしまうのですが、牡牛座なら安心してそばにいられるでしょう。

【恋愛と仕事】 恋愛面では、好意を抱いているなら、牡牛座が「魂で結ばれる人」を探していて、自分を認めてくれる人に心を開く傾向があることを心得ていて。「何があってもあなたの味方」といってくれる人なら無条件で信じたくなるからです。仕事面では二人の息がぴったり合い、波に乗れる実感を得られるでしょう。

魚座×相手が双子座

絆というくさびでつなげる

【基本相性】 新鮮な情報と接して自分の世界を広げていこうとするのが双子座。一方あなたは直感の力で世界を探るところがあります。見つめる対象は違っても二人には「未知のものに憧れる」という共通点が。そしてパートナーとして意識する相手と真剣に向き合おうとするでしょう。末長くつき合える間柄になる可能性が高いので、関係を深める努力を尽くして。

【恋愛と仕事】 相手が恋に対して積極的な気持ちになれないのは、オフィシャルな役割に忙しいからでは？　双子座との愛情を強固にしたいなら、絆というくさびで心をつないでおけば、あなたはその後大切な家族になれるはずです。仕事面では、双子座をやさしく大らかに見てあげることが大切。

魚座×相手が蟹座

言葉にしないと伝わらない

【基本相性】　蟹座と魚座はどちらも理論や正義より、情緒や感情を大切にします。蟹座は本当に好きなものを見極め、自分のものにすべくしっかり抱きしめようとするでしょう。好きなものを通して自分の世界を広げようとします。人は心から愛するもののためなら、高いパフォーマンスを発揮するもの。それを理解できれば蟹座には共鳴できるでしょう。

【恋愛と仕事】　愛情面では、蟹座は好きなものをあなたと共有したいと思うはず。ただし蟹座はあなたほど洞察力を備えていません。蟹座に対しては、言わなくてもわかるはず、などと思わないようにしましょう。きちんと言葉で伝えないと、後に損をしそうです。仕事面ではパートナーシップにはとくに支障は感じないはず。

魚座×相手が獅子座

自信の裏で揺れる不安

【基本相性】　獅子座は一見強そうに見えますが、内に弱さを隠しています。逆に魚座はやさしく繊細な人ですが、何があっても決して折れることのないしなやかさを備えています。互いにその強さと弱さを補い合えば、二人は理想的な関係を作り上げられるでしょう。獅子座の活躍する時は、同時に失速する不安も抱えているので、魚座のあなたが支えてください。

【恋愛と仕事】　恋愛においては、二人の心が近づきやすくなりそう。この時獅子座の心にあなたの温かさを印象づけられるとベスト。そうすると獅子座は安心して前に進める勇気を得るのです。仕事面では、波に乗れる時期が微妙にずれそうです。仕事でもお互いを補完し合うことを心がけて。二人ともオフィシャルな面では充実するので頑張りどころです。

魚座×相手が乙女座

繊細な者同士。シンパシーを感じる

【基本相性】　どちらも感受性が強い星座。ただ乙女座のほうが現実的で、時に魚座のナイーブさを傷つける言葉も投げかけます。乙女座からは手探りで目に見えないものを求めようとする印象を受けるでしょう。二人には、人の気持ちに敏感に反応する共通点もあります。言葉を介さなくても互いの心が分かるような親密感が生まれます。

【恋愛と仕事】　愛情面でも乙女座はほかの人には感じないシンパシーを、魚座のあなたに対して感じるはずです。二人がひっそりと繊細な心のやり取りを交わすことができれば、新たな愛情のステージに向かうことを決意するかもしれません。仕事面では、乙女座をフォローし、支えることが大事。サポートが身にしみ、この上ないパートナーになれるかも。

魚座×相手が天秤座

愛情面も仕事面もずれが

【基本相性】 天秤座も魚座のあなたも美を愛し、やさしい口調で穏やかに語る人です。上品な佇まいを持つところも似ているでしょう。ただ魚座は情に反応しますが、天秤座は理論や理性を重視するという違いがあるのです。そのためあなたは、天秤座の心が見えなくて戸惑うことがしばしば。愛情面でも仕事面でも行動が一致しにくい傾向があるでしょう。

【恋愛と仕事】 愛情面では、魚座のあなたが相手に寄りかかろうとするのに対し、天秤座は一線を引き、距離を持とうとします。スタンスの違いが分かり合えると、意外とスムースに距離が縮むかも。仕事面でも意識のずれはありそう。互いのテリトリーをしっかり認識することが必要です。二人ならではの距離感を捉えることが先決。

魚座×相手が蠍座

離れ離れでも安泰

【基本相性】 蠍座と魚座は、人の心の深さや広さを誰よりも知っています。あなたはそんな蠍座の心をよく理解できるし、蠍座も傷つきやすい魚座の心を丁寧に扱います。デリケートで感受性の強い二人の関係は、互いを理解し合うことができます。関係が濃くなりすぎることが気になる点。ある程度距離を保ち、プライバシーは侵さない暗黙のルールを。

【恋愛と仕事】 恋するあなたは、のめりこみやすく、危険性も高まっていきます。この人こそ運命の人、と決めつけて深みにはまっていく前に、もう一度冷静になって自分を見つめ直して。仕事面では、手に負えないようなことが起きたら、ためらわず蠍座を頼ってください。蠍座は甘えに厳しいですが、誠意を示せば、手助けしてくれるでしょう。

魚座×相手が射手座

ピークが異なる二人

【基本相性】 この世界には二種類の人がいます。目に見えるものしか信じない人と目に見えないものを信じて愛する人。射手座と魚座は、どちらも後者です。目の前の現実より、遠くにあるものを求めたいと願うのです。しかし方向性やリズムの違いがはっきりしてきます。怖がりやのあなたは射手座の楽観的で前向きな気持ちを見習うようにするとよいでしょう。

【恋愛と仕事】 恋愛面では、相手は甘えがいのある人。射手座の相手も魚座を放って置けない人。ただ自由を束縛されるのを嫌う射手座の性質を忘れてはいけません。仕事で頼りにしているなら、スタートダッシュがかかって好調の波に乗る射手座にブレーキをかけるようなことがないように応援の姿勢を示して。

魚座×相手が山羊座

本来は以心伝心。慢心せずに

【基本相性】 まじめな印象の山羊座と、ちょっといい加減なところがある魚座。相性が悪いように見えるかもしれません。でも行動のテンポなどが似ているため、案外相性は良好です。穏やかでやさしい関係を築いていけそうです。ただし山羊座は魚座のあなたを丸ごと理解できる相手ではなく、山羊座にとって魚座の夢は、現実離れして見えます。

【恋愛と仕事】 恋愛では、あなたが山羊座のリアリズムを尊敬しているうちはうまくいきます。相手に対してロマンがない、などと思いはじめると、どんどんギャップを感じてきます。そこで諦めず、冷静になると、山羊座の安心感や誠実さが欠かせないものに。仕事面では、仕事のスタイルが違っても、お互いのやり方を尊重し、相手に干渉しないこと。

魚座×相手が水瓶座

反発しあいながら惹かれる

【基本相性】 どこまでもクールで「私」と「あなた」をきっちりわけていく水瓶座、逆に、「私」と「あなた」をできるだけ結びつけようとする魚座。こんな二人はうまくいくはずもなく、問題の多い関係です。でも無視することができず、仲良くしたいと思う不思議な引力をもつのも事実。水瓶座のよさを割り切って学ぶことができれば、あなたの大きな力になります。

【恋愛と仕事】 恋愛においては、せつない片思いのような気持ちになりそうです。献身的に尽くしても反応は薄く、がっかりすることが多いかもしれません。でも水瓶座の独創性は、ちょっと複雑な関係ですが、あなたには新鮮で魅力的。仕事面では、水瓶座はあなたの意欲を認めて理想的な協力者になってくれるでしょう。

魚座×相手が魚座

恋より仕事の二人

【基本相性】 直観力と鋭い感受性を備えた魚座同士は、言葉以外の部分でも心のやり取りをしています。そのため本当に知りたいことを探り当てることもできますが、同時に相手の見たくない部分まで感じ取ってしまうこともあります。

【恋愛と仕事】 愛情面で、新しいステージに進みたいなら、魚座の心が落ち着き、人づき合いを意識の中心に置くようになった時、魚座同士新鮮な気持ちで向き合うことができたら、お互いのことを寄り添い合える人として認めるでしょう。魚座の鋭さと観察力は仕事において大いに役立つでしょう。空気を読んでやるべきことを率先して行なうため、二人が組めば、スピードアップして、職場で最も活躍する二人になるでしょう。

魚座ワールド

♓
魚座

【特徴】

長所 無償の愛情を注ぐ、包容力がある、ロマンチスト

注意点 誘惑に弱い、非現実的、ルーズ、自己矛盾がある

【マークの意味】

♓

二匹のつながった魚。二つのものの分離と融合を表します。

PISCES

【魚座のアイテム】

色：ブルー、マリンブルー、透明
数字：7
金属：ネブツニウム
人体：支配区域は足
国：北アフリカ、ポルトガル、地中海の島々
食べ物：メロン、キュウリ
花：パンジー
宝石：水晶
方位：東南東
キーアイテム：タロットカード
学問：神秘学、心理学、心霊主義、詩
ハーブ：ライム

【魚座に贈る言葉】

「許すことができなければ、人生は無限の悔悟の繰り返しとなる」
ロベルト・アサジオリ　1888・2・27　精神科医

「大事なのは想像力です」
アルベルト・アインシュタイン　1879・3・14　理論物理学者

【魚座の男・魚座の女】

♂ 飽きのこないサプライズな男

甘えん坊で世話の焼ける男……が一般的なイメージ。しかし、そんな魚座の本質は二重人格。この上ないやさしさを振りまいたかと思いきや、それは結果的に、たいへん冷酷なことであったり……。このアメのようなムチのような態度は、驚きの連続で飽きがこない。（コペルニクス　1473・2・19／長嶋茂雄　1936・2・20／亀梨和也　1986・2・23）

♀ 子犬のように甘えるピュアな女性

自分にえさをくれる人物を本能で感知でき、その人に自分を投げ出す、子犬のような存在。しかし、甘えなつくのが上手でも、その恩をころりと忘れてしまう傾向も。それが媚びている、とか恩知らず、というイメージに。でも、そこが純粋と言われるゆえん。（中島みゆき　1952・2・23／竹内まりや　1955・3・20／松田聖子　1962・3・10）

【幸せをよぶキーワード】

「自らの意志で選ぶ」

自分の意志で選択している、という自覚を持って生活していきましょう。ランチに何を食べるか、という些細なものから、勤め先や人生のパートナーなどの大きなものまで、あなたの人生は選択に満ちています。あなたの人生の主役はあなた自身です。「何でもいい」と人任せにしてしまうのは、もったいないこと。どんなことにも積極的に、自らの意志で選択したほうが創造的に生きられるのです。

「些細な変化に気づく」

ぼんやりしていると、誰かがあなたに向けて何気なくつぶやいた重要なひとことや、あなたに恋心を抱いている人のまなざしに気づけないかもしれません。そのせいでチャンスを逃してしまうこともあるでしょう。ですから周囲の物事の変化に、敏感になりましょう。気づいたらどんどん発言していくことが大事。そこからさまざまな物事が動き出したり、誰かと親しくなるきっかけができたりするでしょう。

各星座生まれの著名人

牡羊座 フィンセント・ファン・ゴッホ（1853・3・30　画家）山本五十六（1884・4・4　軍人）テネシー・ウイリアムズ（1911・3・26　劇作家）ハンス・クリスチャン・アンデルセン（1805・4・2　童話作家）アン・サリバン（1868・4・14　教育家）ウイリアム・ワーズワース（1770・4・7　詩人）レオナルド・ダ・ビンチ（1452・4・15　芸術家）ウイリアム・モリス（1834・3・24　デザイナー）小林秀雄（1902・4・11　文芸評論家）斉藤茂太（1916・3・21　精神科医）

牡牛座 サルバドール・ダリ（1904・5・11　画家）オードリー・ヘプバーン（1929・5・4　女優）ジークムント・フロイト（1856・5・6　精神分析医）井上靖（1907・5・6　小説家）フローレンス・ナイチンゲール（1820・5・12　看護婦）キャサリン・ヘプバーン（1907・5・12　女優）マルコム・X（1925・5・19　黒人公民権運動家）セーレン・キルケゴール（1813・5・5　哲学者）ウイリアム・シェイクスピア（1564・4・26　劇作家）樋口一葉（1872・5・2　小説家）

双子座 ジョン・F・ケネディ（1917・5・29　政治家）太宰治（1909・6・19　小説家）レス・ポール（1915・6・9　ギタリスト）山田耕作（1886・6・9　音楽家）川端康成（1899・6・14　小説家）チェ・ゲバラ（1928・6・14　革命家）マリリン・モンロー（1926・6・1　女優）アンネ・フランク（1929・6・12　作家）アーサー・コナン・ドイル（1859・5・22　作家）フランソワーズ・サガン（1935・6・21　作家）

蟹座 マルク・シャガール（1887・7・7　画家）アントニ・ガウディ（1852・6・25　建築家）山本周五郎（1903・6・22　小説家）ジャン・コクトー（1889・7・5　詩人）フランツ・カフカ（1883・7・3　作家）東山魁夷（1908・7・8　画家）ウィリアム・サッカレー（1811・7・18　小説家）アーネスト・ヘミングウェイ（1899・7・21　作家）ジョン・ロックフェラー（1839・7・8　実業家）ヘレン・ケラー（1880・6・27　教育家）

獅子座 長岡半太郎（1865・8・15　物理学者）レイモンド・チャンドラー（1888・7・23　小説家）イブ・サン＝ローラン（1936・8・1　デザイナー）トーベ・ヤンソン（1914・8・9　画家）後藤新平（1857・7・24　政治家）司馬遼太郎（1923・8・7　作家）バーナード・ショー（1856・7・26　劇作家）ナポレオン・ボナパルト（1769・8・15　軍人）アルフレッド・テニスン（1809・8・6　詩人）

乙女座 宮沢賢治（1896・8・27　作家）マザー・テレサ（1910・8・26　修道女）ジョン・ロック（1632・8・29　哲学者）吉田松陰（1830・9・20　教育者）マイケル・ジャクソン（1958・8・29　ミュージシャン）マルコム・フォーブス（1919・8・19　実業家）レフ・トルストイ（1828・9・9　小説家）ヨハン・ヴォルフガング・フォン・ゲーテ（1749・8・28　作家）松田優作（1949・9・21　俳優）アガサ・クリスティー（1890・9・15　作家）

天秤座 オスカー・ワイルド（1854・10・16　作家）ル・コルビュジェ（1887・10・6　建築家）坂口安吾（1906・10・20　作家）ジョン・レノン（1940・10・9　ミュージシャン）アンリ・ベルクソン（1859・10・18　哲学者）マハトマ・ガンジー（1869・10・2　宗教家）フリードリヒ・ニーチェ（1844・10・15　哲学者）高杉晋作（1839・9・27　武士）アンリ・ベルクソン（1859・10・18　哲学者）

蠍座 フョードル・ドストエフスキー（1821・11・11　小説家）野口英世（1876・11・9　学者）パブロ・ピカソ（1881・10・25　画家）手塚治虫（1928・11・3　漫画家）アンドレ・ジッド（1869・11・22　小説家）マルティン・ルター（1483・11・10　神学者）ジョージ・エリエット（1819・11・22　作家）ジョージ・ムーア（1873・11・4　哲学者）イワン・ツルゲーネフ（1818・11・9　小説家）

射手座 ウオルト・ディズニー（1901・12・5　映画製作者）ルードヴィヒ・ベートーベン（1770・12・17　作曲家）ジャン・アンリ・ファーブル（1823・12・21　生物学者）ブルース・リー（1940・11・27　俳優）貝原益軒（1630・12・17　儒学者）松下幸之助（1894・11・27　実業家）ルーシー・モード・モンゴメリ（1874・11・30　小説家）小津安二郎（1903・12・12　映画監督）アンドリュー・カーネギー（1835・11・25　実業家）アンリ・ロートレック（1864・11・24　画家）

山羊座 白洲正子（1910・1・7　随筆家）福澤諭吉（1835・1・10　教育者）ジャンヌ・ダルク（1412・1・6　軍人）アイザック・ニュートン（1643・1・4　哲学者）石原裕次郎（1934・12・28　俳優）アルベルト・シュバイツァー（1875・1・14　医者）マレーネ・ディートリッヒ（1901・12・27　女優）マーチン・ルーサー・キング・ジュニア（1929・1・15　牧師）エルビス・プレスリー（1935・1・8　ミュージシャン）菊池寛（1888・12・26　小説家）

水瓶座 エイブラハム・リンカーン（1809・2・12　政治家）フェデリコ・フェリーニ（1920・1・20　映画監督）チャールズ・ディケンズ（1812・2・7　小説家）アントン・チェーホフ（1860・1・29　劇作家）湯川秀樹（1907・1・23　物理学者）チャールズ・ダーウィン（1809・2・12　生物学者）ガリレオ・ガリレイ（1564・2・15　物理学者）フランクリン・ルーズベルト（1882・1・30　政治家）徳川家康（1543・1・31　武将）トーマス・エジソン（1847・2・11　発明家）

魚座 芥川龍之介（1892・3・1　小説家）ミケランジェロ・ブオナローティ（1475・3・6　芸術家）アルベルト・アインシュタイン（1879・3・14　物理学者）スティーブ・ジョブス（1955・2・24　実業家）ピエール・オーギュスト・ルノワール（1841・2・25　画家）大隈重信（1838・3・11　政治家）ジュール・ルナール（1864・2・22　作家）ヴィクトル・ユーゴー（1802・2・26　作家）豊臣秀吉（1537・3・17　武将）ヘンリック・イプセン（1828・3・20　劇作家）

part
2

わかりやすい12星座占いの読み方

「二区分」「三区分」「四区分」で調べる簡単占い

ここで、各星座の冒頭ページにある基礎情報のお話にふれましょう。

12星座がそれぞれどんな性格を持っているのかを調べる上で、最も重要な指標になっているのが、「太陽が位置している星座」です。

「星座」は天体が着ている「洋服」のようなものと考えてください。

つまり、その天体（ここでは太陽）が象徴する「基本的な存在欲求」がその星座の「カラー（特徴）」を帯びるということになります。

たとえば、太陽が牡羊座の服を着ると勇猛果敢になり、太陽が魚座の服を着ると夢見がちになる、ということです。

さて、12にも分類されている星座を、一からすべて覚えるのは大変です。

そこで、12星座の成り立ちの元になっている「二区分（性別）」「三区分（クオリティ）」と「四区分または四元素（エレメンツ）」という、三つの考え方で、星を知る方法を勉強しましょう。

【牡羊座の基礎知識】

区分	二区分　男性星座 三区分　活動宮 四区分　火
守護星	火星（アレス）
守護神	アテナ
かぎ言葉	I am（我あり）　闘争、エネルギー

二区分、三区分、四区分（四元素）の意味

二区分（性別）

「二区分」とは、いわゆる**男性星座、女性星座**と言われている分類法です。

男性星座は、牡羊座、双子座、獅子座、天秤座、射手座、水瓶座をさし、女性星座は、牡牛座、蟹座、乙女座、蠍座、山羊座、魚座をさします。男性星座に分類される星座が男っぽくて、女性星座に分類される星座が女っぽい、ということではありません。

男性星座に属する星座は、外交的であり、積極的であり、楽天的であり、落ち着きがない部分もあり、また影響を与えるタイプである、というように解釈します。

女性星座は、内向的であり、消極的であり、受動的であり、思慮深く、細やかな気遣いがある、影響を受けやすいなどと解釈してよいでしょう。

【二区分でわかるあなたのエネルギー】

二区分は、あなたのエネルギーの方向を示します。

「男性星座」は、積極的で能動的なエネルギーを表します。

「女性星座」は、消極的で受動的なエネルギーを表します。

二区分（性）エネルギー

男性星座→積極的

女性星座→消極的

三区分（クオリティ）

「三区分」とは三つの動きの性質を表しています。それが、**「活動」「不動」「柔軟」**です。

活動は、物事を「始める」性質。不動は、物事を「継続する」性質。柔軟は物事を「終わらせ、変化させる」性質です。

三区分（クオリティ）↓行動パターン

活動宮→物事を始める
不動宮→物事を続ける
柔軟宮→物事を終わらせる、
　変化させる

【三区分でわかるあなたの行動パターン】

三区分は行動のパターンを表します。

「活動」は、自らアクションを起こし、物事を始めるのを好みます。心理的には外向型。

「不動」は、変わらないことを良しとし、現状を維持します。心理的には内向型。

「柔軟」は物事を終わらせたり、次のものに変化させたりします。


活動が、早春、初夏、初秋、初冬をあらわし、不動がそれぞれの盛りの時期、柔軟は、季節が終わり、次の季節に移る節目の頃とイメージできます。心理的には外向、内向が変転。

四区分（エレメンツ）

次に「四区分」（「四元素」ともいいます）とは四つの価値観を表しています。

古くから、万物は四元素によって成り立っていると考えられてきましたが、それが、火・地・風・水です。

火は精神性、**地**は物質性、**風**は知性、**水**は感情に重きを置いた価値観です。

四区分（エレメンツ）↓価値観

火↓ 精神、エネルギーを重視（直観）
地↓ 物質、安定感を重視（感覚）
風↓ 情報、知性を重視（思考）
水↓ ムード、情緒を重視（感情）

【四区分でわかるあなたの価値観】

四区分（四元素）というのは、価値観の差異を表します。

たとえば、ここに交通事故を目撃した四人がいるとします。

直観（火）が強い人は「あの人は酒を飲んでいたんだな」と直観的に判断します。

感覚（地）が強い人は車の色やナンバーを正確に思い出すでしょう。

思考（風）が強い人は事故の原因を分析したり、冷静に救急車を読んだりします。

感情（水）が強い人はけがをした人を気遣うでしょう。

実はこの三区分×四元素のかけあわせで12星座は成り立っています。活動の火は牡羊座、不動の火は獅子座、柔軟の火は射手座……と言うように。

詳しくは、下の表を見てください。あなたは、何区分の何元素ですか？

各星座のはじめのページに、それぞれの成分分類を基礎情報として掲げています。

あなたが、あまりよく知らない人と会ったときに、その人の星座が「射手座」の人でしたら、「この人はすばやく（二区分＝男性星座）柔軟に事に当たる人（三区分＝柔軟）だけど、熱しやすく冷めやすい人（四元素＝火）かもしれないな」といった感じで、その人を判断する材料となる、というわけです。

次に、基礎情報の表にある「守護星」について、述べることにします。

各星座それぞれの守護星は、あなたの中にある「衝動」を表しています。その意味やイメージを探っていくことで、あなたの心のありようを見つめましょう。

それを探る「惑星たち」にふれることで、理解がより深まることでしょう。

12星座成分分類表

	二区分	三区分	四元素
牡羊座	男性	活動	火
牡牛座	女性	不動	地
双子座	男性	柔軟	風
蟹座	女性	活動	水
獅子座	男性	不動	火
乙女座	女性	柔軟	地
天秤座	男性	活動	風
蠍座	女性	不動	水
射手座	男性	柔軟	火
山羊座	女性	活動	地
水瓶座	男性	不動	風
魚座	女性	柔軟	水

惑星の世界――あなたの守護星は？

すでに本書では何度も述べたように、いわゆる誕生星座とは、あなたが生まれていた時に太陽が入っていた星座のこと。詳細なホロスコープ占星術では太陽のほかに月や金星など十数個の天体や地平線上の星座などたくさんの天体を考慮します。惑星たちこそ人の心の根源的な働きのさまざまな側面を表すと考えられているのです。

これらの惑星は、伝統的にある星座と特別に深い関係にあると考えられていました。それが「守護星」です。英語ではルーラー、「支配者」という意味ですから、支配星と訳されることもありますが、ここではロマンチックな守護星という用語をつかっておきましょう。その星座と意味合いが似ていて、その星座らしさをよく引き出してくれる星、といったようなニュアンスですね。たとえば衝動的な牡羊座には、軍神アレスの星である火星が守護星としてあてられています。

古典的な占星術では太陽、月、水星、金星、火星、木星、土星の七つだけが用いられ、太陽と月以外の惑星はそれぞれ二つの星座をかけもちで守護していましたが、現代占星術では天王星、海王星、冥王星の土星外天体を守護星のリストに加えるのが一般的です。惑星はそれぞれ神々の名前がついていますから、守護星を考えることで星座のイメージがより生き生きとしてきますね。

【牡羊座の基礎知識】

区分	二区分　男性星座 三区分　活動宮 四区分　火
守護星	火星（アレス）
守護神	アテナ
かぎ言葉	I am（我あり）　闘争、エネルギー

獅子座の守護星

太陽
SUN

DATA&
KEY WORD

自転周期約27日（赤道）。公転周期は1年。／自分・アイデンティティ・自分が自分であること・父親との体験・英雄・目標を達成するエネルギー・世界に対する向き合い方

行動する時に表れるあなたのスタイル

太陽は、自分が自分らしく生きるための力やエネルギーを表します。この太陽の授けてくれる力をしっかり受け止め、プラスに発揮することができれば、あなたは自分の個性や資質を余すところなく発揮し、とても充実した人生をおくることができるでしょう。

ふだんよく目にする「太陽星座占い」。実はそれが表しているのは、すでに身についている性格ではなく、あなたが意識的に自分自身を創り上げていこうとする時の行動のスタイルのようなもの。だから「私は〇〇座である」というよりも、「私は〇〇座的に、人生を切り拓いていこうとする」と言ったほうが近いのです。人生のあらゆる場面でその性質は立ち現れ、次第に「〇〇座的な生き方が身についていく」という感じ。あなたがあなたであるために、必要な条件と実現していくためのアプローチ法、人生を切り拓く原動力を表すものです。

蟹座の守護星

月
MOON

DATA&
KEY WORD

周期は約27日で地球の周りを回る。正確には太陽系を回る惑星でなく、地球の周りを公転する衛星ですが、占星術では惑星として扱う。／内なる子ども（インナーチャイルド）・母なるものの体験・感情のパターン・生理的反応・根本的な人格

幼少期に形成された本能や感情のパターン

月が象徴するのは感情。あなたの中に小さな子供が住んでいるとイメージしてください。

この子は欲求や感情に正直で、わがままで甘ったれで無茶苦茶で……でもその声をすべて聞き入れていたら、現実が立ち行かなくなってしまいます。だからあなたは「理性」という分厚い扉のある部屋に閉じ込めているのです。でもその子の泣き声は、確実にあなたの耳にも届いていて、イライラしたり、不安になったり……。もし最近、そんな症状があるのなら、扉を開け、その子に会いに行ってみては？　時にはうんとわがままを聞いてあげて、ぎゅっと抱きしめてあげれば、またいい子でいてくれるはずです。そしてあなたもまた、ホッと安心してまた現実世界に戻ることができるのです。

双子座・乙女座の守護星

水星
MERCURY

DATA&
KEY WORD

公転周期は約88日。太陽系で2番目に小さい惑星。／内的世界との関わり、コミュニケーション、思考のクセ、頭のよさ、ウィット、議論、器用、思考力、言語能力、知覚能力

内に眠る知性を表現する方法

水星が表すのは知性。そういうと「学校の成績のこと?」と思うでしょうが、そうではありません。たとえば経営学の博士が、必ずしも経営の達人ではないように、もっと深い意味での知性を意味します。何を「知りたい」と思うのか、どのようにそれを自分のものにするのか、自己アピールの仕方や話し方の傾向、あるいは異なるものを組み合わせて新たなものを生み出す力なども示します。さらにもう一つのキーワードがコミュニケーション。人と言葉を介してわかり合うことは知性の働きに他なりません。

また、これは他人との関係性に限らず、自分自身との対話能力も含まれます。自分に何かを問いかける力や思考の癖も水星が教えてくれるでしょう。

牡牛座・天秤座の守護星

金星
VENUS

DATA&
KEY WORD

公転周期は約224日。地球から〝明けの明星〟として肉眼で見ることができます。太陽系第2惑星。地球と大きさや密度がよく似ている。／楽しみ・恋焦がれる気持ち・理想の女性像（男性にとっての）・愛のスタイル・芸術・好きなもの・その人の魅力

〝好き〟の感情をどのように表現するか

金星は〝愛の星〟――。確かに金星がある星座やハウスで、その人の愛のスタイルがわかります。でも、だからと言って金星は「恋愛命」の女子のための星、なんて思ってしまったらもったいない！　たとえば、かつてセックスは〝種の保存〟のための行為にすぎませんでした。

これはいわば月が表す〝母〟の側面です。それを、相手を恋焦がれる気持ちの切なさ、受け入れてもらえた時の喜びなど、愛することの美しさ、そして楽しさへと昇華させたのは、他でもないこの金星。「とにかくそれが好きでたまらない！」そんなときめきこそが金星が象徴するもの。それは恋愛に限りません。趣味でも仕事でもファッションでも……金星の女神がくれるのは、愛だけではなく、生きる喜びそのものなのです。

牡羊座の守護星

火星
MARS

DATA&
KEY WORD

公転周期は約2年半。／力・暴力・戦い・自分の意思を証明するための武器・運動能力・エネルギー・闘争本能・理想の男性像（女性にとっての）

意志を遂行するべく、あなたが戦いを挑む時

あなたが何かに対して戦いを挑むのはどんな時でしょう？　自分が攻撃されたと感じた時、自分の思いが正しい、と叫ぶ時……いずれにしろ、自分の意志を主張する時に、その剣をふりかざすはず。自分の意志、それは太陽の管轄。つまり太陽の意志を現実的な実行に移す戦士が火星なのです。

たとえば何か不当な扱いを受けて「このままじゃいけない」と思った時、その意志を暴力という形で実行に移す人もいれば弁舌によって攻撃する人もいます。意志を遂行する時に「どのように行動するか」を火星は表しています。力がなければ「自分」でいることはできない……あなたの中にいる戦士に目覚めましょう。

射手座の守護星

木星
JUPITER

DATA&
KEY WORD

公転周期は12年。太陽系の中で最大の惑星で、地球の11倍、厚いガスに覆われている。／幸運・拡大・発展・楽観性・富・自我の膨張・傲慢さ・宗教・人生に意味を求める・オープンマインド

木星がくれる、幸運の正体とは……？

幸運の星・木星――、その意味としてよく〝拡大〟というキーワードがありますが、これはどういうことなのでしょうか。木星が与えてくれるのは〝この世界は自分の味方だ〟という感覚。この宇宙は自分の敵ではない、ということを素直に信じられるとしたら、その人は開放的かつ楽観的になり、自信を持って巡ってきたチャンスをしっかりとつかむことができるでしょう。

そしてもう一つ、木星が与えてくれるのは人生の〝意味〟です。〝なぜ、自分は生きているのか〟その答えがなければ、人の人生は空しく、ただ日々を浪費していくことになります。人生に意味を感じ、未来を信じられる……それこそが、きっと〝大吉星〟（グレーター・ベネフィック）木星がくれる〝幸運〟の正体なのでしょう。

山羊座の守護星

土星
SATURN

DATA&
KEY WORD

公転周期は約29～30年。神秘的なリングを持ち、太陽系では木星に次ぐ大型の惑星。地球の直径の約9倍／影・認めたくない面・哲学者の資質・困難を持って取り組まなければならない課題のありか・時間・自我をコントロールすることを学ばせる

その〝先〟に進むために乗り越えるべき試練

土星が表すのは、あなたがなるべく「見たくない」と思っている〝影の部分〟。「こんな自分がいるなんて認めたくない」もしくはそうした意識にすら上らない抑圧している〝何か〟かもしれません。だとしたらそれをわかりやすい形で目の前に突きつけ「ここを直すべき」と教えてくれる土星先生の言葉は、ありがたいものに思えませんか？　自分ではなかなか気づけないことを教え、成長の機会を与えてくれるのですから。

楽な〝ありのまま〟の自分であろうとするあなたに「NO」を突きつけ、「ここを自分の意志でコントロールすべき」と教えてくれる土星。その課題に今から手をつけるか、後回しにするか……はその人の自由。でも避けているうちは、その先には進めない、ということをお忘れなく。

水瓶座の守護星

天王星
URANUS

DATA&
KEY WORD

公転周期は約84年。イギリスの天文学者によって1781年に発見された比較的新しい惑星／突然の変化・秩序を打開し革新をもたらす力・タブーを超える・自由・革命・新しい発見・革新的であるがゆえの孤独感・革命家としての素質

新たな未来を作り出す力

18世紀のフランス革命や、アメリカの独立、人々が「世の中を変えたい！」と叫び、武器を手に取ったまさにその時、この星は私たちの前に姿を現しました。型にはまった常識や価値観、社会の構造。そんなものを打ち破るための力を、天王星は私たちに与えてくれるのです。改革と革新を司ると言われるこの星を、そう簡単に使いこなせはしないでしょう。

けれどあなたの意識が、今よりもっと先、これからくる「新たな未来」へと向いた時、あなたは天王星の力を自分のものとします。目の前にある、いつもの「当たり前」に疑問や憤りを抱いたその瞬間が、まさに天王星パワーの「発揮し時」です。古いものを、どんどん壊していきましょう。壊した後は、創ってください。「新たな未来」を自分で作り出すのです。

魚座の守護星

海王星

NEPTUNE

DATA&
KEY WORD

公転周期は約１６５年。１８４６年に発見された天体で、天王星とほぼ同じ大きさ。望遠鏡で見ると海のような深いブルーが印象的／神秘・幻想・夢・混乱・ロマンチシズム・芸術性・酒やドラック・酩酊状態・すべてが調和した、幸福な瞬間

夢と無意識の世界へ溶け込む時

この世界に生きる人々は皆、「自分」という枠組みの中で生きています。その枠組みを徐々に、時に唐突に溶解させ、自己を無意識へと連れ去ってしまう……それが海王星の持つ力なのです。たとえばアルコールを摂取した時、私たちの意識は徐々に朦朧としてくるはず。現実を直視することを忘れ、夢の中へ。いわゆる「陶酔」状態に陥ります。

海王星は、私たちに「酔い」をもたらし、現実世界に魔法の靄をかけてくれるのです。もちろん陶酔の対象は人によってさまざま。海王星の働きで、音楽や絵画、文学作品など、芸術に傾倒する人もいるでしょう。恋愛に酔う人もいるかもしれません。酒に酔えるのは、現実で酒を飲む人だけ。海王星のパワーとは、現実を生きる人への宇宙からのご褒美なのかもしれません。

蠍座の守護星

冥王星

PLUTO

DATA&
KEY WORD

公転周期は約２４８年。１９３０年に発見され、現在では太陽系最はての準惑星。占星術で用いられる星の中では、最も遠い起動を回っており、一つの星座を20年近くかけて動きます／存在の基盤にあるエネルギー・生存本能・死に対する恐れ・根本的な変容・核兵器・秘密・宿命・自分の力を超えたどうしようもない事柄

〝変容〟を超えて新たに生まれ変わる力

ローマ神話に登場する冥界の王、「プルトー」の名を持つこの星は、その名の示す通り、闇の世界を象徴します。闇の感情にとらわれない人など存在しません。悲しみや苦しみ、嫉妬や憎悪……幾度と訪れるそんな感情を乗り越えながら、私たちは人生という長い道を歩むのです。偉大な作家や思想家たちの多くは、そんな心の闇と向き合い、それを掘り下げ、人の心の奥深くに迫るような思想や作品を作り上げて行ったのです。

冥王星は、私たちに闇と力を投げかけます。厳しく難解な、試練とも呼べる課題と、それを乗り越えることで、魂や人生を変容させる力です。冥王星のパワーには誰も抗えません。いえ、抗おうとはしないでください。それは言い換えれば「生きる」力なのです。

part 3

もっと詳しくあなたがわかる誕生日占い

誕生日にはたくさんのメッセージがある

あなたがこの世に生を受けた時、最初にもらった贈り物、それが誕生日です。その特別な日にどんな意味が込められているのか。星からのメッセージを受け取ってください。そこには深い運命の暗示が込められているのです。

この本で採用したのは、カレンダーの上でのあなたの「誕生日」そのものです。通常の星占いでは、すべての人を12通りに分けますが、誕生日占いでは、３６６通りの解釈に分かれます。複雑な計算などはいっさい抜きにして、ただ自分の誕生日をもとにすればよいのです。

やや専門的になりますが、これは、黄道（地球から見た時の太陽の通り道）を細かく見ていくことで、より微細な性格の違いを分析していく手法です。さらに、西洋占星術とならび、ヨーロッパでは厚く信頼されている数秘術のテクニックも大きく参考にしました。

あなただけのスペシャルな「誕生日」。この特別な日にどんな意味がこめられているか、星と数、そしてそのほかのさまざまなシンボルたちから読み取ってください。

牡羊座
ARIES

3/21 何事も惑わない人

純粋なスピリットの持ち主で、損得勘定で動かない人。よいものはよい、価値基準がはっきりしており、陽気で快活、人をひきつける魅力がありますが、助言を聞かないのが玉にキズ。

3/22 強い存在感のある人

強い存在感と強烈な個性の持ち主。遠くにいても、この人とわかってしまうような人目につきやすい傾向があります。声が大きかったりするのも一因。舞台役者の仕事がぴったり。

3/23 曇りのない眼を持つ人

偏見や憶測などに左右されないクリアな視点で物事を眺められる人。聡明な知性のおかげで多くの人に尊敬されます。とはいえ勉強一筋の堅物ではなく、遊びにも積極的。

3/24 情熱に突き動かされる人

強いカリスマ性の持ち主。無意識のうちに他人を自分にひきつける魅力があり、いつも大勢に囲まれている人生を送っているはず。短気なところもあり直情的な行動には注意を。

3/25 理想と正義に燃える人

強い理想主義の持ち主で、正義感が強く、曲がったことが大嫌い。決して不正を許しません。そのまっすぐな感性が表に出ると、周囲が反対しても自分の信念で潔く生きていきます。

3/26 情熱と野心の人

ほとばしる情熱を持ち、社会的に認められたいという野心が強い人。どんなに困難があっても信じた道を迷わず突き進み、頭角を現す運命。組織の中で能力を発揮でき出世できます。

3/27 ファイティング・スピリットを生きる人

生まれながらに激しく強いパーソナリティーを備え、闘争心が強い人。幼い頃から負けず嫌いで、常に主導権を持ちたい人。そうしたパワーは逆境に強く、成功を勝ち取ることに。

3/28 多方面にエネルギーを注ぐ人

人生に前向きで、何事にも積極的に関わっていく気力とパワーを持つ人。自立心が強く、好奇心も旺盛。もともとマルチな才能の持ち主で器用にこなし、多くのジャンルで活躍します。

3/29 誇り高さと親しみ深さを持つ人

プライドが高い面と、誰にも気さくに接する親しみやすさ両面を合わせ持つ人。気配りができ、繊細な感受性を持ちながら度胸もあり、大胆な行動をする性質も。芸術的関心が強い。

3/30 大らかで正義感あふれる人

強運な生まれで自分の可能性を広げていける人。大らかで正義感が強く、弱い者の味方。自分の価値観をしっかり持ち、やりたいことで成功できる恵まれたタイプ。他人との衝突は少ない。

3/31 なびかない芯の強い人

何ものにもなびかない芯の強さを持つ人。情熱と冷静さを合わせ持ち、熱く自分の意志を貫きながら、物事や自分自身を冷静に客観視しています。人生で迷いや悩みは少ないでしょう。

4/1 輝く自己主張の人

自己アピールに積極的な人柄で、その主張に見合った強い個性を持ち合わせています。人に流されず、リーダー的な立場を確立。他人に認めてもらえないと愚痴っぽくなる傾向も。

4/2 想像力豊かでエネルギッシュな人

心の働きが活発で、それを武器に自分の居場所を獲得するタイプ。おしゃべり好きで頭の回転が早く刺激的な人。感受性と想像力が優れてどんなに煮詰まった状況でも打開します。

4/3 魔法の太陽のような存在の人

どんな時もほがらかで快活。小さな幸福を膨らませることが得意、それを積み重ねて大きな幸運を実現できます。その明るさは、先見の明がもたらすもので周囲を照らす太陽のようです。

4/4 何かをこわしては作る人

極端に個性的で、あらゆる面で自分の考えや方法を持っている人。自然体でいても人と同じにはならない。独自性が許容されない環境では、窮屈さを感じて攻撃的になってしまいそう。

4/5 発想をエネルギーに変える人

好奇心と知性の人。面白いものには目がなく、自分のセンスに従って自分のものにします。いつも多忙で楽しそうに見られますが、聡明さがマイナスに作用すると変わり者と言われる。

4/6 ほれっぽい情熱家

気に入った対象を見つけると、生活を犠牲にしてものめり込んでしまう人。情熱的で勘もいいため、少し勉強しただけでモノにします。常に何かを好きになっていないと気がすまない。

4/7 夢想家で行動力に満ちた人

想像力が豊かな人。夢に向かって情熱的に、寝る間も惜しんで取り組む表情は子供のように輝いています。現実と想像の両方を渡り歩く性格は極めて個性的。自分の世界を作ります。

4/8 地に足がついた人

判断の基準をすべて自分の中に持っている人。人の助言や教科書よりも、身体や脳が出すサインに従います。そのため直感が当たり自分だけ得することも。重要な地位を任される運命。

4/9 燃え上がる情熱家

極端にパッショネイトな性格の持ち主。心はいつも精気がみなぎり行動力に満ちている。表面は穏やかですが、リーダーシップを期待される場面も多いはず。平凡さを嫌う傾向があります。

4/10 野心と風格がある人

いつも堂々としていて人から信頼を集められるボス役にうってつけの人。現状に甘えず、親しい人と革新的な計画を進める進取の気性も持ちます。成功を仲間で分かち合うのが喜びに。

4/11 筋を通す人

アグレッシブな行動力と特殊なセンスを持つ人。それを隠そうとしないので、奇抜な人と思われがち。自分のスタイルを通すこだわりのあまり気難しい人と敬遠される心配も。

4/12 のびやかで活動範囲が広い人

仕事とプライベート両面で充実した人生を歩もうとする人。社会的な立場と私生活の双方が充実するとすばらしい人格者に。危険な冒険もいとわないため、安全の確保に注意。

牡牛座
TAURUS

4/13 あえて自分を打ち出す強さの人

自分らしさを表現することに対し、強いこだわりを持つ人。反感を買ってもひるまず、人生の方向性を作っていきます。人間関係では衝突を繰り返しながらも、絆を深めていきます。

4/14 強さと柔軟さを合わせ持つ人

強いパワーを持ちますが前面に出すことは好みません。断固とした主張があっても、自然に通るようにする行動力と頭のよさの両方を持ちます。接し方を誤ると狡猾と映るので注意。

4/15 人をひきつける魅力的な人

高い美意識とアグレッシブな活動性の二つがこの人の特徴。美しさへのこだわりが強く、ナルシストと誤解されても気にしません。年を重ねると周囲への気遣いが身につき人を魅了します。

4/16 直感力にあふれる大胆な人

唐突に大胆な行動に出て、周囲を驚かすタイプ。基本的には繊細で、人の気持ちを推し量り、自分の我を通すことはしません。強い直観に駆られると突っ走ってしまうのです。

4/17 大きな目的意識を持つ野心の人

行動力と計画力、実務能力を合わせ持ち、仕事においても恋においても、自分の定めた照準に歩みを進めていく人。粘り強さも人一倍ですが、方向が見えなくなる急な計画変更が苦手。

4/18 困難であればあるほど燃える人

困難な状況に置かれた途端、忍耐強さが生まれて高いハードルを打ち破ることができる人。負けん気も人一倍、ライバルも多い状況になると闘志を燃やし、敵の多い人生を送る心配も。

4/19 スポーツマンシップに満ちた人

曲がったことが大嫌いで、正当な道を歩もうとする、いつも正々堂々としていたい人。チーム競技のスポーツなど得意分野。小細工が苦手なので、狡猾さが必要な仕事には向きません。

4/20 安定と冒険両方を望む人

勤勉さと協調性で、安定した人生を歩む一方、思い立ったら即行動する冒険心も。将来を見通す目で、危険はしっかり避けることができます。人情味に溢れ、人づきあいも上手。

4/21 物質的安定を望む人

不思議な縁に味方され、ほしいものを着実に手に入れることができます。美しいものに人一倍興味を示すタイプ。人脈を築くのが得意。自分の意見を通しつつ相手の信頼を得ることも。

4/22 意図しない変革者

現実的な感覚とユニークな個性を併せ持つ人。人を惹きつけ、物事をよい方向へ変えていく影響力は絶大です。自分でも気づかないうちに革命を起こす可能性を秘めています。

4/23 説得と交渉の人

自分の意見や信念を、言葉を通して相手に理解させることができます。どんな相手でも最終的には納得させてしまう理論的な面と、平等で安定した世界を望むまっすぐさも。

4/24 天性の楽しみ上手

人生の喜びや面白さを百パーセント感じることができる人。楽しいことが大好きで、自分の好きなことだけやって生きていく術を知っています。審美眼と美的センスも優れています。

4/25 創造的な癒しの人

豊かな発想力と、それを育む力があります。そのイメージを現実のものにする能力も同時に備えています。感受性が強く心やさしいので、人をリラックスさせることもできます。

4/26 決して諦めない人

時間をかけてでも成しとげる、そんな忍耐力と根気強さが魅力。志と目標は高く持ち、途中で放り投げるようなことはしません。経済的な安定と健全な社会生活を求めるタイプ。

4/27 大胆不敵な策略家

綿密な計画を立て、情報をしっかり収集し、満を持して大胆に動くことができる人です。人に頼らず、自分の力で状況を打開する力があります。新しい力を模索する力も。

4/28 周囲を安心させる健全な人

真面目で明るく素直な人。愛嬌があり人当たりもいいので、周囲の人からの人気も抜群。リーダーシップにも長けています。人の目を惹く魅力があり、華やかな場所が似合います。

4/29 ユニークな発想力を持つ現実派

ふつうの人が思いもよらない斬新で独創的な発想ができます。さらに現実的な能力も併せ持っているのが強み。きめ細やかな感性で、芸術や美に関する才能もとても豊かです。

4/30 この世の喜びを感じる人

この世の豊かさを五感で感じ取る能力に長けています。人に喜びを与え、楽しませることも得意。そのため周囲には自然と人が集まってきて、いつもにぎやかで明るい人生に。

5/1 趣向をこらす人

繊細な五感を駆使し、見るもの触れるもの、全てを最高の状態で味わう人です。どうすればもっとおいしくなり、どうすればもっと楽しくなるか、創意、工夫を怠りません。

5/2 やさしさと思いやりに満ちた人

どんな時も失われないやさしさと思いやりの持ち主。心の機微に敏感で、聞き上手。相手の悲しみや痛みが和らぐまで、そばにそっと寄り添ってあげることができる人です。

5/3 貪欲さと無縁の人

何事にも恵まれた人です。生まれ持った強運が、心にゆとりを生み、どんな時もかりかり焦ったりしません。失敗を恐れない心の余裕が、さらに成功を招きます。

5/4 ユニークなビジョンの人

ありきたりのものはよしとしません。大切なのは、自分らしさ。気に入ったものがなければ自分で作ってしまう器用さ、クリエイティビティに恵まれた人です。

5/5 夢と希望に忠実な人

頭を使って真剣に考えぬき、問題を解決する人。絵に描いたもちに興味はありません。漠然とした夢や希望を具体的な「課題」ととらえ、打開策がひらめきます。

5/6 本質を見抜く人

美しいものを愛するがゆえに、美しいものを見抜く目を授けられた人。価値を感覚的にとらえるので、ものだけでなく、人の本質さえもズバリと見抜いてしまいます。

5/7 理想を現実に変えていく人

世界平和や人道支援などスケールの大きな夢を描く人。広い視野の持ち主で、いつも先の未来を見つめています。小さくまとまらず、グローバルにものを考えるでしょう。

5/8 実直で堅実な人

よけいな情報や無駄な見栄にはいっさい惑わされないリアリスト。実際に目にしたものだけを信じます。ずば抜けた客観性で自分の地位や身の丈までも把握してしまう人。

5/9 年をとらない人

バイタリティーの塊。いくつになっても何をやっても若々しい輝きを放つ人。衰えないパワフルさと軽やかな足取りで、どんな困難もひょいと乗り越えます。

5/10 困難に負けない人

何事もやればできる、と身を持って人に示す人。目的意識がはっきりしていて意志が強いため、困難な状況を必ず打破してしまいます。長い目でじっくり取り組むタイプ。

5/11 冒険に憧れる人

旅に出るチャンスをいつも探している人。ひとたび冒険に飛び出せば、「人に役立つこと」を目指します。常識的で現実的。動き出すタイミングは決して間違えません。

5/12 高みを目指す人

現実的な「ぜいたく」を追求できる人。お金を稼ぎ、資産を増やし、生活水準を向上させます。一度きりの人生を最大限に満喫するため、積極的にいいものを取り入れるのです。

5/13 聡明で真実を見抜く人

真意を見抜く天才です。会話の中から的確に要点をつかみ、ストンと「腑に落とせる」人。直感がたいへん鋭く、いわゆる「大人の事情」も、あっさり読み取ってしまいます。

5/14 アイデアの種を開花させる人

頭の回転が速く、ユニークな提案で周囲をあっと驚かす人。つねにアンテナを張り巡らせ、気になる情報はすかさずキャッチ。アイデアの種を次々に開花させます。

5/15 愛情豊かな人

人一倍愛情深い温かな心の持ち主です。人はもちろん、物に対してもこれでもかと愛情を注ぎます。コレクションに目覚めると、金に糸目をつけなくなります。

5/16 夢をかなえる人

大きな夢をかなえてしまうパワーの持ち主。現実までの道のりを楽しむ心意気がいつの間にかゴールまで導いてくれます。小さなことからコツコツ始めるのが得意な人です。

5/17 上を目指す人

自分に厳しくつねに向上心を忘れない人です。目先の利益や私利私欲にはいっさい惑わされません。芽が出ない時期もやけにならずにじっと耐え、必ず大輪の花を咲かせます。

5/18 ガッツあふれる人

持ち前のパワフルさで必ずゴールにたどり着く人。目の前のハードルが高ければ高いほど、燃えるタイプです。乗り越えるまで努力を重ねる驚異的なスタミナの持ち主。

5/19 カリスマ性を持つ人

強烈なカリスマ性を備えた人です。自分が知らないところで思わぬ人気を集めてしまうことも。穏やかで誠実な性格なので、慕われても天狗になることはありません。

5/20 やさしさと強さの人

一緒にいる相手をほっと安心させる癒しの達人です。可憐な印象ですが芯が強く動じない一面もあり、男女を問わず、人気を集めます。ピュアでイノセントな雰囲気が魅力です。

Ⅱ 双子座 GEMINI

5/21 守られている人

心が豊かで明るく前向きのため、幸運を引き寄せるパワーがあります。行動力があり新しいことに挑戦し可能性を広げます。ただ悪を見抜く力に欠け、詐欺や人に裏切られることも。

5/22 ユニークな天才肌

知性的で発想がユニーク。天才的なひらめきと才能を秘めています。人と違う人生を歩むのを恐れずに。ただ協調性に欠け、社会人としての常識も今一つですのでその点に注意。

5/23 興味のまま飛び回る人

頭の回転が速く、素早い行動力を持つ人。旺盛な知識欲があるため多くのことに興味を持ちます。一つの道を極めるよりゼネラリストとして活躍。一歩間違えると器用貧乏にも。

5/24 シンプルで飾り気のない人

シンプルで飾り気がなく、自分の信じる道をまっすぐ進もうとする人。清廉潔白で嘘が大嫌い。ただ自分の世界に留まる可能性があり人との交流で自分を理解してもらうことが大切。

5/25 論理と直感を併せ持つ人

論理的な思考と直感力を持つ人。独自の感受性を持ち、人と違った視点を持つので風変わりな人とも。仕事など公的な場では困惑するような言動は控えることで難を回避できます。

5/26 実際的なスキルの人

要領がよく、物事を巧みに処理できる能力に長けています。ビジネス感覚も抜群。ただ、現実的な利益を追求するあまり、敵を増やす傾向も。人の心を思いやる気持ちを持つこと。

5/27 好奇心と冒険心にあふれた人

好奇心と大胆な行動力をもつ人。鋭い弁舌も持ち本質をずばり突きます。進取の気性を持ちますが、新し物好きで流行に踊らされる傾向があり、ひとつの信念は通す姿勢が必要。

5/28 ほがらかな笑顔の人

天性のほがらかさと屈託のなさで周囲を和ませる人。幅広い人間関係を築くことができ、才能を発揮できます。ただ、楽観的すぎてイージーになりがち。自分を甘やかさない努力を。

5/29 柔軟に相手に合わせられる人

人間関係に柔軟に対応できる人。相手のキャラに合わせて、誰とでもうまくやっていけるタイプです。ときに気まぐれなところがあり、親しい人に態度が出てしまうのが今後の課題。

5/30 さわやかな知性の人

一を言えば十を知る賢さを持ち、理解力抜群の人。状況判断も的確で、場の空気を読み行動します。誰もが魅了され、人前に立ち活躍しますが、ときに子どもっぽいわがままな一面も。

5/31 シャープでひらめきのある人

一言でいうなら切れ者。知識が豊富で、何をしても敏腕にこなします。豊かな発想とひらめきで能力を開花させます。非凡すぎて周囲の理解を得られないことも。わが道を進んで。

6/1 アイデアを次々生み出す人

頭の回転が速く、新鮮なアイデアを生み出せる人。発想と愛嬌で周りに人が多く集まりますが、アイデアを出しただけで疲れてしまい、最後までやりとげる気合が欠けることも。

6/2 愛すべき二面性

現実的で合理的な部分とデリケートな内面、二つの性格が複雑に絡まった人。奥行きの深い人間に。仕事を力強くこなしつつ人の気持ちを理解し、寄り添うことができるでしょう。

6/3 話題豊富な哲学者

話し上手で、ノリがよく、一見軽そうに思われがちですが、じつは哲学的な人。知識も豊富なので、親しくなるほどにその味わい深い魅力にはまっていく人が多いでしょう。

6/4 常識にとらわれない人

世間的な常識にとらわれず、自分の納得のいくまで自らの頭で考えられる人。古い習慣やルールを変えていく宿命を持ち、どの分野においてもパイオニアとして活躍します。

6/5 学び続ける人

すべての情報を知識として自分の中に取り込み、応用していける人です。人との交わりの中にも「学び」を見出せるので、自然と人脈が広がっていくでしょう。

6/6 喜びの仕掛け人

つねにアンテナを巡らし的確に場の空気を読み、人々のニーズに応えていくことができる人。その観察力は、とくにおしゃれやグルメなど、人を楽しませる分野で花開きます。

6/7 知的な芸術家

あらゆることに好奇心を抱き、ジャンルを問わずとことん追求するタイプ。中でも芸術のセンスにすぐれているので、自らアーチストとして活躍する可能性も十分です。

6/8 未来を見据える人

現実を冷静に見つめ、今、自分のやるべきことを的確に判断できる人です。長期戦が得意で、綿密に計画を立て、それが実現されるまで粘り強く取り組むことができます。

6/9 言葉の魔術師

物事の本質を、ずばりとシンプルに言い当てる人です。自分が発見した真実を人に伝えたい欲求も強いでしょう。言葉に力があり、人を説得したり交渉の場で手腕を発揮します。

6/10 挑戦を楽しむ人

一つの方法にこだわらず、あらゆる可能性を考えて決断できる柔軟な知性の持ち主です。大胆に行動を起こす気概もあるため、鮮やかに成功への階段を駆け上がるでしょう。

6/11 バランスと安定の人

自分の外の世界と内の世界を認識し、両方を大事にできる人。そのため心のバランスが取れており、人助けをする余裕もあります。結果として周囲から信頼を寄せられるでしょう。

6/12 飾り気のない人

物怖じせず誰にでも話しかけられる天真爛漫さが武器。そのため大物からのサポートを受けることも。小さくまとまらず、広い世界に飛び出していくのが似合う人です。

6/13 自立と独創の人

世間の価値観に左右されず、自分の頭で考える人。面白いものを見つけることが得意。自由で個性的な発想をします。自分が「よい」と思ったことに、全力で情熱を注ぎます。

6/14 時代の先どりをする人

時流の流れを敏感にキャッチし、うまく自分の中に取り込む人。いくつになっても時代の最先端を歩む人です。一つのことに執着せず、つねに未来を見据えています。

6/15 ユーモアある芸術家

人を楽しませる力は天才的で、サービス精神にあふれた人。とはいえ人柄の親しみやすさの中に気品を備えています。芸術を理解する感性にも恵まれ、幅広く趣味を楽しむでしょう。

6/16 広がりを生む人

知性と感性をバランスよく持ち、それを生かすことができる人。アイデアを大きくふくらませることができるので、創作活動や人の可能性を引き出す職業に適性があります。

6/17 器用で謙虚な人

器用で、何事も人並み以上にこなせる人。確認を怠らない慎重さを備えているので、どこへ行っても高く評価されます。実績や高い評価を鼻にかけない謙虚さも魅力です。

6/18 決断の速い人

過去にとらわれることなく、よいと思ったことは即、実行。悩まず、迷わず、すぱっと決断する人です。頭の回転が速く、動きながら物事を考えていくので処理能力は人一倍です。

6/19 雰囲気つくりの達人

些細なことにこだわらない、大らかな性格です。いるだけでその場がぱっと明るくなる、華やかな雰囲気があります。人を元気づけるのが上手なムードメーカーといえるでしょう。

6/20 感度良好アンテナの持ち主

観察力が鋭く、相手の要望を的確につかめる人。サービス精神があり、人を喜ばせることが生きがいです。とくに悩みを抱えた人を癒す職業に適性があるでしょう。

6/21 裏表のない楽天家

思っていることがすぐに表情に出てしまう嘘のつけない人。そのため他人に警戒心を抱かせません。自然と他人の心をなごませ開かせる不思議な力があります。

♋

蟹座

CANCER

6/22 記憶を刻む人

慎重で人見知りしますが、いったん心を許した相手には、とことん愛情を注ぐ人です。映画や本の内容を細部まで覚えてしまうような、抜群の記憶力に恵まれています。

6/23 頼れる相談役

情報を収集、整理し、分かりやすく人に伝える才能の持ち主。聞き上手なので、悩み相談をされることが多く、相手の気持ちを正確に理解し、的確なアドバイスができます。

6/24 素朴で温かい人柄

相手を包み込むやさしさにあふれた人。人の気持ちが手に取るようにわかる才能があります。そばにいるだけで、心の体温が伝わるような愛の深さが魅力の人です。

6/25 夢の世界をつくる人

空想力が豊かで、架空の世界に心を遊ばせることができるアーチスト。それを文章や絵によって表現できる力があるので、人々の心を強くいやす作品を生み出すことができます。

6/26 縁の下の力持ち

いつも他人への配慮を忘れない気配り屋。責任感が強く、ほかの人が避けて通る作業もすすんで引き受けます。そのため周囲から「頼もしい人」と思われているでしょう。

6/27 全力で熱血の人

表面的には穏やかに見えても、内にはマグマのような情熱を秘めています。その勢いは周囲の人をも動かし、停滞したムードを払しょくさせるパワーがあるでしょう。

6/28 愛と思いやりの人

孤立している人を見ると、真っ先に駆け寄るやさしさを持つ人です。気さくな雰囲気で、どんな人からも慕われますが、その瞳はつねに冷静に、相手の本心を見抜いています。

6/29 絆を大切にする人

頭よりハートで感じる人です。大事な人と心が通い合うことが、人生の最優先課題でしょう。冒険は避け、自分の生活圏内を安心と思いやりで満たしたいと考えています。

6/30 感情が豊かな人

笑ったり、泣いたり、感情表現がダイナミック。自然と人を惹きつけるため、常に輪の中心にいるでしょう。人生を楽しみながら生きたいと願うので、多趣味であることも特徴。

7/1 飾らず、偽らず

うまく世渡りするよりも、自分の心に正直に生きようとする人。不器用なところもありますが、最終的には人の信頼を勝ち得ます。飾らない人柄で、人の心を開かせる力もあります。

7/2 思いやりの達人

感受性が豊かで、人の気持ちに共感できるやさしさを備えています。寂しさや孤独を知っているからこそ、周囲に繊細な気配りや愛情を注ぐことができる人です。

7/3 心やさしき癒しの人

人をリラックスさせたり、心の痛みを察したり、「癒し」の才能に恵まれた人です。どんなに傷ついたとしても、人にやさしく尽くすほど大きな幸運を引き寄せるでしょう。

7/4 豪胆なカリスマ

気まぐれでわがままですが、それすら魅力にしてしまう、不思議な求心力の持ち主。判断力にすぐれ、決断も大胆です。時には周囲をリードしながら、目標に向けて突き進みます。

7/5 マルチな才能の人

バランス感覚が抜群にすぐれています。物事をいくつも同時に処理したり、多角的な視点からものを考えたりできる人。悩みに的確なアドバイスを与える才能も併せ持っています。

7/6 愛情深い観察家

美しいものが大好きな人やものの中に潜む「愛らしさ」を発見する天才でもあります。しぐさや目線だけで、相手の気持ちを察する、敏感で繊細な感受性も秘めています。

7/7 天啓を受ける人

おっとりした雰囲気ですが、実は鋭い直感力に恵まれた人。世間の流行や常識ではなく、目に見えない感覚やひらめきを大切にします。占い師として敵性を発揮することも。

7/8 心強いリアリスト

現実的でまじめ。こつこつ努力を重ねる人です。机上の空論を嫌い、実際に行動して、自分の誠意を表現します。一度決めたことは、何が何でも守りぬく、騎士のような人です。

7/9 天性のリーダー

タフな熱血漢で、集団をまとめる才があります。メンバーの胸の中の熱意という炎に燃料を加えながら、大胆な行動力と、こまやかな気配りで人々をゴールまで導くでしょう。

7/10 絆を大事にする人

家族との縁が強い人です。温かい愛情の持ち主で、一人の寂しさを知っているからこそ、大事な人との関係を守りたいと願うのです。期待されるほど頑張れるタイプです。

7/11 時代の先読み人

敏感なアンテナで、人の気持ちや流行をいち早く察知します。まだ形になっていない潜在的なニーズをくみ取ることができるので、ヒットメーカーとして、脚光を浴びることも。

7/12 自分に正直な人

飾り気がなく、素直で率直な感情表現ができる人です。人目や他人の評価はいっさい気になりません。関心のあることを黙々と続けられる、ずば抜けた集中力の持ち主です。

7/13 わが道を行く人

「変わっている」は、この人にはほめ言葉。人と同じ道を歩むのを嫌い、どんなことも自分なりの表現をします。小さなきっかけから大きな発見をすることも。

7/14 情に厚い知識人

世のため人のために知識を使おうとする、心温かい人。言葉にしづらい繊細な心情や複雑な状況を、ズバリと言い表す才能に恵まれているため文筆業に向いているでしょう。

獅子座
LEO

7/15 洗練された美意識

周りに流されず、自分の価値観を貫く人。こだわりを持って選んだ物や人に囲まれて、心地よく日々を過ごしたいと願っています。そのため整理整頓や掃除が得意です。

7/16 無欲で勝利する人

主張しなくても、いつのまにかすべて自分の思い通りになっている。そんな不思議なパワーの持ち主。ひらめきに恵まれているので、クリエイティブな職業に適性があります。

7/17 清らかな正義感

穏やかな雰囲気ながら、実は強い正義感を内に秘め、不正をただそうとする清い心を持った人です。「自然」と縁が深く、自給自足やシンプルライフに取り組むと運が開けます。

7/18 無限に湧き出る愛

自分のことより誰かのために頑張る人です。思いやりのあるやさしい性格で、人に「何かやってあげたい」という気持ちを強く抱いています。損得勘定や打算とは無縁でしょう。

7/19 素顔で生きる人

素朴で明るく、ありのままに生きる人。誰とでも本音で接するため、友だちが多いことでしょう。古きよきものに敬意を抱いているため、目上の人から可愛がられることも多いはず。

7/20 笑顔の配達人

寂しがり屋でデリケート。そばで支えてくれる仲間を心から思いやり、大切にする人です。持ち前のユーモア精神で、仲間を笑顔にすることが何よりの喜びです。

7/21 大樹のような人

めったなことでは怒らない、スケールが大きい人。いつもどんと構えていて、頼りがいがあるので信頼を寄せられるでしょう。世界や人生を哲学的に考えることを好みます。

7/22 神がかり的才人

不思議な直感やひらめきに導かれるタイプです。人生の節目で、ぴんと勘が働くことがあるでしょう。おとなしそうな印象ですが、芯は強く、トラブルにはタフに対処します。

7/23 アピールの天才

サービス精神にあふれ、人を楽しませるのが大好きな人です。自分の魅力を表現したり、演出するのはお手のもの。人の輪の中で目立つことに、大きな喜びを覚えます。

7/24 華のある人

生まれながらのエンターテイナー。気品あふれる華やかさとアーチスティックな才能の持ち主です。妥協を許さず、理想の実現に向けて、粘り強く取り組むでしょう。

7/25 己を律する人

人にやさしく、自分に厳しい人です。いったん目標を定めたら、どんなに険しくても、実現するまでけっして諦めません。あえてつらい道を選ぶような独自の美学を持っています。

7/26 堂々とした風格

質実剛健のイメージを地で行く人。存在感があり、発言にも重みがあるので、多くの人から信頼されます。じっくりと時間をかけて、マイペースで計画を進めるタイプです。

7/27 勝負を挑む戦士

みなぎる自信と熱い闘志で、どんな問題にも真正面から立ち向かうファイター。喜怒哀楽が表面に出やすく、嘘がつけない正直者です。情にあつく、面倒見のいい一面もあります。

7/28 大衆を率いる人

誰かの指示を待つのではなく、自分からどんどん動いていく人です。「この人がいれば大丈夫」という頼りがいを感じさせるため、リーダー役を任されることが多いはずです。

7/29 温かい助言者

誰に対してもやさしく、まるで自分のことのように人の喜びや悲しみに共感できる人です。悩みを相談されると、相手の気持ちも整理し、的確なアドバイスを贈ります。

7/30 幸運に恵まれた人

生まれながらに王者や女王のカリスマ性を持っている人。はっと目を引くパワフルな輝きに満ちています。自然と周囲に人が集まり、尽くしてくれるでしょう。

7/31 穏やかな切れ者

頭の回転が早く、シャープな分析力の持ち主です。堂々とした雰囲気で、自分からアピールせずとも、自然体で注目されるタイプ。周囲からは、あこがれの存在に見られています。

8/1 太陽のような人

明るく陽気で、まぶしい笑顔がとてもチャーミング。自信と風格が元から備わっていますが拍車がかかります。挑戦するからにはナンバーワンを目指したい、という野心家の一面も。

8/2 人を教え導く教師

父親のような頼もしさと、母親のようなやさしさを併せ持っています。相手の気持ちを気づかいながら、背中を押してあげられるので、「教える」ことに適性があります。

8/3 恐れず戦う勇者

困難な状況でも、まず自分が率先して立ち向かっていく、ヒーローのような資質の持ち主です。未知の分野にも、失敗を恐れず挑戦し、手にした成功を仲間と分かち合います。

8/4 あえてはみ出す人

「ふつう」の枠に収まらず、つねに胸躍る何かを探しています。人とは一味違う、変わったことが大好き。感性がしなやかなので、「最先端のもの」と相性がよいでしょう。

8/5 情報収集の達人

少しのヒントから、多くのデータを収集する人。手に入れた情報を瞬時に整理整頓し、導き出されたチャンスやきっかけを、逃さず、がっちり捕まえます。

8/6 場を照らす人

そこにいるだけで、場がぱっと明るくなる、華を備えた人。おしゃれのセンスも抜群で、人の注目も集めます。美しいものを愛でたり、芸術活動に励むことが生きがいになります。

8/7 たくましい夢追い人

映画や小説のようなドラマチックな展開を、現実でも味わいたいと理想を抱く人です。感動と奇跡を求め、不毛な現実を変えようとする、大きなスケールの持ち主です。

8/8 不言実行の人

一度決めたことは、自分のプライドにかけて、必ず最後までやりとげます。今、何をすべきで、どんな努力が必要かを的確に計算し、自分を律しながら、着実に歩みを進める人。

8/9 諦めない人情家

状況が困難であればあるほど、心の中のチャレンジ精神が燃え上がります。とくに困っている人を放っておくことができず、自分が損をしても、力になりたいと思う人です。

8/10 先手を打つ人

見通しを立て、ほかの人よりも一歩先に行動できる人です。広い視野で全体を観察し、的確に未来を予測するため「この人に任せれば大丈夫」と周囲の信頼も厚いでしょう。

8/11 最先端のハンター

思いついたら、すぐに動かずにいられない人。感受性も鋭いため、トレンドやブームもいち早くキャッチするセンスがあります。時代の最先端で活躍することもあります。

8/12 自信あふれる表現者

注目を浴びるのが大好き。仕事で趣味でも最高のパフォーマンスで周囲を感動させたいと願っています。人々の視線が自信を育て、その自信により、魅力が増していく人です。

8/13 天性の愛されるキャラ

その場をぱっと明るくするポジティブなオーラを持つ人です。ちょっと生意気でわがままでなところも憎めないチャームポイント。小悪魔的な魅力で、周囲を翻弄します。

8/14 ナチュラルな人

気取らない自然体で愛される人。人の気持ちを汲み取る洞察力と、思いを的確に言葉にする表現力があるので、人との会話や議論の場面で主導権を握ることが多いでしょう。

8/15 ひたむきな努力家

周囲の視線を釘づけにする華やかな存在感を生まれながらに備えています。でも、内面はとても実直。好きなものにはまっすぐに全力でぶつかっていくでしょう。

8/16 愛すべきギャップ

何も語らずとも他を圧倒するような存在感の持ち主。反面お茶目でチャーミングな面もあり、そのギャップが人々を魅了。自分の知らない世界を持つ人に強く惹かれる傾向があります。

8/17 心と謙虚さを持つ人

自信と謙虚さのバランスにすぐれた人。慎重に状況を見つめ、自分の振舞いを的確に判断できます。野心家の一面もあり、高みを目指します。時には自分を開放することも必要。

8/18 自信とパワーにあふれた人

知性と雄弁さ、行動力が何よりの特徴を持ちます。考えるよりも身体が先に動く人。その瞬発力で、早く目的地にたどりつけます。自信に溢れ、進むべき道に迷いがありません。

♍
乙女座
VIRGO

8/19 陰陽のバランスが取れた人

快活さの「陽」と繊細さの「陰」をバランスよく併せ持つ人。人望があり、リーダーの素質があるので、人の気持ちに寄り添いながら、力強く導いていくことができます。

8/20 おだてに弱いが器の大きい人

明るく広い心の持ち主。そのため多くを吸収し、マルチな才能に恵まれます。物質的な満足より精神的な充実に生きる人。おだてに乗せられる傾向も持つので調子のいい相手に注意。

8/21 泉のような才能の持ち主

幅広い可能性、豊かな才能を内に秘めている人。それが表に出ていないため、才能がない、と決めつける傾向が。食わず嫌いを改め、チャレンジすることで新たな道が開けます。

8/22 大成功を収める人

ユニークな才能の持ち主。知識も豊富で、人に流されない人。大成功を収める可能性を秘めた運勢を持ちます。二番煎じを嫌い、どこにもないオリジナルを生み出す才能があります。

8/23 自己鍛錬の人

人に対しては大らかですが、自分には厳しい人。向上心にあふれ、自分に課題を与え、より上を目指して自分を鍛えていきます。やりたいことが絞られた時、才能が開花します。

8/24 上品なセンスを持つ人

優れた美意識の持ち主。まるで貴族のような清楚で優美な雰囲気を持ち、ファッションや何気ないしぐさからも品のよさが漂います。あらゆる芸術を理解するセンスを備えています。

8/25 笑顔に奉仕する人

夢と希望に溢れたアイデアで、周囲を笑顔にする人です。自分のためでなく、人のために頑張れるタイプなので、念入りな準備や情報収集にも余念がありません。

8/26 約束を守る人

綿密に立てた計画を、こつこつ実らせていきます。とても慎重な性格で、行き当たりばったりとは無縁です。ルールや規則をきちんと守り、安定した生活を送るでしょう。

8/27 揺るがぬ克己心

「仕方がない」と妥協せず、自分が納得するまで努力を続ける人。やみくもに力で押すのではなく、しっかりと考えた上で、問題に取り組むでしょう。

8/28 迷いのない人

人生の目標やゴールがきちんと定まっていて、まっすぐ迷わずに向かっていく人です。自分に正直なので周囲に惑わされることもなく、やりとげるまで一直線に進みます。

8/29 空気を和ませる人

相手の気持ちが手に取るように分かる人です。心根がやさしく、配慮がこまやか。その上機転がきくので、どんな人とも話を合わせることができて、すぐに打ち解けます。

8/30 気のいい社交家

いくつになってもチャーミングでフレッシュ。清潔感にあふれています。相手の長所を積極的に認め、また受け入れようとするので、友好的な人間関係を築く人です。

8/31 熱中する趣味人

とても凝り性で、好きなものには徹底的に打ち込む人。一種の天才肌なので、趣味がいつの間にか仕事となり、いつしかスペシャリストにまで上り詰めることもあります。

9/1 明るくて緻密な人

分析能力があり、事実をありのままに読み取る人。クールなだけでなく、成功に向かってまっすぐに努力するひたむきさもあり、その明るさと正確さで多くの人から慕われます。

9/2 繊細で純粋な人

こまやかな部分まで行き届いた気配りをする人。人の心情を敏感に察し、柔らかな対話ができます。この才能は人を癒し、慰めたりする分野でさらに輝くでしょう。

9/3 知性で尽力する人

頭のよさとそれを鼻にかけない奉仕精神で信頼を得ます。場の空気を読み、人の気持ちを察することが得意なので敵をつくりません。ただし裏切りには毅然と抗議する一面も。

9/4 将来設計の達人

胸の奥に大望を抱く人。目標を定めたらきっちり綿密な計画を立て、たとえ何年かかろうとも必ず成就させる努力家。その集中力と熱意は、生涯変わることはありません。

9/5 器用な成功者

機転がきき、ユーモアもある親しみやすい人。優秀な頭脳ですぐにこつをつかむため、何でも人並み以上の成果を出せます。人生も高めの目標設定で一段と充実するでしょう。

9/6 センスある社交家

洗練された対話力で、場の空気を変えられる人。まるで人の心を読んでいるかのような会話ができます。人との交流を通じて自身をステップアップさせる天性の社交家です。

9/7 潔癖な理想追求者

理想を現実にするために、手間を惜しまず努力を重ねられる人です。誠実な姿勢で多くの人望を集めるでしょう。自分にも他人にも厳しいので統率者の才があるといえます。

9/8 真実を見落とさない人

物事の本質を見抜く人。鋭い目で、誰もが見落としがちな真実を発見します。その洞察力から、時に核心を突く発言をするものの、内面は愛情深く思いやりにあふれています。

9/9 柔軟な対応力

いろいろな人の多用な価値観を受け入れ、柔軟につき合える人。誰にでも合わせられますが、心に強い芯があります。そのため人の考えを吸収しても自分らしさを失いません。

9/10 人望あつき行動派

冷静沈着で細部にこだわる一方、興味をもったことはすぐ吸収するする行動力も。その知的さゆえ人から相談されることもしばしば。冷静かつ大胆な提案で人を驚かすことも。

9/11
笑顔の下の繊細さ
親しみ深く好かれる人ですが、内面はとてもデリケート。感受性が豊かで物事の変化に敏感に気づきます。集中できる環境で才能を生かすと、大きな成果が挙げられます。

9/12
バランスの守護者
細部まで観察する力と全体を俯瞰する力。二つの性質を併せ持つので、対立するものの間に立って潤滑油の役割を果たします。グローバルな舞台で活躍できる知識人です。

9/13
鋭い芸術的感性
常識を破る発想で人々を驚かせます。いつか記録的な成功を収めるチャンスも。常識に捉われた生き方を息苦しく感じるため、自分の興味に忠実に生きたほうが輝くことができます。

9/14
タフな理想家
純粋さを失わず、強い意志で理想を追求しようとします。情熱のまま突き進むため、傷つくことも多いはず。しかしそれを乗り越えながら人間としての幅を厚くしていく人です。

9/15
無垢で清潔な妖精
妖精のように無垢な純粋さで人を魅了する人です。自分からアピールすることが苦手ですが、秘めた情熱は人一倍。やりたいことが定まればひたむきに努力と工夫を重ねます。

9/16
情熱クリエイター
豊かな感受性を持つため、空想の世界に強く惹かれます。それがクリエイティブな才能となって開花する人。社会問題に対する意識も高く、人助けに生涯をかける可能性もあります。

9/17
自分に厳しい人
研究熱心で自身の能力を最大限に引き出そうとする精力的な行動派。曖昧さを嫌い、何事も最後までやりとげます。その頼もしさから周囲に一目置かれる存在です。

9/18
緻密なリーダー
前進あるのみの強い意志を持つ上、冷静に状況を分析する能力も抜群。一人でもきっちり仕事をこなしますが、リーダーとして人を率いたほうがより才能が発揮されます。

9/19
物事を極める人
得意分野で実力を発揮するタイプ。一つのことを突き詰めると、瞬く間に頭角を現します。まじめな性格から周囲の信頼も厚く、責任ある立場を任されることも多いでしょう。

9/20
心やさしくピュアな人
無垢な心で、人を疑うよりも信じることを重んじます。そのため周囲には思いやり深い人が集まり平和に守られます。いつまでも夢見ることを忘れないピュアな部分も魅力的。

9/21
自由な冒険家
すぐれた発想と壮大なスケールで世界を捉える型破りなところがあります。一方、小さな変化を見逃さないこまやかな面も。変化を求めて積極的に表に出て行く冒険家です。

9/22
静かなる実力者
常識に縛られない自由な発想と場の空気を読む抜群のセンスで周囲を驚かせる半面、控えめで消極的。自分の思いを発信していくに従い、活躍のフィールドが無数に増えます。

天秤座

LIBRA

9/23 道を追求する人

人の気持ちに敏感で、相手に合わせたアピールが得意。そのため多くの人に慕われます。物事に対して一途なため、好きなことを長く続けることで豊かな才能が開花します。

9/24 軽やかな美意識

たぐい稀なセンスに恵まれ、美しいものに囲まれて過ごすことに喜びを感じます。おっとりと優雅な印象ですが、意外に気配り上手で親しみやすく、自ら心を開いて人に接します。

9/25 知性と神秘の人

直感と合理的な思考の両面から物事を見る人。穏やかな外見とは裏腹に、相手の気持ちをきちんと分析しているでしょう。自分を後回しにしてでも人のために尽くします。

9/26 伝統の後継者

現実的に物事を考え、人が求めるものを差し出せる人。そのため周りの信頼も厚いでしょう。また歴史や伝統のあるものを受け継ぎ守る役目を担う、誇り高い精神の持ち主。

9/27 チャンスに強い人

一見穏やかですが、内面に激しい闘志を秘めた人。ほしいものを手に入れる粘り強さと才覚も持っています。チャンスには大胆に行動し、人生を勝ち抜いていくでしょう。

9/28 慈愛の人

平和と安定を愛する社交家。行動力も備えており、誰かが困った時には即座に駆けつける頼もしい面も。時には相手のことを思って、叱ることも辞さない、深い慈愛の人です。

9/29 純粋な天才肌

独創性と芸術性を持って生まれた才人。幼い頃の夢をかなえる才覚があり、一種の天才と呼ばれることも。ソフトな人当たりですが、内面にはクールで頑固な意志を宿します。

9/30 重厚な風格の人

社会や人生に自分なりの哲学を持っています。自分の生き方に忠実であるほど自信を深めて成功するタイプ。不思議なオーラがあり、人を惹きつける力を持っています。

10/1 情のあるリーダー

バランス感覚にすぐれた人。チームワークに気を配りながら、前に進む統率力があります。秀でた美意識とセンスを持ち、気のきいた会話や身のこなしには一目置かれるはず。

10/2 世界にはばたく人

人当たりが柔らかく、周囲に安心感を与える人。人と異なる視点で世界を見るため、グローバルな活躍も期待できます。鋭い感受性から芸術の才もあり、平和への関心も高いでしょう。

10/3 愛と喜びの提供者

博愛精神で人の輪を大きく広げていきながら一方で人に染まらない意志の強さがあります。楽しいことが大好きで、周りも幸せな気分にさせるエンターテイナーです。

10/4 時代の先駆者

個性的な発想ができる人。作家やデザイナーなどアイデアを形にする仕事で力を発揮。自身が快適さを求めるため、人にとっても居心地のよいものを提供できるでしょう。

10/5 話術と伝達の達人

頭の回転が速く、話術で人の心をつかむ人気者。好奇心が旺盛なので、興味を持ったら即挑戦。その分話題も豊富。的確な言葉選びで人にわかりやすく伝える能力に秀でる人。

10/6 美を追求する人

高い美意識を持ち、美しいものに囲まれていたいと願う人。頭の中のイメージを形にする才能があり、印象深い世界を生み出します。理想を求めすぎるとストイックな生き方に。

10/7 心の目で見る人

見えないものの価値を感じ取る人。その敏感さで人の内面を察することができます。人が無意識に感じる美や心地よい調和を察知するため、デザインの世界で活躍する人も。

10/8 心の機微を知る人

人の心理に敏感で、上手に人を動かしていきます。人当たりもよく言葉を選んで話すタイプ。その丁寧さゆえ、優柔不断に見られがちですが、実は意志が強く努力家の一面も持ちます。

10/9 正義に満ちた人

美意識が高く、闘志にあふれた性格の持ち主。天才的アイデアを発揮する一方、突飛な行動を取ることも。人に従うよりも自由に動ける環境に身を置くことが成功の秘訣。

10/10 温厚な指導者

物事を見通す力にすぐれた人。そのため大きな目標に対し、柔軟に周囲の意見を取り入れ、ゴールを目指すことができます。穏やかな見た目とは逆に強い意志で人を率います。

10/11 偏見のない柔軟性

自分の目と感触に正直で、世間の常識や先入観でものを見ません。そのため相手とまっすぐ関わり、固定観念を打ち破ります。グローバルな活躍をする人も多い生まれです。

10/12 素直で魅力的な人

人の考えや価値観をまっすぐに受け入れる人。その人柄は親しみやすく、多くの人に愛されるはず。またすべての存在意義を認める凛とした姿勢は、心のキャパシティの広さゆえ。

10/13 発想を形にする人

さまざまな角度から世界を見る人。客観的に物事を分析するので、次々と新しいアイデアを生み出せます。頑固にならず適度に妥協することもできるため人づき合いも上手です。

10/14 クールな人情派

高い知性で問題を冷静に処理します。一見冷たく見られがちですが、実は相手を受け入れる理解力と深い度量を備えている人。温かいまなざしで人を安心で包みます。

10/15 美に生きる人

美意識の高さは人に理解されがたく、成功まで苦労することも。ただし優れた対人センスを持つため粘り強く周囲の理解を得ます。やりたいことはいつか必ず実現できる人。

蠍座
SCORPIO

10/16
清らかな魂の人
天使のようなオーラの持ち主。人とは違う物事の捉え方をして周囲を驚かすこともしばしば。それでも人は遠ざかるどころか、惹きつけられてつねに和やかムードに。

10/17
丹念な努力家
現実的な幸福を目指して努力する人。集中力抜群ですが、頑張る姿を人に見せることを好まず、つねに優雅に振る舞います。甘えられる相手を見つけた時に生き方が楽になるはず。

10/18
軸がぶれない人
メイクやおしゃれなど「美」に対してエネルギッシュ。注目を浴びると実力以上の力を発揮する人。人間関係では誰にでも合わせますが、自分の軸はぶれることはありません。

10/19
ほがらかで優雅な人
社交的で明るい性格は誰からも好かれます。ユーモアを混ぜた優雅な会話術も魅力の一つ。一方、ワークシーンでは、まじめで優秀なビジネスマンとなり、高い評価を得られる人。

10/20
クールでホットな人
さまざまな顔を持つ人。表はスタイリッシュでクールですが、内面は繊細で傷つきやすい人。親しい人には愛情深く、恋人には聖母のよう。人の気持ちを読む能力に長けています。

10/21
人脈の開拓者
好奇心旺盛で協調性が抜群の人。さまざまな人脈を築き、また、多才で何をしてもそつなくこなすので、複数の分野で成功する可能性も。人的ネットワークを生かすことが成功の道。

10/22
突き抜ける人
豊かな才能で人を魅了し、憧れられる存在。また非凡な才能ゆえニッチなことに興味を持って地道に取り組むでしょう。最終的にその道の第一人者になる可能性は濃厚です。

10/23
人を引き込む天才
鋭い洞察力で相手を見抜く人。話し方に説得力があり、あなたの前では誰もが本心をさらけ出してしまうはず。また心に抱く大志のため現実的な計画を立てられる人です。

10/24
しなやかな誘惑者
強い目力と官能的な魅力を持つ人。たたずまいは穏やかですが、芯は強く自分の考えをしっかり持っています。目標に向けて一途に頑張ることで、底力を発揮するタイプです。

10/25
静かなる超能力者
ひらめきが鋭くピンときたことに、ほぼ読み違いはありません。またおとなしい印象ですが、いざという時には大胆な行動で周囲を驚かせます。独自の発想で人生を切り開く人です。

10/26
タフな挑戦者
夢を諦めず可能性を信じて突き進む人。要領がよいほうではないので、多少遠回りもしますが、困難な状況ほど燃えます。不屈の精神で必ず目標を達成するパワーにあふれています。

10/27 不屈の努力家

目標を達成することにまっすぐなので、一度走ると方向転換ができません。そのため壁にぶつかることも。しかし挫折を経験するたびに乗り越え、強く成長する信念の人です。

10/28 絶対的リーダー

どんな時でも周囲に流されず、自分の意志を貫く人。その態度が周囲に安心感を与え、ついて行きたいと思わせるはず。意識的に人を先導することでますます才能が開花します。

10/29 慈愛のヒーラー

懐の深さと澄んだ愛情で、人を癒します。あなたの前ではどんな人も素直に心を委ねたくなるでしょう。相手に施したことが自分にも返ってくる不思議な縁の持ち主です。

10/30 強運の持ち主

生まれながらの強運でどんなことも成功へとつなげます。安定感を保ちながら、勝負に出るところでは大胆。そのバランスが上手なため、順風満帆な人生を歩むでしょう。

10/31 安らぎの魔術師

神秘的な力を持ち、予感が当たるなど不思議なことが起きます。一見気難しく見られがちですが、懐が深く、自分を頼ってくる人を全身全霊で受け入れ、助ける人情家です。

11/1 心を和ませる人

芯が強く落ち着きがあり、大地のような安定感を持ちます。人をほっとさせる温かなムードがあるので、あなたの前では誰もが警戒心を解き、本心を打ち明けるでしょう。

11/2 直感力の持ち主

穏やかでやさしい雰囲気を持ちながら、内面には鋭い直感力を備えています。不思議なひらめきに恵まれ、未来の出来事を感じたり、相手の心を見透かすことができる人です。

11/3 器の大きい哲学者

相手のよい面だけでなく、暗部も受け入れることができる大きな器を持った人。哲学的で人間そのものへの愛情が深く、失敗を許してあげられる大らかさがあります。

11/4 個性と発想力の人

常識に縛られないオリジナルな考え方をする人。その才能から際立った存在として周囲に認められます。人に合わせるより、自由な環境でのびのび力を発揮するタイプです。

11/5 知性の剣の持ち主

鋭い洞察力で、人が気づかない間違いを発見し、正すことができる人。また真実を言葉に変えて伝える力があり、その影響力でほかの人の人生に何らかの啓示を与えることも。

11/6 華やかな人情家

外見の美しさと内面の奥深さを併せ持つ人。華やかなイメージですが、じつはじっくり人との関係を育むタイプ。自分を犠牲にしても、人に尽くす情の厚い面も秘めています。

11/7 純粋な素直さ

子どものような無垢な目で物事を見る人。その豊かな感受性で人が思いつかない斬新な発想をします。ただしその純粋さを利用される場合もあり、客観的になることも必要に。

11/8 静かなるカリスマ

その時々で多彩な表情を見せる独特の雰囲気は、人目を引きます。特に意識しなくても自然と人に慕われるでしょう。そのため多くの人を動かす指導者になる可能性も。

11/9 爆発力を秘めた人

表面的には物静かでも、内面はマグマのような情熱のエネルギーがたぎり、爆発の機会を狙っています。ここぞという時に大胆な決断力を見せ、思いきった行動に出ることも。

11/10 明るい扇動者

好奇心とアイデアの引き出しをいくつも持った人。楽しげなあなたに、周りの人が多くの期待を寄せます。相手の意見を謙虚に受け止め、周囲を味方につけることが大切。

11/11 ものを追求する匠

好きなことに全力で取り組む人。周囲の目を気にせず一人でも信念を持って追求していくでしょう。その上でほかの人の考えに触れた時、人間の幅を広げていけるはず。

11/12 強く大らかな人

内に強い信念を秘めています。きちんと意志を通そうとする強さを持ち、発言には筋が通っています。でもこだわり以外のことには寛容で大らか。器の大きい人です。

11/13 責任感あふれる人

人から求められる自分の責務をつねに意識しています。自分や他人にも厳しい姿勢で、周囲からの信頼も厚いはず。ただ、過労には注意し、時には神経をゆっくり休めましょう。

11/14 クールな知識人

クールな視点で世の中を見つめる知的な人物。見たもの、感じたものを正しく分析し、ユーモラスに表現します。面白みのない話も、この人にかかれば有益な情報に。

11/15 物静かな美の達人

物静かだけれど、好き嫌いははっきりしている人。どこか品のあるセクシーさで周りを魅了するでしょう。美的センスを生かす仕事につくと、生き方そのものが輝きます。

11/16 美点を見つめる人

詩的な感受性を持ち、物事の長所や美点を見つけられる人。柔軟性があり、相手の本質を見抜きます。あるがままの姿を受け入れ、さまざまな価値観に理解を示すでしょう。

11/17 計算された行動力

自分の才能を社会で確実に発揮しようとする人。目的に至る道を研究し、自分に向く最短の方法でたどり着きます。リスクも計算する緻密さを備え、誤りも少ないでしょう。

11/18 控えめな統率者

おとなしい見た目とは逆に、大変な努力家でリーダーシップを持つ人。隠れた才能を見抜かれ、大抜擢される可能性も。困難が訪れた時こそ、強いパワーに目覚めるチャンス。

11/19 他者を思いやる人

弱者が助けを求める声や、自然や動物がおびやかされる状況に敏感に反応し、手を差し伸べるやさしい心の持ち主。大切なものを守ろうとする思いが、この人を支えています。

11/20 理解力のある人

直感に秀で、瞬時に物事の本質をつかむ理解力がある人。カリスマ的魅力で周囲に多くの人が集まりますが、本人の胸の奥では気心の知れた少数の人との絆を求めています。

11/21 まっすぐな正直者

自分の信じた道を突き進む、まっすぐで正直な人。自分らしく生きることをテーマとし、可能性を信じて諦めません。この人の熱い思いは多くの人を感動させるはず。

11/22 激情と理性の人

熱意と冷静さの間で揺れ動く人。熱い思いで周囲が驚くようなことをやってのける半面、周りを冷静に判断する目も。この才能がうまくかみ合えば、爆発的な力が発揮されます。

射手座 SAGITTARIUS

11/23 活発な行動派

頭の回転が速く、仕事もできる人。思いついたらすぐに行動せずにはいられません。たくさんのことを同時進行させてしまう要領のよさを生かし、社会で大活躍するはずです。

11/24 美意識の伝道者

感じたものを素直に表現し、広く発信する力があります。あなたが手がけたものは誰もが美しいと感じるはず。秀でた美意識から幅広い人脈を築き、人生が大きく発展します。

11/25 卓越した精神力

自身を取り巻く環境のためにきちんと考え行動していく人。高い理想と目標を掲げ、臆することなく進みます。同じ志の人が集まれば、世の中を大きく変えられる力を持つはずです。

11/26 深く交流する人

高い目標に対し、現実的に努力できる人。一見気難しく見えるのはまじめさゆえ。相手を思いやるので自分勝手とは縁がなく、関わる人を大切に深く交流します。

11/27 不屈の活動家

強いカリスマ性で周囲を圧倒する人。目標が明確で迷いがなく人生を突き進みます。スリルを求めてリスクを取る傾向がありますが、それでも成功を引き寄せる強運の持ち主。

11/28 イメージの達人

感性豊かでロマンチスト。イメージ力があり、この人が生み出す作品は誰にもまねができない独創性にあふれています。一つの分野を追求することで成功するはずです。

11/29 自己実現の努力家

自分の能力をフルに生かして、可能性を探ることに意欲的な人。スロースターターですが、締め切りを設けることで克服できます。目標が定まればまっすぐ突き進むでしょう。

11/30 未知への冒険家

未知の世界へ興味しんしん。知識欲旺盛で何でも吸収します。冒険こそがこの人の原動力ですが、あれこれ手を出さず的を絞ったほうが成功しやすく、豊かな人生につながります。

12/1 永遠の夢追い人

高い理想や目標を掲げ、夢に至るまでの正確な地図を描ける人です。さわやかな笑顔で困難を乗り越え、ひたむきな努力を重ねて、いつか必ず夢を現実にするでしょう。

12/2 心を読む達人

空気を読むのが上手な人。繊細な感受性を持ち、相手の気持ちに寄り添う共感力があります。心の壁を取り払うことができるため、初対面の人ともすぐに馴染めるはず。

12/3 つねに先を目指す人

現実に満足せず変化や進歩を望みます。持ち前のチャレンジ精神で、次々と新しいものを取り入れるでしょう。未知の世界への興味から、海外で生活する可能性もあります。

12/4 情熱的な革命家

新しい発見や工夫に情熱を燃やします。誰も思いつかない方法で革新的な成果をあげる、非常に頭のよい人。いつか歴史に名を刻むほどのアイデアを生むかもしれません。

12/5 行動と体験から学ぶ

好奇心と知識欲の旺盛な人です。見聞きするだけでなく、実際に行動して体験から知識を得ようとするでしょう。その経験は、その後の豊かな人生を歩む原動力になります。

12/6 生の喜びを知る人

人生を楽しむ達人。興味深い趣味や心地よい作品などを発掘するのが上手で、流行を先取りすることも可能です。いつも明るくポジティブなので、多くの人を惹きつけます。

12/7 愛と奉仕の人

人の望みを理解し、応えることに喜びを見出す心やさしい人。そのため周囲から無条件に慕われます。さらに人に尽くしても見返りを求めないさっぱりした性格も魅力的です。

12/8 堅実な努力家

明るく前向きな思考の持ち主。普通の人なら諦めてしまう高い目標でも、堅実な歩みを重ねて、いずれ必ず実現させます。自分と未来を信じるエネルギーが成功を導き出します。

12/9 未来に挑戦する人

実行力があり、思いついたらすぐ行動に出る人。夢のためならリスクを恐れず、大胆な賭けに出ることも。勇気を出して得た貴重な体験が、人生の幸運を支えます。

12/10 愛される幸運体質

子どものような純粋さを失わず、愛嬌も抜群。ピンチになってもぎりぎり助かるなど、不思議な幸運に恵まれているはず。多くの人から愛される個性的なキャラクターです。

12/11 強固な精神力

自分の信念に忠実な人。迷わず着実に夢をかなえていけるでしょう。成功を重ねるほど自信が増すので、不可能と思われる壁もひるむことなく、次々と乗り越えていけます。

12/12 前進し続ける人

つねに心に明るい未来を描き、失敗しても引きずりません。大らかな性格で年齢を問わず多くの人に慕われる人。長期的な視野を持ち、事業主や経営者としても有能です。

12/13 時代の申し子

未来的な思考の持ち主で、古い慣習にとらわれません。最新のアートやテクノロジーに興味を持ち、自分より年下の世代とも進んでまじわろうとする人です。

12/14 一本筋が通った人

言動にブレがなく、約束は必ず守る有言実行タイプ。そのため周囲から厚い信頼を得ています。大きな期待を背負うことが多いので、適度な息抜きをすることが大事です。

12/15 素直な品格者

意見を率直に口にするオープンな人柄ですが、不思議と気品を感じさせます。また秀でた五感を持つため、何気なく興味を持ったものに、活躍のカギが隠れているかも。

12/16 善の求道者

愛や美、正義など世界のよい面を信じ、人のために努力する人。善のオーラで周囲に影響を与え、誰もが前向きに。人にぬくもりのある環境に身を置くと人生がより輝きます。

12/17 日々成長する人

若い時から周囲に一目置かれる存在で、早い段階で頭角を現わす人。着実な歩みで右肩上がりに成長し、人生においてそれほど挫折を経験せずに、活躍し続けられます。

12/18 現代社会の勝負師

勝負事に強く、競争社会で成功しやすいタイプ。本番に強く、大事な場面でチャンスを生かします。人のピンチには積極的に力を貸すので、周囲にも頼りにされているはずです。

12/19 魅力あふれる感動屋

豊かで個性的な感受性を持つため、喜びや悲しみが素直に現われやすい人。自分の感情のおもむくまま、得意分野で表現すれば、多くの人を魅了するものを生み出せるでしょう。

12/20 共感力の強い人

心のやさしい人で、相手の気持ちを汲み取る共感力が強いのが特徴です。多くの人と喜びや悲しみを分かち合うことで、年齢、性別を問わず、たくさんの友人に恵まれます。

12/21 未来の成功者

たとえハイレベルな目標でも、高い能力と地道な努力で実現していける人です。また周囲に協力的な人が集まるので、素直に助けを借りると、より早く目標に到達できるはず。

山羊座 CAPRICORN

12/22 常識を打ち破る人

先見の明がある人。頭がよく斬新な発想もできるため、常識をくつがえすアイデアを出して周囲をあっといわせます。自分の勘を信じて周りにながされないことが成功の秘訣です。

12/23 計画的ランナー

夢に向けて人生設計をしっかり立て、計画通りに人生を歩むタイプ。知的欲求も高く、興味を抱いたことはとことん突きつめるので、その道の達人となる可能性も。

12/24
品格のある人

生まれながら貴婦人のような品格を備え、生活感があります。言葉や行動にも矛盾がなく、誰に対しても安心感を与える人です。人脈が広がるほどチャンスが増えるはずです。

12/25
物静かな自信家

穏やかでもの静かな印象ですが、ユニークな発想を秘めた人です。地道に自信を積み上げていき、壁にぶつかっても、挫折することなく、自分の理想を実現していきます。

12/26
己を律する人

自分に厳しく確実に責任を果たす性格。逆境にも強く、困難な状況ほど本領を発揮するでしょう。まじめさが認められて出世しますが、適度にリラックスすることも心がけましょう。

12/27
頂点に突き進む人

誰にも負けない集中力と粘り強さで、目標に向かいまっすぐに進む人。心に余裕を持って物事に取り組むことで、その気になれば、特定の分野で頂点を極められるでしょう。

12/28
父性と母性を持つ人

父のようなたくましさと厳しさ、母のような愛とやさしさを持った人。父性と母性をバランスよく発揮することで、誰からも好かれるでしょう。リーダーとしても有能です。

12/29
時代のリード役

ユニークなアイデアと発想力を持った人。強烈な個性で人々を惹きつけ、時代の先導役となるでしょう。自分とその未来を信じることで味方を増やし、必ず道を開きます。

12/30
実現力がある人

頭に浮かんだイメージをきちんと形にできる人。やることが合理的で無駄がありません。また自立心旺盛なので、何事も独立独歩の精神でいくと、人生も上向きになるでしょう。

12/31
存在感がある人

圧倒的なオーラとカリスマ的な魅力を持った人物。年齢差を感じさせない存在感で、年長者にも対等に接するでしょう。経験を重ねるほど、活躍の場も広がっていくでしょう。

1/1
逆境を超えて行く人

どんな障害や困難にも負けず、必ずやりとげる強いパワーを秘めています。志が高く感情に流されません。生まれ持ったリーダーシップを発揮すれば、人の上に立つ人物に。

1/2
本物を知る人

よいものを見抜く審美眼を持っており、持ち前の美的センスで人々を魅了するでしょう。物事を思慮深く考察する力があり、責任感も強いため、人の信頼を集めます。

1/3
心に太陽を宿す人

どんな苦境に立たされても、明るく構え、決して希望を失いません。凛とした姿勢は、周囲からの支持も絶大でカリスマ性があります。ずば抜けた分析力、記憶力も武器になります。

1/4
真実を見抜く人

嘘やごまかしの裏に隠された真実を瞬時に見抜く目を持っています。自由で斬新な発想力が武器で、人を楽しませる能力にも長けているので、周囲からの人気も高いでしょう。

1/5 熱いリアリスト

目の前の物事を感情ではなく、理性で判断し、冒険するより確実な方法を選ぶ人です。とはいえ守り一辺倒ではなく、独立心旺盛、より高みを目指して奮闘する野心家です。

1/6 軽やかな社交家

広い心とやさしさで、誰とでもすぐ親しくなれます。考え方に柔軟性があり、面倒見がいいので、周囲から慕われるでしょう。粘り強く、物事を最後までやりとげる根気も強みです。

1/7 現実の幸せを守る人

地に足がついていて、現状における最良のもの、を的確に見分けることができます。内面はとても慈悲深く、相手の立場に立って物事を考えられるので、多くの人に慕われます。

1/8 背中で語るリーダー

強力なカリスマ性と指導力を持つ人。人に対する影響力が強く、思わずついて行きたくなる魅力をたたえています。権力にも屈しない強固な意志力も尊敬を集めるでしょう。

1/9 冷静なファイター

熱い闘争心を胸に秘めています。落ち着いた状況判断と、土壇場での勝負強さで、不利な状況を一気に逆転するでしょう。つねに己と戦い、前進していく人でもあります。

1/10 飾らないピュアな人

物事をまっすぐに見つめることができ、純粋でチャーミングな性格が人から愛されます。本当に価値のあるものを見抜き、自分の意志や考えはしっかり持っているタイプです。

1/11 新時代の改革者

現状に満足せず、つねにもっと上、を目指します。不正や老朽化した仕組みを壊して、新風をもたらす力があり、人々を率いて世の中を変えていくパワフルな人です。

1/12 気高い奉仕家

崇高な理想を胸に秘めた人。それを実現する行動力も備えており、つねに目標に向けてまい進します。私利私欲に走らない公正さ、困った人を放っておけないやさしさも美点です。

1/13 無限の想像力を持つ人

好きなことにとことん没頭し、若くして才能が開花。一つのことを追求すれば、大きな成功を手に入れるでしょう。頭の中に広がる独自の世界を形にする職業がおすすめ。

1/14 落ち着いた観察者

細部に宿るものを見逃さない人。それはミスなく正確に仕事をする力。季節の変化など美しいものを敏感に感じ取る力としても発揮されます。丁寧に人生を生きる人です。

1/15 つねにトップを目指す人

人を惹きつける磁力的なオーラを放っています。生まれながらに人の心のつかみ方を知っていて、つねに場の中心にいるでしょう。一番になりたい、という気持ちが強い人です。

1/16 陽気な慎重派

相手の真意を見抜くのが上手で、誰とでもなごやかに接する能力に長けています。ただし大らかに見えて、内面は繊細。冒険せずに一歩ずつ着実に、目標に近づく人です。

水瓶座 AQUARIUS

1/17 揺るぎない英断の人

決めたことは絶対に曲げない強い信念が持ち味。難しい局面でも的確な判断をくだせるので、人の上に立つと手腕を発揮。人のニーズを瞬時に見抜き、観察力にも秀でています。

1/18 機を見るに敏な人

合理的かつスピーディな判断力が持ち味。そのためチャンスを逃さずつかむことができます。決して労を惜しまない努力家の一面もあり、周囲からの尊敬を集めるでしょう。

1/19 愛される正直者

本人は、根っからのまじめ人間、と思っているものの、不思議な愛嬌があり、自然と人気者になるタイプ。曲がった考え方が嫌いで、どんなことにも正攻法で取り組みます。

1/20 人心掌握の達人

人の気持ちの裏の裏まで読む力がある人です。相手を巧みに誘導できるので、心理戦では負け知らず。直観力にも秀でていて、大衆の潜在的ニーズを形にする力があります。

1/21 ポジティブな発言者

つねに全方向に心が開いている人。話し上手で気さくな性格が人気を博し、周りはいつもにぎやか。いろいろな状況に気を配りながら、皆にプラスになるような判断ができます。

1/22 先見の明を持つ人

生まれながらにして、時代の一歩先を行き、周囲からの注目を集める人。現状に甘んじない精神で、つねに新しいことに挑戦しています。人の長所にいち早く気づく才能もあります。

1/23 知的なプランナー

高い知性で、細かいところまで計算できる人。重要な場面では確実に成果を出すので、できる人、と評判。他人から見た自分の印象をコントロールするしたたかな一面も。

1/24 優美と品位の人

つねに美しくありたい人で、自分磨きを怠りません。人との関係においても、争いを嫌い、調和に満ちていることを求めます。生まれ持ったセンスを生かすことが成功への近道です。

1/25 やさしき平和主義

思いやり深く、相手の気持ちを察するのが上手。ちょっと夢見がちで、ぬけているところも愛される理由の一つ。とはいえ、大切な人を守るためなら戦うこともいといません。

1/26 信念と努力の人

強い意志で必ず成果をあげる人。謙虚さも併せ持っているので、自分はまだまだ、とつねに努力を怠りません。一度、自分の進む道を決めたら、ぶれることはないでしょう。

1/27 理想に燃える天才肌

人々を「正しい道」へと導く人。決して多芸多才なタイプではないものの、一つのことに集中すると、常人ばなれした力を発揮。大きな夢も必ず実現させることができます。

1/28 心に入り込む達人

どんなことにも偏見を抱かない素直な人。心の壁を飛び越え、どんな人にも屈託なく接することができます。とはいえ芯は強く、自分のやり方にこだわることで大成します。

1/29 二面性が魅力の人

感情的でありながら合理的、二つの顔を持つ人。心の中で自問自答を繰り返し、偏りのない答えを導きだします。そっけなく見えても人の心に寄り添うさり気ないやさしさが。

1/30 未知なる可能性のかたまり

心の器がとても広い人です。偏見にとらわれないので、あらゆることに興味を持ち、行動に移すでしょう。そのため他の人では得られないようなチャンスに恵まれます。

1/31 魅惑の冒険家

コケティッシュな魅力を持つ人。人に反発することもありますが、可愛げがあるので何となく許されてしまうお得な性格。その実は野心家で、前人未到の大地に果敢に挑みます。

2/1 最新トレンドセッター

新しいものに目がなく、つねにあちこち飛び回っている人。屈託のない明るさとユニークな着眼点が魅力で、周囲の人には「情報発信基地」のように思われているはずです。

2/2 心を操る交渉人

一見、穏やかですが、研ぎ澄まされた感覚で相手の奥底にある真意を探り出します。鋭い知性で状況を整理し、解決策を導き出すでしょう。また交渉事なども得意です。

2/3 未来を知る人です

来るものを拒まない大らかさがあり、つねに周りは賑やか。人から得た情報をもとに、時代を先読みする能力が高く、その力を生かせばオピニオン・リーダーになれるでしょう。

2/4 唯一無二の自由人

確固たる自分の意見を持ち、マイペースで進む人。権力や圧力にも屈しない強い心を持っており、この人なら何とかしてくれる、と思わせる、独自の存在感を放ちます。

2/5 輝くひらめきの人

人が思いつかない独特の発想ですばらしい成果を収めます。環境の変化を好むため、時代の最先端にあるものに心惹かれるでしょう。同時に複数のことをこなす器用さも強みです。

2/6 気さくな人気者

誰にでも友好的に接する人。愛嬌があるため、年齢、性別を問わず、人気を集めます。おしゃれセンスも高く、ファッションリーダーとしてもつねに注目の的となるでしょう。

2/7 神秘的なカリスマ

人の表情や空気の流れなど微細な変化に注意が向く人。そこから相手の本心を見抜くことができます。この人には嘘がつけない、と感じさせる神秘的なたたずまいも魅力です。

2/8 温厚な革命家

奇抜なところがない安定感のある人格で、自然と周りに人が集まってくるタイプ。一方で自分にはとことん厳しい努力家。伝統を重んじながらも、大胆に改革しようとします。

2/9 情熱を持つ人格者

熱さと冷静さのバランスの取れた精神を宿しています。仲間思いで、目標に向けて努力を惜しまないので、リーダーにうってつけ。感情に流されない公正さもあります。

2/10 感動の発掘人

人が見向きもしないものの中にも、きらりと輝くものを見出せる人。それを形にしていけば、人の心をつかめます。想像力に秀で、思い描いたことはたいてい実現します。

2/11 やさしき大樹のような人

生まれつき慈愛の精神を宿した人です。自分の個性を主張しつつも他人を思いやれるため、そのやさしさを求めて人が集まるでしょう。感受性が豊かで、丁寧に人と接します。

2/12 ハッピーを引き寄せる人

前向きで、楽観的なムードを漂わせる人。すぐれた知性と先見性により、次々とアイデアを生み出すため、つねに周りが楽しいことにあふれています。不思議と運を引き寄せるタイプ。

2/13 気高い変わり者

つねにユニークでいようとする個性のかたまり。無難と安定を嫌いますが、独特の価値基準と方向感覚があり、大きな失敗もしません。誇り高く、人生の指揮は絶対に自分でとります。

2/14 世の中の波乗り人

一を聞いて十を知るタイプで、頭の回転が速い人。突然の変化にも強く、どんな環境にも自分の居場所をつくってしまいます。グループの潤滑油として愛されるでしょう。

2/15 揺るぎない愛の人

困っている人を見つけると、無意識のうちに身体が動く慈愛の人。人の喜びを自分のことのように感じます。とはいえ芯が強く、自分が何をすべきか、迷いなく判断できます。

2/16 神秘の予言者

天性のひらめきで、近未来や人の気持ちを理解できます。その鋭さは、周囲の人に「超能力者？」と思われるほど。他人に惑わされず、直感に従って行動したほうが運が開けます。

2/17 処理能力が速い人

生まれつき知性が高く、瞬時に答えを出せる鋭い直観力を持っています。それを論理的に説明し、忍耐強く実行に移すことができるので、高確率で結果を残せるでしょう。

2/18 意志と情熱の人

澄んだ目で、物事をとらえる人です。人に影響されることなく、一本筋を通す強さを持っています。つねに皆のために動くことができ、私利私欲に駆られることはありません。

♓ 魚座 PISCES

2/19 時代の先駆者

冒険心にあふれ、未知のものを恐れず取り込んでいける人。つねに新しい時代を感じさせるような道を選ぶ傾向があります。単独行動よりも、人の輪の中にいると輝ける人です。

2/20 ロマンに生きる人

あふれる想像力で人と違った世界を見ることができる人。見慣れたものの中に、面白さを見出すことができ、斬新な形で表現します。「ときめくこと」が人生の原動力になります。

2/21 愛と日だまりの人

太陽のような笑顔と可愛らしい性格で周囲の人を惹きつけます。根っからの人好きで、誰に対しても肯定的に接することができるので、自然と人が集まるでしょう。

2/22 繊細なアーチスト

触ると壊れてしまいそうな繊細な感受性が特徴。その鋭敏な注意力に想像力を組み合わせ、すばらしい作品を生み出します。何事もポジティブに考えることが、開運の秘訣です。

2/23 天性の盛り上げ役

状況を瞬時に読み取り適応する、天才的ムードメーカー。この人がいる場はいつも和やか。人が必要としているものを先読みし、さり気なく差し出すことができるでしょう。

2/24 美意識の化身

華やかなオーラを放ち、目立つ存在です。美しいものへの憧れが強く、自己演出も巧みでしょう。独りよがりになることもなく、人を喜ばせることに力を尽くします。

2/25 空気を感じる人

目には見えない空気を敏感に察知できます。そのため自分を差し置いても人を優先する一面も。鋭敏なアンテナを生かせるような仕事につけば、大成功を収める可能性が大。

2/26 想像と創作の人

人が思いつかない発想をし、それをしっかりと「形」にする力に長けた人。他人にはまねできないものを生み出します。想像力が豊かなので、人の相談に乗るのも得意です。

2/27 純粋でタフな人

まぶしい笑顔と清らかな魂を持つ人。相手の気持ちに寄り添う力が強く、相談を持ちかけられることが多いでしょう。また好きなことに取り組む集中力は誰にも負けません。

2/28 まっさらな人

性格に裏表がなく、いつもありのままでいられる人。他人へのやさしさも人一倍。嘘がつけないタイプ。心惹かれたものを追い続ければ、必ず成功を手にできるでしょう。

2/29 変幻自在の存在感

内側からアイデアが泉のように湧き出てくる創造性のかたまりのような人。思いやりとサービス精神にあふれ、どんな場所にも自分をなじませ、人に喜びを与えようとします。

3/1 やさしきリーダー

太陽のような明るさとぬくもりが息づいている人。人の気持ちを推し量ることが上手で、なおかつユーモアのセンスも抜群。リーダーとして望ましい資質も備えています。

3/2 神秘に生きる人

繊細な感性と直観力、こまやかな情緒が魅力。目に見えない世界から、本質的なものを探り出す洞察力があります。勇気を出して思いを口にすれば、世界を動かすことも可能です。

3/3 幸福感に満ちた人

温かな人間愛と無限の可能性にあふれたハッピーオーラの持ち主。そのやさしい人柄に惹かれて、周囲には多くの人が集まります。好奇心旺盛で、多彩な才能にも恵まれています。

3/4 孤高の思想家

独自の才能を持ち、わが道を行く人。鋭敏な感受性とすぐれた空想力で、人が思いつかないような発想をする力を秘めています。カリスマ的な影響を周囲に与えることも。

3/5 利発な中心人物

一種の神々しい天才性を秘めています。人が理解できないような難問も一瞬で解いてしまうような頭脳が強み。表現力があるので、多くの人の共感もよぶことができます。

3/6 うつくしさの伝道師

表面から内側まで、この世の美をすべて敏感に感じ取ることができます。芸術に素直に感動でき、人に伝える能力もすぐれています。人の心の中の純粋な部分を見抜く力も。

3/7 しなやかな知性の人

優雅な外見に加え、奥深い発想力と豊かな知性を宿しています。その聡明さに自然と周囲の人も従うでしょう。決して折れることのないしなやかで強い心も魅力の一つです。

3/8 愛に満ちた篤志家

やさしさにあふれ、慈善の気持ちを決して忘れない人。困っている人を放っておくことができません。人の心に潤いを与える存在として多くの人に愛されるでしょう。

3/9 情熱と信念の人

鋭敏な感受性と直観力にすぐれています。高い理想を心に秘めており、それを実現させる方法も知っています。信念に従って行動すれば、夢を実現させることができるでしょう。

3/10 やさしき理解者

人の気持ちと状況を理解する力は抜群。それに共鳴する感性も持ち合わせているので、相手の心に深い感銘を与えられます。高い理想を目指し、自分に厳しい努力家の一面も。

3/11 実行と推進の人

直観力と感受性に長けています。こうと決めれば積極的に行動し、目標を達成するでしょう。強い個性を持ち、普通の人はたどり着けない境地に達することも可能です。

3/12 幸せの配達人

大らかさと明るさに満ちた心が魅力。ユーモアのセンスがあり、広く強い心で前向きに考えることができます。元気を生み出し、人を笑顔にする力の高い人です。

3/13 前衛的な自由人

豊かな感性と独特の発想力に恵まれています。何者にも縛られない自由な魂で、時代の先端をいくアイデアを思いつくことも。競争社会を生き抜く強さも備えています。

3/14 二つの世界の住人

科学的センスと芸術的センスを併せ持っているので、才能は多彩。広い視野で二つのことを同時に進行させる能力にたけています。ロマンチックなものに惹かれる一面も。

3/15 愛らしさが魅力

可愛らしい独特の雰囲気が人を惹きつけ魅了します。人当たりもスマートなので多くの人から好かれるタイプ。揺るぎない美学と信念を持つ強い人でもあります。

3/16 崇高な芸術家

強い感性と意欲を持つ人。美的センスも非常にすぐれています。これと決めたことにストイックに打ち込めば、自分の目標を達成できます。汚れなき世界に惹かれる傾向も。

3/17 二つの目を持つ人

夢を見る力と現実を直視する力の両方を使い、平和で安定した世界を築き上げることができます。高みを目指し、努力を惜しみません。親切で誠実なので対人関係も良好です。

3/18 情熱と繊細の人

自由奔放に生きる反面、人一倍人情に厚い一面も。何か目標を見つければ、そこにすべてを注ぎ込む熱い心の持ち主。対人関係ではとても繊細な気遣いを見せることも。

3/19 オープンな芸術家

自分を包み隠さず、他人と垣根を作らない率直さが魅力。アーチスティックな発想力と表現力に周囲の人は魂を揺さぶられます。人の気持ちを理解する心の広さも。

3/20 直感と行動の人

鋭い感性で大胆な発想をする人。物事の本質を見抜く力があるので、つねに力強い決断ができます。決断と同時に行動する力も併せ持っているので、成功も早いタイプ。

星座ミニ知識

1　今の星占いと昔の星占いは違うの？

本文でもご紹介した通り、今のようなかたちの性格分析に力点をおいた星座占い（太陽星座の占い）が誕生したのは19世紀末くらい。実際に普及するのは20世紀前半のことだと考えられています。

でも、もちろん、それ以前にも生まれた時の太陽に注目する「星座占い」は存在しました。けれど、その内容は今の星占いとずいぶん違っています。

12星座の性格づけは当然、占星術の最初のころから行われていて、実際には太陽星座を意味するのかどうかはわからないのですが、もっとも初期のまとまった占星術文献の一つ、ローマの詩人マニリウスによる『アストロノミカ』（1世紀ごろ成立）は12星座と適する職業を関連づけています。

牡羊座は現在では、血気盛んで競争や変化に満ちた環境で働くのが向いていると解釈されることが多いのですが、マニリウスは文字通り、羊と関係のある羊毛を紡ぐ仕事が向いているとし、この生まれの人は「小心で、決断力を欠く」というのです。今の一般的な解釈とは正反対で面白いですね。

もっとも、ほかの星座の性格づけは、今のものとは牡羊座ほどは違っていませんし、マニリウスも同じ本のなかで牡羊座は「ただ自分の意志にのみ従い」、これは「12宮の長たるにふさわしい性質だ」とも言っていますから、今の星座占いに通じる部分もあります。（マニリウス『占星術または天の聖なる学』有田忠郎訳　白水社）

また、15世紀末から16世紀には、年中行事や暮らしの雑学などを収めた毎年共通のカレンダーが普及し始め、そこでは生まれ月日による太陽星座占いの記述も見られるようになります。

16世紀初頭の「羊飼いの暦」をみれば、魚座はこんな感じで記述されていました。

「魚座のもとに生まれた人、つまり2月半ばから3月半ばの生まれの人は賢く、多くの学問に秀でる。結婚を破たんさせ、貪欲である。……72歳まで生きる」などなど。今よりもずっと素朴で、運命論的な記述であることがわかりますね。星占いは時代とともに変化しているのです。

2　自分の一つ前の星座には勝てないというのは本当?（星座の力学）

時代とともに変化、成長していく星座占い。実は日本で新しくユニークな解釈がつけ加わっていたことをご存知でしょうか。

それは「星座力学」という考え方。これは日本人に星占いを大きく普及させることに貢献した雑誌『マイバースデイ』の中で、故・紅《こう》亜《あ》里《り》さんが提案されたもの。星座の並び順に従って、主従関係のようなものが存在し、人間関係の力学を形作っている、というのです。

★星座の順番／占星術のトップを占めるのは牡羊座です。これは、太陽がその年の春分点に到達した日を基準にして牡羊座、牡牛座という順番に星の配置を決めたからです。ちなみに夏至点に到達した日からは蟹座が始まりますし、秋分点からは天秤座が始まり、冬至点からは山羊座が始まるというようになっています。星座の順番は次の通りです。
①牡羊座　②牡牛座　③双子座　④蟹座　⑤獅子座
⑥乙女座　⑦天秤座　⑧蠍座　⑨射手座　⑩山羊座
⑪水瓶座　⑫魚座

昔の人々は天動説、つまり地球が宇宙の中心であると考えていましたから、地球を中心にして、地球の周りを天体がめぐっていると考えました。そして地球を中心にして、星がどの位置にあったかを平面図に書き表そうとしたのです。それを天球図（ホロスコープ）といいます。

12 室（ハウス）の意味

1 室（自分）	7 室（結婚）
2 室（財産）	8 室（死と生）
3 室（言葉、通信）	9 室（学問）
4 室（家庭）	10 室（職業）
5 室（恋愛）	11 室（友人関係）
6 室（義務と労働）	12 室（見えない敵）

ホロスコープ

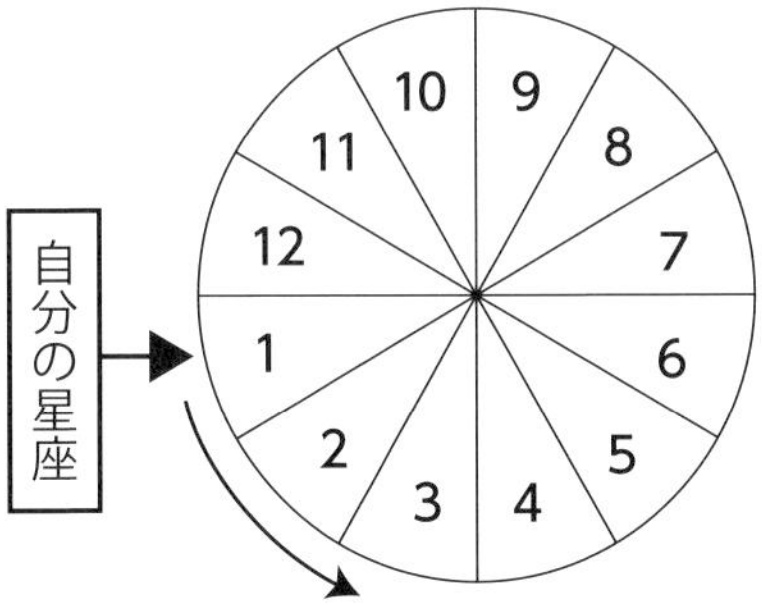

自分の星座から（自分の星座を１として）
反時計回りに数えます。

あなたが牡羊座ですと、ひとつ前の星座は、魚座になります。8 番目の星座は、自分から時計の逆回りに数えて 8 番目ですので、蠍座になります。

中でももっとも覚えやすい法則は、自分の一つ前の星座には勝てない、というものでしょう。たとえば、牡羊座生まれの人は、その一つ前の星座の魚座になかなか勝てず、気がつけば相手のペースにはまっている、というわけです。

その理由はいくつか考えられます。まず、もっともわかりやすいのは「ハウスの定位置」によるものでしょう。占星術では12のハウスという天球の区分が星座とは別に想定されていて、その一つ一つが人生の上のさまざまなシーンを象徴するとされています。（前ページ参照）

一つ前の星座は、12あるハウスのうちその最後、「12ハウス」の定位置になるとされているのですが、この12ハウスは伝統的に「見えない敵」「牢獄」などを表すというのです。ですから、自分の星座から数えて12番目、つまり一つ前の星座は自分にとって御しがたい星座になるというふうに考えられます。

さらに、一つ前の星座から見ると、自分の星座は2ハウス、つまり「所有のハウス」に相当します。相手から見て自分は「持ち物」なんですね。だから、なかなか勝てない（笑）。

また、自分から数えて8番目の星座は8ハウスの定位置。8ハウスは「死のハウス」であり、やはり自分のコントロールがききにくい相手になるということに。そして8番目の星座から見て自分は6ハウスに相当。ここは、伝統的には「義務と労働」、さらに古くは「奴隷」！　のハウス。ご主人様に奴隷は勝てるはずがありませんよね（笑）。

また心理占星術的には、火、地、風、水の4エレメントでも、活動・不動・柔軟の3区分でも、男女の2区分でも共通部分がなく、性質的に異質なので互いを理解することが難しい、と考えることができます。少し専門的な占星術理論である「アスペクト」でも、これらの星座は「宿命の指」を表すヨオド（Yの座相）を形成する関係性。

なかなか複雑な関係ですね。もちろん、だからといって相性が悪いというわけではありません。お互い、非なるところが多いほど、互いを補い合ったり、学び合うところも多いはず。これらの相手の人との関係を考えることで、自分の人生にプラスにすることも多いのではないでしょうか。

さて、この星座力学の法則、あなたとあなたの身近な人との関係性には当てはまっているでしょうか？

周囲を見渡してみるのもきっと楽しいですよ。

星座の境目に生まれた人

時おり「私の誕生日は雑誌や新聞によって牡羊座だったり、牡牛座だったりすることがありますが、どちらを読めばよいでしょうか」という質問を受けます。確かに星座の境界線で生まれた人は、雑誌によって違うことがあります。

こうした人たちは両方の星座の影響を受けるのか、というと決してそうではありません。じつは正確に調べれば、どの星座かきちんとわかるのです。

少し専門的になりますが、占星術でいう誕生星座は、その人が生まれた時に、太陽が占星術上のどの星座にあったかで決められます。これは何月何日何時何分から、と正確に計算できます。現行のカレンダーは太陽暦なので、日付と毎年の太陽の位置はだいたい合致していますが、それでもぴったりというわけにはいきません。雑誌などの星座の切り替え日は、だいたいの平均値なのです。

でも、境界は正確な天文暦やコンピュータなどできちんと調べることができます。その時には、出生時刻が必要になることもあるので、ぜひ調べておいてください。

生まれた年の、たとえば最初の表に載っている期間が「牡羊座」です。これ以前は魚座、これ以降は、牡牛座ということになります。

【星座の境目表】

♈ 牡羊座

1941	3月21日～4月20日
1942	3月21日～4月21日
1943	3月21日～4月21日
1944	3月21日～4月20日
1945	3月21日～4月20日
1946	3月21日～4月21日
1947	3月21日～4月21日
1948	3月21日～4月20日
1949	3月21日～4月20日
1950	3月21日～4月21日
1951	3月21日～4月21日
1952	3月21日～4月20日
1953	3月21日～4月20日
1954	3月21日～4月21日
1955	3月21日～4月21日
1956	3月21日～4月20日
1957	3月21日～4月20日
1958	3月21日～4月20日
1959	3月21日～4月21日
1960	3月20日～4月20日
1961	3月21日～4月20日
1962	3月21日～4月20日
1963	3月21日～4月21日
1964	3月20日～4月20日
1965	3月21日～4月20日
1966	3月21日～4月20日
1967	3月21日～4月21日
1968	3月20日～4月20日
1969	3月21日～4月20日
1970	3月21日～4月20日
1971	3月21日～4月21日
1972	3月20日～4月20日
1973	3月21日～4月20日
1974	3月21日～4月20日
1975	3月21日～4月21日
1976	3月20日～4月20日
1977	3月21日～4月20日
1978	3月21日～4月20日
1979	3月21日～4月21日
1980	3月20日～4月20日
1981	3月21日～4月20日
1982	3月21日～4月20日
1983	3月21日～4月21日
1984	3月20日～4月20日
1985	3月21日～4月20日
1986	3月21日～4月20日
1987	3月21日～4月20日
1988	3月20日～4月20日
1989	3月21日～4月20日
1990	3月21日～4月20日
1991	3月21日～4月20日
1992	3月20日～4月20日
1993	3月20日～4月20日
1994	3月21日～4月20日
1995	3月21日～4月20日
1996	3月20日～4月20日
1997	3月20日～4月20日
1998	3月21日～4月20日
1999	3月21日～4月20日
2000	3月20日～4月20日
2001	3月20日～4月20日
2002	3月21日～4月20日
2003	3月21日～4月20日
2004	3月20日～4月20日
2005	3月20日～4月20日
2006	3月21日～4月20日
2007	3月21日～4月20日
2008	3月20日～4月20日
2009	3月20日～4月20日
2010	3月21日～4月20日
2011	3月21日～4月20日
2012	3月20日～4月20日
2013	3月20日～4月20日
2014	3月21日～4月20日
2015	3月21日～4月20日
2016	3月20日～4月20日

♉ 牡牛座

1941	4月20日～5月21日
1942	4月21日～5月22日
1943	4月21日～5月22日
1944	4月20日～5月21日
1945	4月20日～5月21日
1946	4月21日～5月22日
1947	4月21日～5月22日
1948	4月20日～5月21日
1949	4月20日～5月21日
1950	4月21日～5月22日
1951	4月21日～5月22日
1952	4月20日～5月21日
1953	4月20日～5月21日
1954	4月21日～5月21日
1955	4月21日～5月22日
1956	4月20日～5月21日
1957	4月20日～5月21日
1958	4月20日～5月21日
1959	4月21日～5月22日
1960	4月20日～5月21日
1961	4月20日～5月21日
1962	4月20日～5月21日
1963	4月21日～5月22日
1964	4月20日～5月21日
1965	4月20日～5月21日
1966	4月20日～5月21日
1967	4月21日～5月22日
1968	4月20日～5月21日
1969	4月20日～5月21日
1970	4月20日～5月21日
1971	4月21日～5月22日
1972	4月20日～5月21日
1973	4月20日～5月21日
1974	4月20日～5月21日
1975	4月21日～5月22日
1976	4月20日～5月21日
1977	4月20日～5月21日
1978	4月20日～5月21日
1979	4月21日～5月22日
1980	4月20日～5月21日
1981	4月20日～5月21日
1982	4月20日～5月21日
1983	4月21日～5月22日
1984	4月20日～5月21日
1985	4月20日～5月21日
1986	4月20日～5月21日
1987	4月20日～5月21日
1988	4月20日～5月21日
1989	4月20日～5月21日
1990	4月20日～5月21日
1991	4月20日～5月21日
1992	4月20日～5月21日
1993	4月20日～5月21日
1994	4月20日～5月21日
1995	4月20日～5月21日
1996	4月20日～5月21日
1997	4月20日～5月21日
1998	4月20日～5月21日
1999	4月20日～5月21日
2000	4月20日～5月21日
2001	4月20日～5月21日
2002	4月20日～5月21日
2003	4月20日～5月21日
2004	4月20日～5月21日
2005	4月20日～5月21日
2006	4月20日～5月21日
2007	4月20日～5月21日
2008	4月20日～5月21日
2009	4月20日～5月21日
2010	4月20日～5月21日
2011	4月20日～5月21日
2012	4月20日～5月21日
2013	4月20日～5月21日
2014	4月20日～5月21日
2015	4月20日～5月21日
2016	4月20日～5月20日

♈ 双子座

1941	5月21日～6月22日
1942	5月22日～6月22日
1943	5月22日～6月22日
1944	5月21日～6月21日
1945	5月21日～6月22日
1946	5月22日～6月22日
1947	5月22日～6月22日
1948	5月21日～6月21日
1949	5月21日～6月22日
1950	5月22日～6月22日
1951	5月22日～6月22日
1952	5月21日～6月21日
1953	5月21日～6月22日
1954	5月21日～6月22日
1955	5月22日～6月22日
1956	5月21日～6月21日
1957	5月21日～6月22日
1958	5月21日～6月22日
1959	5月22日～6月22日
1960	5月21日～6月21日
1961	5月21日～6月22日
1962	5月21日～6月22日
1963	5月22日～6月22日
1964	5月21日～6月21日
1965	5月21日～6月21日
1966	5月21日～6月22日
1967	5月22日～6月22日
1968	5月21日～6月21日
1969	5月21日～6月21日
1970	5月21日～6月22日
1971	5月22日～6月22日
1972	5月21日～6月21日
1973	5月21日～6月21日
1974	5月21日～6月22日
1975	5月22日～6月22日
1976	5月21日～6月21日
1977	5月21日～6月21日
1978	5月21日～6月22日
1979	5月22日～6月22日
1980	5月21日～6月21日
1981	5月21日～6月21日
1982	5月21日～6月22日
1983	5月22日～6月22日
1984	5月21日～6月21日
1985	5月21日～6月21日
1986	5月21日～6月22日
1987	5月21日～6月22日
1988	5月21日～6月21日
1989	5月21日～6月21日
1990	5月21日～6月22日
1991	5月21日～6月22日
1992	5月21日～6月21日
1993	5月21日～6月21日
1994	5月21日～6月21日
1995	5月21日～6月22日
1996	5月21日～6月21日
1997	5月21日～6月21日
1998	5月21日～6月21日
1999	5月21日～6月22日
2000	5月21日～6月21日
2001	5月21日～6月21日
2002	5月21日～6月21日
2003	5月21日～6月22日
2004	5月21日～6月21日
2005	5月21日～6月21日
2006	5月21日～6月21日
2007	5月21日～6月22日
2008	5月21日～6月21日
2009	5月21日～6月21日
2010	5月21日～6月21日
2011	5月21日～6月22日
2012	5月21日～6月21日
2013	5月21日～6月21日
2014	5月21日～6月21日
2015	5月21日～6月22日
2016	5月20日～6月21日

♍ 乙女座

1941	8月23日 ～ 9月23日
1942	8月24日 ～ 9月24日
1943	8月24日 ～ 9月24日
1944	8月23日 ～ 9月23日
1945	8月23日 ～ 9月23日
1946	8月24日 ～ 9月24日
1947	8月24日 ～ 9月24日
1948	8月23日 ～ 9月23日
1949	8月23日 ～ 9月23日
1950	8月24日 ～ 9月23日
1951	8月24日 ～ 9月24日
1952	8月23日 ～ 9月23日
1953	8月23日 ～ 9月23日
1954	8月24日 ～ 9月23日
1955	8月24日 ～ 9月24日
1956	8月23日 ～ 9月23日
1957	8月23日 ～ 9月23日
1958	8月24日 ～ 9月23日
1959	8月24日 ～ 9月24日
1960	8月23日 ～ 9月23日
1961	8月23日 ～ 9月23日
1962	8月24日 ～ 9月23日
1963	8月24日 ～ 9月24日
1964	8月23日 ～ 9月23日
1965	8月23日 ～ 9月23日
1966	8月23日 ～ 9月23日
1967	8月24日 ～ 9月24日
1968	8月23日 ～ 9月23日
1969	8月23日 ～ 9月23日
1970	8月23日 ～ 9月23日
1971	8月24日 ～ 9月24日
1972	8月23日 ～ 9月23日
1973	8月23日 ～ 9月23日
1974	8月23日 ～ 9月23日
1975	8月24日 ～ 9月24日
1976	8月23日 ～ 9月23日
1977	8月23日 ～ 9月23日
1978	8月23日 ～ 9月23日
1979	8月24日 ～ 9月24日
1980	8月23日 ～ 9月23日
1981	8月23日 ～ 9月23日
1982	8月23日 ～ 9月23日
1983	8月24日 ～ 9月23日
1984	8月23日 ～ 9月23日
1985	8月23日 ～ 9月23日
1986	8月23日 ～ 9月23日
1987	8月24日 ～ 9月23日
1988	8月23日 ～ 9月23日
1989	8月23日 ～ 9月23日
1990	8月23日 ～ 9月23日
1991	8月24日 ～ 9月23日
1992	8月23日 ～ 9月23日
1993	8月23日 ～ 9月23日
1994	8月23日 ～ 9月23日
1995	8月23日 ～ 9月23日
1996	8月23日 ～ 9月23日
1997	8月23日 ～ 9月23日
1998	8月23日 ～ 9月23日
1999	8月23日 ～ 9月23日
2000	8月23日 ～ 9月23日
2001	8月23日 ～ 9月23日
2002	8月23日 ～ 9月23日
2003	8月23日 ～ 9月23日
2004	8月23日 ～ 9月23日
2005	8月23日 ～ 9月23日
2006	8月23日 ～ 9月23日
2007	8月23日 ～ 9月23日
2008	8月23日 ～ 9月23日
2009	8月23日 ～ 9月23日
2010	8月23日 ～ 9月23日
2011	8月23日 ～ 9月23日
2012	8月23日 ～ 9月22日
2013	8月23日 ～ 9月23日
2014	8月23日 ～ 9月23日
2015	8月23日 ～ 9月23日
2016	8月23日 ～ 9月22日

♌ 獅子座

1941	7月23日 ～ 8月23日
1942	7月23日 ～ 8月24日
1943	7月24日 ～ 8月24日
1944	7月23日 ～ 8月23日
1945	7月23日 ～ 8月23日
1946	7月23日 ～ 8月24日
1947	7月24日 ～ 8月24日
1948	7月23日 ～ 8月23日
1949	7月23日 ～ 8月23日
1950	7月23日 ～ 8月24日
1951	7月24日 ～ 8月24日
1952	7月23日 ～ 8月23日
1953	7月23日 ～ 8月23日
1954	7月23日 ～ 8月24日
1955	7月24日 ～ 8月24日
1956	7月23日 ～ 8月23日
1957	7月23日 ～ 8月23日
1958	7月23日 ～ 8月24日
1959	7月23日 ～ 8月24日
1960	7月23日 ～ 8月23日
1961	7月23日 ～ 8月23日
1962	7月23日 ～ 8月24日
1963	7月23日 ～ 8月24日
1964	7月23日 ～ 8月23日
1965	7月23日 ～ 8月23日
1966	7月23日 ～ 8月23日
1967	7月23日 ～ 8月24日
1968	7月23日 ～ 8月23日
1969	7月23日 ～ 8月23日
1970	7月23日 ～ 8月23日
1971	7月23日 ～ 8月24日
1972	7月23日 ～ 8月23日
1973	7月23日 ～ 8月23日
1974	7月23日 ～ 8月23日
1975	7月23日 ～ 8月24日
1976	7月23日 ～ 8月23日
1977	7月23日 ～ 8月23日
1978	7月23日 ～ 8月23日
1979	7月23日 ～ 8月24日
1980	7月23日 ～ 8月23日
1981	7月23日 ～ 8月23日
1982	7月23日 ～ 8月23日
1983	7月23日 ～ 8月24日
1984	7月23日 ～ 8月23日
1985	7月23日 ～ 8月23日
1986	7月23日 ～ 8月23日
1987	7月23日 ～ 8月24日
1988	7月22日 ～ 8月23日
1989	7月23日 ～ 8月23日
1990	7月23日 ～ 8月23日
1991	7月23日 ～ 8月24日
1992	7月22日 ～ 8月23日
1993	7月23日 ～ 8月23日
1994	7月23日 ～ 8月23日
1995	7月23日 ～ 8月23日
1996	7月22日 ～ 8月23日
1997	7月23日 ～ 8月23日
1998	7月23日 ～ 8月23日
1999	7月23日 ～ 8月23日
2000	7月22日 ～ 8月23日
2001	7月23日 ～ 8月23日
2002	7月23日 ～ 8月23日
2003	7月23日 ～ 8月23日
2004	7月22日 ～ 8月23日
2005	7月23日 ～ 8月23日
2006	7月23日 ～ 8月23日
2007	7月23日 ～ 8月23日
2008	7月22日 ～ 8月23日
2009	7月23日 ～ 8月23日
2010	7月23日 ～ 8月23日
2011	7月23日 ～ 8月23日
2012	7月22日 ～ 8月23日
2013	7月23日 ～ 8月23日
2014	7月23日 ～ 8月23日
2015	7月23日 ～ 8月23日
2016	7月22日 ～ 8月23日

♋ 蟹座

1941	6月22日 ～ 7月23日
1942	6月22日 ～ 7月23日
1943	6月22日 ～ 7月24日
1944	6月21日 ～ 7月23日
1945	6月22日 ～ 7月23日
1946	6月22日 ～ 7月23日
1947	6月22日 ～ 7月24日
1948	6月21日 ～ 7月23日
1949	6月22日 ～ 7月23日
1950	6月22日 ～ 7月23日
1951	6月22日 ～ 7月24日
1952	6月21日 ～ 7月23日
1953	6月22日 ～ 7月23日
1954	6月22日 ～ 7月23日
1955	6月22日 ～ 7月24日
1956	6月21日 ～ 7月23日
1957	6月22日 ～ 7月23日
1958	6月22日 ～ 7月23日
1959	6月22日 ～ 7月23日
1960	6月21日 ～ 7月23日
1961	6月22日 ～ 7月23日
1962	6月22日 ～ 7月23日
1963	6月22日 ～ 7月23日
1964	6月21日 ～ 7月23日
1965	6月21日 ～ 7月23日
1966	6月22日 ～ 7月23日
1967	6月22日 ～ 7月23日
1968	6月21日 ～ 7月23日
1969	6月21日 ～ 7月23日
1970	6月22日 ～ 7月23日
1971	6月22日 ～ 7月23日
1972	6月21日 ～ 7月23日
1973	6月21日 ～ 7月23日
1974	6月22日 ～ 7月23日
1975	6月22日 ～ 7月23日
1976	6月21日 ～ 7月23日
1977	6月21日 ～ 7月23日
1978	6月22日 ～ 7月23日
1979	6月22日 ～ 7月23日
1980	6月21日 ～ 7月23日
1981	6月21日 ～ 7月23日
1982	6月22日 ～ 7月23日
1983	6月22日 ～ 7月23日
1984	6月21日 ～ 7月23日
1985	6月21日 ～ 7月23日
1986	6月22日 ～ 7月23日
1987	6月22日 ～ 7月23日
1988	6月21日 ～ 7月22日
1989	6月21日 ～ 7月23日
1990	6月22日 ～ 7月23日
1991	6月22日 ～ 7月23日
1992	6月21日 ～ 7月22日
1993	6月21日 ～ 7月23日
1994	6月21日 ～ 7月23日
1995	6月22日 ～ 7月23日
1996	6月21日 ～ 7月22日
1997	6月21日 ～ 7月23日
1998	6月21日 ～ 7月23日
1999	6月22日 ～ 7月23日
2000	6月21日 ～ 7月22日
2001	6月21日 ～ 7月23日
2002	6月21日 ～ 7月23日
2003	6月22日 ～ 7月23日
2004	6月21日 ～ 7月22日
2005	6月21日 ～ 7月23日
2006	6月21日 ～ 7月23日
2007	6月22日 ～ 7月23日
2008	6月21日 ～ 7月22日
2009	6月21日 ～ 7月23日
2010	6月21日 ～ 7月23日
2011	6月22日 ～ 7月23日
2012	6月21日 ～ 7月22日
2013	6月21日 ～ 7月23日
2014	6月21日 ～ 7月23日
2015	6月22日 ～ 7月23日
2016	6月21日 ～ 7月22日

♐ 射手座

1941	11月23日 ～ 12月22日
1942	11月23日 ～ 12月22日
1943	11月23日 ～ 12月23日
1944	11月22日 ～ 12月22日
1945	11月23日 ～ 12月22日
1946	11月23日 ～ 12月22日
1947	11月23日 ～ 12月23日
1948	11月22日 ～ 12月22日
1949	11月23日 ～ 12月22日
1950	11月23日 ～ 12月22日
1951	11月23日 ～ 12月23日
1952	11月22日 ～ 12月22日
1953	11月22日 ～ 12月22日
1954	11月23日 ～ 12月22日
1955	11月23日 ～ 12月23日
1956	11月22日 ～ 12月22日
1957	11月22日 ～ 12月22日
1958	11月23日 ～ 12月22日
1959	11月23日 ～ 12月22日
1960	11月22日 ～ 12月22日
1961	11月22日 ～ 12月22日
1962	11月23日 ～ 12月22日
1963	11月23日 ～ 12月22日
1964	11月22日 ～ 12月22日
1965	11月22日 ～ 12月22日
1966	11月23日 ～ 12月22日
1967	11月23日 ～ 12月22日
1968	11月22日 ～ 12月22日
1969	11月22日 ～ 12月22日
1970	11月23日 ～ 12月22日
1971	11月23日 ～ 12月22日
1972	11月22日 ～ 12月22日
1973	11月22日 ～ 12月22日
1974	11月23日 ～ 12月22日
1975	11月23日 ～ 12月22日
1976	11月22日 ～ 12月22日
1977	11月22日 ～ 12月22日
1978	11月23日 ～ 12月22日
1979	11月23日 ～ 12月22日
1980	11月22日 ～ 12月22日
1981	11月22日 ～ 12月22日
1982	11月23日 ～ 12月22日
1983	11月23日 ～ 12月22日
1984	11月22日 ～ 12月22日
1985	11月22日 ～ 12月22日
1986	11月22日 ～ 12月22日
1987	11月23日 ～ 12月22日
1988	11月22日 ～ 12月22日
1989	11月22日 ～ 12月22日
1990	11月22日 ～ 12月22日
1991	11月23日 ～ 12月22日
1992	11月22日 ～ 12月21日
1993	11月22日 ～ 12月22日
1994	11月22日 ～ 12月22日
1995	11月23日 ～ 12月22日
1996	11月22日 ～ 12月21日
1997	11月22日 ～ 12月22日
1998	11月22日 ～ 12月22日
1999	11月23日 ～ 12月22日
2000	11月22日 ～ 12月21日
2001	11月22日 ～ 12月22日
2002	11月22日 ～ 12月22日
2003	11月23日 ～ 12月22日
2004	11月22日 ～ 12月21日
2005	11月22日 ～ 12月22日
2006	11月22日 ～ 12月22日
2007	11月23日 ～ 12月22日
2008	11月22日 ～ 12月21日
2009	11月22日 ～ 12月22日
2010	11月22日 ～ 12月22日
2011	11月23日 ～ 12月22日
2012	11月22日 ～ 12月21日
2013	11月22日 ～ 12月22日
2014	11月22日 ～ 12月22日
2015	11月23日 ～ 12月22日
2016	11月22日 ～ 12月21日

♏ 蠍座

1941	10月24日 ～ 11月23日
1942	10月24日 ～ 11月23日
1943	10月24日 ～ 11月23日
1944	10月23日 ～ 11月22日
1945	10月24日 ～ 11月23日
1946	10月24日 ～ 11月23日
1947	10月24日 ～ 11月23日
1948	10月23日 ～ 11月22日
1949	10月24日 ～ 11月23日
1950	10月24日 ～ 11月23日
1951	10月24日 ～ 11月23日
1952	10月23日 ～ 11月22日
1953	10月24日 ～ 11月22日
1954	10月24日 ～ 11月23日
1955	10月24日 ～ 11月23日
1956	10月23日 ～ 11月22日
1957	10月24日 ～ 11月22日
1958	10月24日 ～ 11月23日
1959	10月24日 ～ 11月23日
1960	10月23日 ～ 11月22日
1961	10月24日 ～ 11月22日
1962	10月24日 ～ 11月23日
1963	10月24日 ～ 11月23日
1964	10月23日 ～ 11月22日
1965	10月24日 ～ 11月22日
1966	10月24日 ～ 11月23日
1967	10月24日 ～ 11月23日
1968	10月23日 ～ 11月22日
1969	10月23日 ～ 11月22日
1970	10月24日 ～ 11月23日
1971	10月24日 ～ 11月23日
1972	10月23日 ～ 11月22日
1973	10月23日 ～ 11月22日
1974	10月24日 ～ 11月23日
1975	10月24日 ～ 11月23日
1976	10月23日 ～ 11月22日
1977	10月23日 ～ 11月22日
1978	10月24日 ～ 11月23日
1979	10月24日 ～ 11月23日
1980	10月23日 ～ 11月22日
1981	10月23日 ～ 11月22日
1982	10月24日 ～ 11月23日
1983	10月24日 ～ 11月23日
1984	10月23日 ～ 11月22日
1985	10月23日 ～ 11月22日
1986	10月24日 ～ 11月22日
1987	10月24日 ～ 11月23日
1988	10月23日 ～ 11月22日
1989	10月23日 ～ 11月22日
1990	10月24日 ～ 11月22日
1991	10月24日 ～ 11月23日
1992	10月23日 ～ 11月22日
1993	10月23日 ～ 11月22日
1994	10月24日 ～ 11月22日
1995	10月24日 ～ 11月23日
1996	10月23日 ～ 11月22日
1997	10月23日 ～ 11月22日
1998	10月24日 ～ 11月22日
1999	10月24日 ～ 11月23日
2000	10月23日 ～ 11月22日
2001	10月23日 ～ 11月22日
2002	10月23日 ～ 11月22日
2003	10月24日 ～ 11月23日
2004	10月23日 ～ 11月22日
2005	10月23日 ～ 11月22日
2006	10月23日 ～ 11月22日
2007	10月24日 ～ 11月23日
2008	10月23日 ～ 11月22日
2009	10月23日 ～ 11月22日
2010	10月23日 ～ 11月22日
2011	10月24日 ～ 11月23日
2012	10月23日 ～ 11月22日
2013	10月23日 ～ 11月22日
2014	10月23日 ～ 11月22日
2015	10月24日 ～ 11月23日
2016	10月23日 ～ 11月22日

♎ 天秤座

1941	9月23日 ～ 10月24日
1942	9月24日 ～ 10月24日
1943	9月24日 ～ 10月24日
1944	9月23日 ～ 10月23日
1945	9月23日 ～ 10月24日
1946	9月24日 ～ 10月24日
1947	9月24日 ～ 10月24日
1948	9月23日 ～ 10月23日
1949	9月23日 ～ 10月24日
1950	9月23日 ～ 10月24日
1951	9月24日 ～ 10月24日
1952	9月23日 ～ 10月23日
1953	9月23日 ～ 10月24日
1954	9月23日 ～ 10月24日
1955	9月24日 ～ 10月24日
1956	9月23日 ～ 10月23日
1957	9月23日 ～ 10月24日
1958	9月23日 ～ 10月24日
1959	9月24日 ～ 10月24日
1960	9月23日 ～ 10月23日
1961	9月23日 ～ 10月24日
1962	9月23日 ～ 10月24日
1963	9月24日 ～ 10月24日
1964	9月23日 ～ 10月23日
1965	9月23日 ～ 10月24日
1966	9月23日 ～ 10月24日
1967	9月24日 ～ 10月24日
1968	9月23日 ～ 10月23日
1969	9月23日 ～ 10月23日
1970	9月23日 ～ 10月24日
1971	9月24日 ～ 10月24日
1972	9月23日 ～ 10月23日
1973	9月23日 ～ 10月23日
1974	9月23日 ～ 10月24日
1975	9月24日 ～ 10月24日
1976	9月23日 ～ 10月23日
1977	9月23日 ～ 10月23日
1978	9月23日 ～ 10月24日
1979	9月24日 ～ 10月24日
1980	9月23日 ～ 10月23日
1981	9月23日 ～ 10月23日
1982	9月23日 ～ 10月24日
1983	9月23日 ～ 10月24日
1984	9月23日 ～ 10月23日
1985	9月23日 ～ 10月23日
1986	9月23日 ～ 10月24日
1987	9月23日 ～ 10月24日
1988	9月23日 ～ 10月23日
1989	9月23日 ～ 10月23日
1990	9月23日 ～ 10月24日
1991	9月23日 ～ 10月24日
1992	9月23日 ～ 10月23日
1993	9月23日 ～ 10月23日
1994	9月23日 ～ 10月24日
1995	9月23日 ～ 10月24日
1996	9月23日 ～ 10月23日
1997	9月23日 ～ 10月23日
1998	9月23日 ～ 10月23日
1999	9月23日 ～ 10月24日
2000	9月23日 ～ 10月23日
2001	9月23日 ～ 10月23日
2002	9月23日 ～ 10月23日
2003	9月23日 ～ 10月24日
2004	9月23日 ～ 10月23日
2005	9月23日 ～ 10月23日
2006	9月23日 ～ 10月23日
2007	9月23日 ～ 10月24日
2008	9月23日 ～ 10月23日
2009	9月23日 ～ 10月23日
2010	9月23日 ～ 10月23日
2011	9月23日 ～ 10月24日
2012	9月22日 ～ 10月23日
2013	9月23日 ～ 10月23日
2014	9月23日 ～ 10月23日
2015	9月23日 ～ 10月24日
2016	9月22日 ～ 10月23日

♓ 魚座

1941	2月19日～3月21日
1942	2月19日～3月21日
1943	2月19日～3月21日
1944	2月20日～3月21日
1945	2月19日～3月21日
1946	2月19日～3月21日
1947	2月19日～3月21日
1948	2月20日～3月21日
1949	2月19日～3月21日
1950	2月19日～3月21日
1951	2月19日～3月21日
1952	2月20日～3月21日
1953	2月19日～3月21日
1954	2月19日～3月21日
1955	2月19日～3月21日
1956	2月20日～3月21日
1957	2月19日～3月21日
1958	2月19日～3月21日
1959	2月19日～3月21日
1960	2月20日～3月20日
1961	2月19日～3月21日
1962	2月19日～3月21日
1963	2月19日～3月21日
1964	2月19日～3月20日
1965	2月19日～3月21日
1966	2月19日～3月21日
1967	2月19日～3月21日
1968	2月19日～3月20日
1969	2月19日～3月21日
1970	2月19日～3月21日
1971	2月19日～3月21日
1972	2月19日～3月20日
1973	2月19日～3月21日
1974	2月19日～3月21日
1975	2月19日～3月21日
1976	2月19日～3月20日
1977	2月19日～3月21日
1978	2月19日～3月21日
1979	2月19日～3月21日
1980	2月19日～3月20日
1981	2月19日～3月21日
1982	2月19日～3月21日
1983	2月19日～3月21日
1984	2月19日～3月20日
1985	2月19日～3月21日
1986	2月19日～3月21日
1987	2月19日～3月21日
1988	2月19日～3月20日
1989	2月19日～3月21日
1990	2月19日～3月21日
1991	2月19日～3月21日
1992	2月19日～3月20日
1993	2月19日～3月20日
1994	2月19日～3月21日
1995	2月19日～3月21日
1996	2月19日～3月20日
1997	2月18日～3月20日
1998	2月19日～3月21日
1999	2月19日～3月21日
2000	2月19日～3月20日
2001	2月18日～3月20日
2002	2月19日～3月21日
2003	2月19日～3月21日
2004	2月19日～3月20日
2005	2月18日～3月20日
2006	2月19日～3月21日
2007	2月19日～3月21日
2008	2月19日～3月20日
2009	2月18日～3月20日
2010	2月19日～3月21日
2011	2月19日～3月21日
2012	2月19日～3月20日
2013	2月18日～3月20日
2014	2月19日～3月21日
2015	2月19日～3月21日
2016	2月19日～3月20日

♒ 水瓶座

1941	1月20日～2月19日
1942	1月21日～2月19日
1943	1月21日～2月19日
1944	1月21日～2月20日
1945	1月20日～2月19日
1946	1月21日～2月19日
1947	1月21日～2月19日
1948	1月21日～2月20日
1949	1月20日～2月19日
1950	1月21日～2月19日
1951	1月21日～2月19日
1952	1月21日～2月20日
1953	1月20日～2月19日
1954	1月20日～2月19日
1955	1月21日～2月19日
1956	1月21日～2月20日
1957	1月20日～2月19日
1958	1月20日～2月19日
1959	1月21日～2月19日
1960	1月21日～2月20日
1961	1月20日～2月19日
1962	1月20日～2月19日
1963	1月21日～2月19日
1964	1月21日～2月19日
1965	1月20日～2月19日
1966	1月20日～2月19日
1967	1月21日～2月19日
1968	1月21日～2月19日
1969	1月20日～2月19日
1970	1月20日～2月19日
1971	1月21日～2月19日
1972	1月21日～2月19日
1973	1月20日～2月19日
1974	1月20日～2月19日
1975	1月21日～2月19日
1976	1月21日～2月19日
1977	1月20日～2月19日
1978	1月20日～2月19日
1979	1月21日～2月19日
1980	1月21日～2月19日
1981	1月20日～2月19日
1982	1月20日～2月19日
1983	1月21日～2月19日
1984	1月21日～2月19日
1985	1月20日～2月19日
1986	1月20日～2月19日
1987	1月20日～2月19日
1988	1月21日～2月19日
1989	1月20日～2月19日
1990	1月20日～2月19日
1991	1月20日～2月19日
1992	1月21日～2月19日
1993	1月20日～2月19日
1994	1月20日～2月19日
1995	1月20日～2月19日
1996	1月21日～2月19日
1997	1月20日～2月18日
1998	1月20日～2月19日
1999	1月20日～2月19日
2000	1月21日～2月19日
2001	1月20日～2月18日
2002	1月20日～2月19日
2003	1月20日～2月19日
2004	1月21日～2月19日
2005	1月20日～2月18日
2006	1月20日～2月19日
2007	1月20日～2月19日
2008	1月21日～2月19日
2009	1月20日～2月18日
2010	1月20日～2月19日
2011	1月20日～2月19日
2012	1月21日～2月19日
2013	1月20日～2月18日
2014	1月20日～2月19日
2015	1月20日～2月19日
2016	1月21日～2月19日

♑ 山羊座

1941	12月22日～翌 1/21
1942	12月22日～翌 1/21
1943	12月23日～翌 1/21
1944	12月22日～翌 1/20
1945	12月22日～翌 1/21
1946	12月22日～翌 1/21
1947	12月23日～翌 1/21
1948	12月22日～翌 1/20
1949	12月22日～翌 1/20
1950	12月22日～翌 1/21
1951	12月23日～翌 1/21
1952	12月22日～翌 1/20
1953	12月22日～翌 1/20
1954	12月22日～翌 1/21
1955	12月23日～翌 1/21
1956	12月22日～翌 1/20
1957	12月22日～翌 1/20
1958	12月22日～翌 1/21
1959	12月22日～翌 1/21
1960	12月22日～翌 1/20
1961	12月22日～翌 1/20
1962	12月22日～翌 1/21
1963	12月22日～翌 1/21
1964	12月22日～翌 1/20
1965	12月22日～翌 1/20
1966	12月22日～翌 1/21
1967	12月22日～翌 1/21
1968	12月22日～翌 1/20
1969	12月22日～翌 1/20
1970	12月22日～翌 1/21
1971	12月22日～翌 1/21
1972	12月22日～翌 1/20
1973	12月22日～翌 1/20
1974	12月22日～翌 1/21
1975	12月22日～翌 1/21
1976	12月22日～翌 1/20
1977	12月22日～翌 1/20
1978	12月22日～翌 1/21
1979	12月22日～翌 1/21
1980	12月22日～翌 1/20
1981	12月22日～翌 1/20
1982	12月22日～翌 1/21
1983	12月22日～翌 1/21
1984	12月22日～翌 1/20
1985	12月22日～翌 1/20
1986	12月22日～翌 1/20
1987	12月22日～翌 1/21
1988	12月22日～翌 1/20
1989	12月22日～翌 1/20
1990	12月22日～翌 1/20
1991	12月22日～翌 1/21
1992	12月21日～翌 1/20
1993	12月22日～翌 1/20
1994	12月22日～翌 1/20
1995	12月22日～翌 1/21
1996	12月21日～翌 1/20
1997	12月22日～翌 1/20
1998	12月22日～翌 1/20
1999	12月22日～翌 1/21
2000	12月21日～翌 1/20
2001	12月22日～翌 1/20
2002	12月22日～翌 1/20
2003	12月22日～翌 1/21
2004	12月21日～翌 1/20
2005	12月22日～翌 1/20
2006	12月22日～翌 1/20
2007	12月22日～翌 1/21
2008	12月21日～翌 1/20
2009	12月22日～翌 1/20
2010	12月22日～翌 1/20
2011	12月22日～翌 1/21
2012	12月21日～翌 1/20
2013	12月22日～翌 1/20
2014	12月22日～翌 1/20
2015	12月22日～翌 1/21
2016	12月21日～翌 1/20

エピローグ

――「12星座占い」は占星術の入り口であり、星のメッセージを伝える出口でもある

「鏡リュウジの占い入門シリーズ」第二弾をお贈りします。

この本は、これまでにあちこちで書いた星座占いに関するエッセイや占いコラムを説話社の酒井陽子さまの編集のお力を得て、まとめなおしたものです。

僕はずいぶん早いうちから星占いに関する文章を書かせていただくチャンスを得たものですから、今から思うと若書きだなあとか、生意気なことを言っていたなあと思うところもあって、気恥ずかしい面も少なからずあります。多くの優れた占星術ライターの方が育って、ファッショナブルかつ、そのときどきにフィットする星占いの文体が生まれてきている中では、少しばかり堅いような印象を与えるところもあるかもしれません。

けれど、改めて見てみると、今の日本の書店の棚には、1冊にまとまった「星座占い」の本があまりみられないようにも思うのです。このあたりで、原点にかえって、星座の神話や物語、伝統的な記述にそった、「星座占い」のオーソドックスな本があってもいいのではないかという説話社の酒井文人社長のお言葉に背中を押されて、この本をみなさまのもとにお届けすることになりました。

実は占星術の「業界」では、いわゆる星座占いは不当に低く評価されてきた経緯もあります。詳細なデータに基づき多くの天体位置を細かく計算したホロスコープ占星術だけが正統かつ正当で、太陽の大雑把な位置に基づく星座占いは、大衆に媚びて占星術の真の姿を誤解させるものだ、という意見もあったのです。

しかし、ここ数年、占星術先進国の英米でも星座占いコラムがきちんと評価されるようになってきました。

その背景には占星術における「太陽」の重要性の再認識、そしてまたポップカルチャーもまたハイカルチャーにも負けず劣らず、高い文化的価値をもつ可能性があるということが認識されてきたということの二つがあるでしょう。かつては芸術の中では一段も二段も低く見られていた漫画が、今では日本を代表するカルチャーと評価されるようになったことと似ている、といえば言いすぎでしょうか。

いずれにしてもシンプルにして豊かな「星座占い」は複雑な占星術への入り口でもあり、また高度な星のメッセージをわかりやすく、人々に伝える最終的な出口でもあるように僕は思っています。

本書が、その占星術カルチャーの伝統を継承する一つの鎖の輪の一つになることを星に祈りつつ、あとがきにかえさせていただこうと思うのです。

この本があなたという小さな星座の物語を紡ぐ一助になりますように。

鏡リュウジ

参考文献とブックガイド

本書および本書のもとになったさまざまな文章の参考文献はそれこそ膨大で、とてもここにすべてを上げることはできません。何しろ、幼いころから読み親しんできたたくさんの占星術本が僕の血肉になっているわけで、どこからが直接的な引用でどこからが自分の言葉か判然としないところもあるものですから。

ただ、キーワードや星座と関連するアイテム、神話解釈としてことあるごとに参照したのはJulia and Derek Parker "The Complete Astrology" 1971, 1991, 2001です。イラスト満載のこの本は、ながらく代表的な占星術の教科書としての地位を保っており、日本でも1975年に邦訳が出ています。とくに1991年版には星座と関連するアイテムが豊富に取り上げられており、本書でも標準的な照応関係として参考にしています。

星座と神話、心理との相関関係に関しては心理占星術の泰斗Liz Greene"Astrology of Fate" 1984（とくに第2部）、"Astrology for Lovers" 1989, "Mythic Astrology" 1994、またAriel Guttman and Kenneth Johnson "Mythic Astrology" 1993からたくさんのことを学ばせていただきました。

また、いわゆる「星座占い」の歴史を振り返った時に忘れてはならないのは、やはり近代占星術の父アラン・レオです。レオは従来の予言型の占星術ではなく、Character is Destinyを旗印とする心理分析を中心とした占星術の再構築を行います。レオは宇宙的な原理の象徴として太陽を重視しました。中でもAlan Leo "Astrology for All"（1899 ―筆者が参照したのは1893年版）は現在の太陽星座占いの礎となっています。

英米で星座占いを大きく普及させたのは、アメリカのLinda Goodman" Sun Signs" 1968です。これが、事実上の英語圏での大衆向け星座占い本での初のベストセラーで、ニューヨークタイムスのベストセラーリストに載り、500万部を売りました。現在でももちろん出ています。

しかし、面白いことに日本ではそれに先駆けて1966年に門馬寛明『西洋占星術』カッパブックスが大ベストセラーになっています。もしかしたら真の意味で大衆レベルに「星座占い」が普及したのは、本場の英米より日本のほうが早かった可能性もあるのです。

最後に、こうした太陽星座占星術の歴史を概観できる優れた研究書としてKim Farnell "Flirting with the Zodiac" 2007を上げておきます。

(編集にあたりまして、雑誌『ミスティ』に掲載されたもののほかに、『あなたの星座と運命』『鏡リュウジの星座占い』『誕生日バイブル』『星語り』『星告』など、参考にさせていただきました)

著者紹介

鏡リュウジ（かがみ・りゅうじ）

翻訳家、心理占星術研究家。1968年京都府生まれ。国際基督教大学大学院修了。英国占星術協会会員。著書に『鏡リュウジの占い大事典』（説話社）、訳書に『ユングと占星術』（青土社）など多数。

鏡リュウジの占い入門2

鏡《かがみ》リュウジの12星座《せいざ》占《うらな》い

発行日　2015年6月12日　初版発行

著　者　鏡リュウジ
発行者　酒井文人
発行所　株式会社説話社
〒169-8077 東京都新宿区西早稲田1-1-6
電話／03-3204-8288（販売）03-3204-5185（編集）
振替口座／00160-8-69378
URL http://www.setsuwasha.com/

デザイン　染谷千秋
編集担当　酒井陽子
神話イラスト　三村晴子

印刷・製本　株式会社平河工業社

ISBN 978-4-906828-13-5　C 2011